监狱检察概论

JIANYU JIANCHA GAILUN

王传红　主编

中国检察出版社

图书在版编目（CIP）数据

监狱检察概论/王传红主编．—北京：中国检察出版社，2021.5
ISBN 978-7-5102-2558-1

Ⅰ.①监… Ⅱ.①王… Ⅲ.①监狱制度-检察制度-中国-概论 Ⅳ.①D926.7

中国版本图书馆 CIP 数据核字(2021)第 030532 号

监狱检察概论
王传红　主编

责任编辑：俞　骊
技术编辑：王英英
封面设计：棋　锋

出版发行：中国检察出版社
社　　址：北京市石景山区香山南路 109 号　（100144）
网　　址：中国检察出版社（www.zgjccbs.com）
编辑电话：(010) 86423751
发行电话：(010) 86423726　86423727　86423728
　　　　　(010) 86423730　86423732
经　　销：新华书店
印　　刷：北京宝昌彩色印刷有限公司
开　　本：710 mm×960 mm　16 开
印　　张：21.5
字　　数：337 千字
版　　次：2021 年 5 月第一版　2021 年 5 月第一次印刷
书　　号：ISBN 978-7-5102-2558-1
定　　价：75.00 元

检察版图书，版权所有，侵权必究
如遇图书印装质量问题本社负责调换

目 录

第一编 监狱检察总论

第一章 监狱检察概述 ············ 3
第一节 监狱检察的概念 ············ 3
第二节 监狱检察的性质 ············ 5
第三节 监狱检察的特征 ············ 7
第四节 监狱检察的基本原则 ············ 8
第五节 监狱检察的意义 ············ 10

第二章 监狱检察的历史沿革 ············ 12
第一节 封建社会的监狱监督 ············ 12
第二节 近代的监狱检察 ············ 15
第三节 新中国监狱检察的发展演变 ············ 17

第三章 监狱检察监督方式的发展 ············ 22
第一节 派驻检察 ············ 23
第二节 巡回检察 ············ 26
第三节 "派驻＋巡回"检察 ············ 30

第四章 其他国家的监狱监督制度 ············ 32
第一节 英美法系国家的监狱监督制度 ············ 32
第二节 大陆法系国家的监狱监督制度 ············ 36
第三节 俄罗斯的监狱监督制度 ············ 41
第四节 前述国家监狱监督制度的特点 ············ 44

第二编　监狱检察的职能

- 第一章　概述 ·· 53
- 第二章　监禁刑执行检察 ···························· 56
  - 第一节　收监检察 ······························ 56
  - 第二节　出监检察 ······························ 60
  - 第三节　狱政管理活动检察 ····················· 63
  - 第四节　教育改造活动检察 ····················· 67
  - 第五节　生活卫生检察 ·························· 71
  - 第六节　禁闭和警戒具检察 ····················· 75
  - 第七节　安全防范检察 ·························· 79
- 第三章　刑罚变更执行检察 ························· 84
  - 第一节　减刑检察 ······························ 84
  - 第二节　假释检察 ······························ 91
  - 第三节　暂予监外执行检察 ····················· 94
- 第四章　罪犯死亡检察 ······························ 97
  - 第一节　罪犯正常死亡检察 ····················· 97
  - 第二节　罪犯非正常死亡检察 ··················· 99
  - 第三节　罪犯死亡的检察处理 ··················· 100
  - 第四节　罪犯死亡检察难点问题 ················ 104
- 第五章　监管场所事故检察 ························· 107
  - 第一节　概述 ··································· 107
  - 第二节　监管场所事故检察的内容及类型 ······ 108
  - 第三节　监管场所事故检察的方法 ·············· 114
  - 第四节　监管场所事故检察难点问题 ··········· 118
- 第六章　查办职务犯罪案件 ························· 122
  - 第一节　职务犯罪案件的管辖 ··················· 122
  - 第二节　司法工作人员相关职务犯罪线索及互涉线索的处理 ········ 125
  - 第三节　司法工作人员相关职务犯罪罪名解析 ··············· 126

第七章　办理罪犯又犯罪案件 ······ 140
第一节　常见罪名解析 ······ 140
第二节　办理罪犯又犯罪案件的特点 ······ 148

第八章　办理控告、举报和申诉案件 ······ 151
第一节　监狱检察部门办理控告、举报和申诉案件的制度沿革 ······ 151
第二节　罪犯控告、举报和申诉的概念 ······ 154
第三节　办理控告、举报和申诉案件的范围 ······ 157
第四节　办理申诉案件存在的问题和应对措施 ······ 158

第九章　死刑执行检察 ······ 162
第一节　死刑执行检察的理念 ······ 162
第二节　死刑执行检察的内容和重点 ······ 163
第三节　死刑缓期执行检察 ······ 165

第十章　对罪犯权利的保护 ······ 167
第一节　罪犯的权利 ······ 167
第二节　对罪犯权利保护的重点 ······ 175

第三编　监狱检察的程序

第一章　监狱检察程序概述 ······ 179

第二章　监禁刑执行检察程序 ······ 181
第一节　巡回检察程序 ······ 181
第二节　检察建议 ······ 183

第三章　刑罚变更执行检察程序 ······ 187
第一节　减刑、假释检察程序 ······ 187
第二节　暂予监外执行检察程序 ······ 194

第四章　罪犯死亡检察程序 ······ 200
第一节　罪犯死亡的受理和报告 ······ 200
第二节　罪犯死亡的审查和调查 ······ 202
第三节　罪犯死亡检察中的信访问题 ······ 204

第五章 监管场所事故检察程序 ·················· 207
第一节 监管场所重大事故的受理和报告 ············· 207
第二节 监管场所重大事故的检察 ················ 209

第六章 职务犯罪案件的查办程序 ················ 215
第一节 线索管理 ······················· 215
第二节 调查核实 ······················· 216
第三节 立案侦查 ······················· 217
第四节 侦查措施 ······················· 218
第五节 侦查终结 ······················· 223

第七章 办理罪犯又犯罪案件的程序 ··············· 225
第一节 审查逮捕 ······················· 225
第二节 审查起诉 ······················· 226
第三节 出庭支持公诉 ····················· 229
第四节 办理罪犯又犯罪案件中的诉讼监督 ··········· 231

第八章 办理控告、举报和申诉案件的程序 ············ 235
第一节 案件受理与审查 ···················· 235
第二节 控告、举报案件的立案 ················· 240
第三节 刑事申诉案件的复查 ·················· 241

第九章 死刑执行检察程序 ··················· 243
第一节 死刑执行前的准备 ··················· 243
第二节 死刑执行的临场监督 ·················· 244
第三节 死刑缓期执行的变更程序 ················ 246

第四编 监狱检察的组织机构

第一章 监狱检察部门的设置 ·················· 251

第二章 监狱检察派出机构 ··················· 255
第一节 概述 ························· 255
第二节 监狱检察派出院 ···················· 256
第三节 派驻监狱检察室 ···················· 258

第三章　办案组织 ··· 261

第五编　监狱检察管理制度

第一章　监狱检察管理概述 ··· 265
　　第一节　监狱检察管理的概念、内容及特点 ························ 265
　　第二节　监狱检察管理的主体、客体和对象 ························ 268

第二章　监狱检察管理方式 ··· 271
　　第一节　概述 ·· 271
　　第二节　监狱检察管理的具体职能 ······································ 272

第三章　监狱检察案件管理和业务考评制度 ······························ 275
　　第一节　监狱检察案件管理制度 ··· 275
　　第二节　监狱检察业务考评制度 ··· 281

第四章　监狱检察管理的科学化 ··· 289
　　第一节　检察管理的现状 ··· 289
　　第二节　监狱检察管理的理念 ·· 292
　　第三节　实现监狱检察管理科学化的路径 ···························· 295

第五章　监狱检察的信息化 ··· 298
　　第一节　概述 ·· 298
　　第二节　监狱检察信息化发展历程 ······································ 299
　　第三节　统一业务应用系统执检子系统 ······························· 300

附录　监狱检察常用法律文书 ·· 302

后　记 ··· 331

第一编　监狱检察总论

第一章 监狱检察概述

第一节 监狱检察的概念

一、监狱检察的概念

监狱,是依照刑法、刑事诉讼法、监狱法的规定,关押被判处死刑缓期二年执行、无期徒刑、有期徒刑罪犯的场所。

监狱检察,是指检察机关依法对刑罚执行和监管活动是否合法实行的法律监督。内蒙古自治区小黑河地区人民检察院(以下简称小黑河院)是内蒙古自治区人民检察院派出的专司监狱检察监督职能的专业检察院。本书的阐述和论述均以小黑河院为实践对象。

二、监狱检察的基本内涵

(一)监狱检察的主体是人民检察院

第一,监狱检察职能由人民检察院行使。根据《宪法》《人民检察院组织法》的规定,人民检察院是国家的法律监督机关。对监狱执法活动实行监督是人民检察院组织法规定的人民检察院的一项重要职权,不受行政机关、社会团体和个人的干涉。

第二,任何监狱检察法律监督行为,都必须以人民检察院的名义进行。这是监狱检察工作的一项重要原则。虽然监狱检察的具体工作都是由驻狱检察室或者巡回检察组承担的,但这是基于法律赋予的监狱检察职权而开展的业务工作,尤其是一些重大检察监督行为的实施,都必须经检察

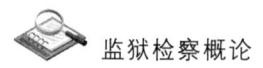

长批准或检察委员会决定。①

（二）监狱检察的主要内容是对刑罚执行和监管活动进行法律监督

具体来看，监狱检察的职责可以分为以下七项：

第一，对监狱执行刑罚活动是否合法实行监督；

第二，对人民法院裁定减刑、假释活动是否合法实行监督；

第三，对监狱管理机关批准暂予监外执行活动是否合法实行监督；

第四，对刑罚执行和监管活动中发生的职务犯罪进行侦查，开展职务犯罪预防工作；

第五，对监狱侦查的罪犯又犯罪案件审查逮捕、审查起诉和出庭支持公诉，对监狱的立案、侦查活动和人民法院的审判活动是否合法实行监督；

第六，受理罪犯及其法定代理人、近亲属的控告、举报和申诉；

第七，其他依法应当行使的监督职责。

（三）监狱检察监督的对象是与刑罚执行和监管活动有关的机关

具体包括关押被判处死刑缓期二年执行、无期徒刑和有期徒刑罪犯的监狱，关押未成年罪犯的未成年犯管教所，以及人民法院。无论是什么机关、什么人，只要违反了有关法律法规，致使刑罚执行或监管活动不能正确实施，或者损害了罪犯的合法权益，检察机关就应该实施检察监督。

（四）监狱检察的性质是法律监督

监狱检察的目的是保证国家法律法规在监狱得到统一正确实施，既不能把监督范围扩大化，也不把监督范围狭隘化。对监狱实施检察监督主要是对执法活动进行监督，有的监管活动虽然不属于执法活动，比如对罪犯的分类管理、作息安排、劳动报酬等，但是从保障罪犯合法权益的角度出发，实践中检察机关也进行了检察监督，对这些监管活动的监督检察是依照有关的规章制度进行的。

（五）监狱检察的基本要求是依法实行监督

监狱检察作为刑事执行检察法律监督体系的重要组成部分，在监狱检察过程中更应强调依法办事，依法实行监督。但需要值得注意的是，由于目前我国有关监狱检察的规定还不够完善，因此在监狱检察过程中必须把握好以下几点：一是有明确规定的，坚决依法依规进行。这里的规定不仅

---

① 袁其国主编：《刑事执行检察业务培训教程》，中国检察出版社 2015 年版，第 4 页。

包括刑法、刑事诉讼法、监狱法等国家颁布的法律,也包括最高人民检察院出台的司法解释、办法、意见、决定等。二是对于只有原则性规定而没有具体规定的,应当根据法律规定的原则精神,积极探索,勇于实践。在实践中将那些符合法律规定的、实际效果好的做法,通过制度化的形式逐步规范起来。这样做,正是对法律规定的细化和完善,是落实"依法实行监督"要求的具体体现。①

第二节　监狱检察的性质

我国宪法以根本法的形式明确规定,人民检察院是国家的法律监督机关,确立了人民检察院在国家机构中的地位和性质,检察机关也因此有权代表国家行使法律监督权。监狱检察是人民检察院刑事执行检察的重要组成部分,也是宪法和法律赋予检察机关对刑罚执行、变更和监管执法活动进行监督检察,维护法律统一正确实施的一种权力。它具有以下属性:

一、监狱检察具有国家性

我国实行人民代表大会制度,国家权力统一集中于国家最高权力机关。人民代表大会赋予人民检察院检察权。②监狱检察是以人民检察院的名义代表国家对刑事执行工作行使检察权,具有显著的国家性。监狱检察的国家性保证了法律监督的权威性,维护了人民检察院在监狱行使检察监督权的公平正义。

二、监狱检察具有政治性

检察机关是国家政权的重要组成部分,必须服从党的绝对领导,坚决维护以习近平总书记为核心的党中央权威和集中统一领导,确保在政治立场、政治方向、政治原则、政治道路上同以习近平同志为核心的党中央保持高度一致。必须增强"四个意识",树牢"四个自信",做到"两个维护",清醒认识并牢牢把握中国特色社会主义法治道路的本质特征,坚决

---

① 袁其国主编:《刑事执行检察业务培训教程》,中国检察出版社2015年版,第7页。
② 袁其国主编:《刑事执行检察业务培训教程》,中国检察出版社2015年版,第11页。

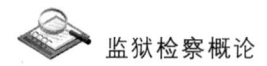

反对、杜绝以西方国家所谓司法独立、司法远离政党政治的标准衡量我国的检察制度,确保"刀把子"牢牢掌握在党和人民的手中。

三、监狱检察具有专门性

主要体现在三个方面:一是检察机关依法独立行使监狱检察监督权,任何其他国家机关、团体及社会组织都不能行使监狱检察权。二是监狱检察以法律监督为专门职责,而不负担行政职能、审判职能等其他监督以外的任何职能。三是监狱检察只负责监督检察执行刑罚和监管执法活动,不负担除此之外的其他检察监督职能。

四、监狱检察具有司法性

第一,检察机关是国家的司法机关,监狱检察的所有活动都需要在司法范围内进行。

第二,监狱检察的监督对象是执法、司法活动。发现监狱在刑罚执行和监管执法活动中有违法情况,或发现审判、批准机关不当减刑、假释、暂予监外执行情况,应当通知纠正。这种监督是司法性的监督,而非行政指令性的监督。

五、监狱检察具有法定性

监狱检察必须依法监督、规范监督。我国《宪法》和有关法律明确规定了检察机关的性质、任务以及法律监督的内容、对象、原则、方式、方法和程序等。监狱检察依照这些规定开展工作,保证正确履行法律监督职责。

六、监狱检察具有强制性

国家法律具有强制性,保障法律正确实施的检察监督也有强制性。具体表现为:一是监狱检察依法享有一定司法权,在监督中可以追究违法犯罪人的刑事责任;二是在职务犯罪侦查活动中,有采取强制措施的权力;三是检察机关对严重违法行为发出的书面纠正违法通知书,监狱应当认真接受,并在规定的时间内作出答复。

根据法律规定和司法实践,监狱检察的法律监督总体上是一种诉讼监督,体现在从入监至执行完毕的整个诉讼过程中。监狱检察既对监管执法活动实行监督，也对刑罚交付、变更、终止活动实行监督。

第三节 监狱检察的特征

从检察的职权和任务上看，监狱检察与检察机关的其他检察业务相比有所不同，这些不同体现了监狱检察的特征：检察内容的广泛性、检察职能的综合性、检察方法的多样性和检察形式的丰富性。认识和研究这些特征，对做好监狱检察工作具有重要作用。

一、检察内容的广泛性

监狱检察的内容贯穿刑罚执行的全过程，从刑罚交付执行、变更执行到刑罚的终止执行，在整个过程中，检察机关都负有监督的职责。不仅负有对刑罚执行监督的职责，还担负着对监管执法活动监督的职责。检察内容主要包括收监检察、出监检察、狱政管理活动检察、教育改造活动检察、生活卫生检察、安全防范检察等，十分广泛。

二、检察职能的综合性

与检察机关的其他业务部门相比，监狱检察业务的综合性更强，几乎覆盖了检察机关法律监督职能的主要方面。如小黑河院既有审查逮捕、审查起诉、出庭公诉的职责，也有刑事立案监督、侦查监督、审判监督的职责，还有受理控告、举报和申诉，以及侦查刑罚执行和监管活动中部分职务犯罪案件的职责。

三、检察方法的多样性

监狱检察方法的多样性体现在以下几个方面：第一，从检察的方法和手段的属性上来看，有属于刑罚执行监督的，有属于监管活动监督的，还有属于通过办理职务犯罪案件监督的。第二，从检察的方法和手段的效力上来看，既有绝对刚性的方法和手段，也有相对刚性的方法和手段，还有相对柔性的方法和手段，这也是由监狱检察的内容及其涉及的法律关系的多样性所决定的。① 第三，从检察的方法和手段的表现形式上来看，除办理刑事案件的法律文书外，既有书面形式，又有口头形式。书面形式包括纠正违法通知书、检察建议书以及检察意见等。

第四节 监狱检察的基本原则

监狱检察是检察机关对刑罚执行和监管活动进行的监督检察，是中国特色社会主义检察制度的一个重要组成部分，其检察监督行为具有我国检察工作的基本属性，其工作原则必然体现我国检察工作的基本要求。

一、独立行使检察权原则

独立行使检察权，是指检察机关依法独立行使法律赋予的职权，不受行政机关、社会团体和个人的干涉。我国《宪法》第136条对此有着明确的规定："人民检察院依照法律规定独立行使检察权，不受行政机关、社会团体和个人的干涉。"《人民检察院组织法》第4条和《刑事诉讼法》第5条也作了相同的规定。检察权的独立行使在于保障司法公正，因为它创造了正确运用和实施法律的必要条件。

二、依法监督原则

依法监督是监狱检察的基本要求，这也是由监狱检察的性质决定的。监狱检察是人民检察院法律监督体系的重要组成部分，是代表国家履行法律监督职能，所以监狱检察必须特别强调依法办事，依法实行监督。依法监督要求坚持以事实为根据、以法律为准绳，有法必依、执法必严、违法必究。

三、监督与配合相结合原则

在监狱检察工作中，人民检察院与监狱的关系始终是监督与配合相结合的关系，人民检察院对监狱的监管活动负有总体上的、经常性的监督职

---

① 袁其国主编：《刑事执行检察业务培训教程》，中国检察出版社2015年版，第9页。

责。监狱检察工作目的与监管机关工作的任务和目的有相联系、相统一的地方,检察机关与监管机关是各司其职、既监督又配合的关系。一方面,要与监狱密切配合,确保把罪犯改造为守法公民刑罚目的的实现;另一方面,要强化对监狱的监督,发现并纠正监狱在刑罚执行和监管活动中的各类违法问题。

四、保障人权原则

人权,是指每个人都享有或应该享有的权利。它是在道德权利、普遍权利和反抗权利这三种意义上使用的。[1] 罪犯的人权保护也是中国人权保护的重要组成部分。罪犯由于被限制或剥夺了人身自由,其个人的合法权益易受到非法侵犯,所以他们的合法权益更需要被保护。《人民检察院组织法》第2条规定,人民检察院通过行使检察权,追诉犯罪,维护国家安全和社会秩序,维护个人和组织的合法权益。第20条规定,人民检察院对监狱、看守所的执法活动实行法律监督。这里面"维护个人和组织的合法权益"当然包括维护罪犯个人的合法权益。保护罪犯的合法权益是检察机关的一项重要职责,也是监狱检察必须遵循的工作原则之一。[2]

五、同步监督原则

加强监狱检察工作,完善对刑罚执行和监管执法活动的法律监督,建立刑罚变更执行同步监督机制,是司法改革对监狱检察提出的明确要求。要通过充分开展监控检察、个别谈话、日常巡视、参加会议等,及时掌握监狱执法情况,保证检察监督工作与监管执法同步,将监督工作落到实处,确保刑罚执行和监管活动依法有序开展,维护法治统一、尊严和权威。

六、自觉接受监督制约原则

《人民检察院组织法》第9条规定,各级人民代表大会及其常务委员会对本级人民检察院的工作实施监督。第11条规定,人民检察院应当接受人民群众监督,保障人民群众对人民检察院工作依法享有知情权、参与权和监督权。监狱检察作为检察工作的一部分,在不断强化对监狱执行刑罚及其监管活动实行监督的同时,还要自觉接受监督,将检察工作放在国

---

[1] 夏勇:《人权概念起源》,中国政法大学出版社2001年版。
[2] 白全民:《监所检察与被羁押人的人权保护》,中国检察出版社2009年版。

家和人民的监督之下,依法依规履行检察机关的监督检察职责,自觉维护国家法律监督者的形象。

第五节 监狱检察的意义

监狱检察是检察机关的一项基础业务,也是中国特色社会主义检察制度的重要组成部分。正确履行监狱检察职能,有利于维护法律公平正义,有利于维护监管场所的安全与稳定,有利于保障罪犯的合法权益,有利于促进各项检察工作提升质效。

一、监狱检察是保障国家法律、法规统一正确实施的需要

党的十九大报告指出,要把坚持全面依法治国作为新时代坚持和发展中国特色社会主义的基本方略。我国是人民当家作主的社会主义国家。检察机关监狱检察工作要切实做到"有法可依、有法必依、执法必严、违法必究"。监狱的监管执法活动是否合法,监狱干警的工作是否依法进行,是衡量一个国家的法治状况和文明程度的重要标志之一,对国家形象也有重要影响。监狱检察通过履行监督检察职能,切实保障国家的法律、法规在监管场所得以统一正确实施。在依法惩治违法犯罪的同时还要保障罪犯的合法权益,这是依法治国的一个重要环节,对我国建设社会主义法治国家具有重大意义。

二、监狱检察是保障刑事诉讼任务实现的需要

《刑法》《刑事诉讼法》《监狱法》等是我国重要的法律法规,对于打击、惩罚和预防犯罪,保护人民,维护社会秩序,保障社会主义现代化建设具有十分重要的作用。监狱、未成年犯管教所是国家监管和教育罪犯的机关。监狱、未成年犯管教所的执法情况直接影响对罪犯的改造工作。我国法律赋予检察机关的监狱检察职能就是为了及时准确地纠正违法,预防和减少侵犯罪犯合法权益行为的发生,从而保障刑事诉讼和监管任务的完成,保障《刑法》《刑事诉讼法》《监狱法》等法律法规的正确实施。

三、监狱检察是惩治犯罪、维护社会稳定的需要

近些年来,"以钱抵刑"、徇私舞弊等司法腐败现象以及对罪犯教育改造质量不高、服刑期间又犯罪、回归社会后又犯罪的情况时有发生,这些情况都给社会的和谐稳定造成了负面影响。因此,加强检察机关对刑罚执行和监管执法活动的监督,严惩司法人员的职务犯罪行为,严厉打击罪犯又犯罪,维护监管场所的清正廉洁和秩序稳定,使监狱成为教育人、改造人、挽救人的场所,减少和防止重新犯罪,对社会的安全稳定具有十分重要的意义。监狱检察在监管场所行使监督职权,促进和推进监管场所依法履行监督职责,保障国家法律法规在监管场所正确实施,不断提高监管场所的改造质量,这是加强社会治安、维护社会稳定不可或缺的重要环节。

四、监狱检察是维护社会公平正义的需要

检察机关是法律监督机关,更是维护社会公平正义的重要力量。检察机关通过对刑罚执行和监管执法活动进行监督,发现和纠正违法,督促监狱文明执法,保障罪犯合法权益,维护刑罚执行和监管活动公平公正。监狱检察始终坚持"维稳""维权"两手抓、两手硬的执法理念,既监督纠正监狱民警在刑罚执行和监管活动中的违法问题,也监督纠正各种侵犯罪犯合法权益问题;既维护正常的监管秩序,也保障符合条件的罪犯享有同等的行政和司法奖励。小黑河院多年来坚持"两只眼"监督:一只盯着服刑人员,把他们改造成守法公民;一只盯着监管人员,确保监管场所风清气正。

第二章 监狱检察的历史沿革

研究历史沿革,必然要涉及起源问题。我国监狱检察制度的起源,是一个长期有争论的问题。我们把研究的逻辑起点放在是否有履行专门的监督职责上,而不是封建社会是否有专门对监狱监管活动进行监督的机构上。尽管封建社会的监狱与现代意义上的监狱有很大差别,监狱检察制度也有很大区别,但我们仍能够从封建御史制度的监督职责中窥探到其对监管活动进行监督的职能。

第一节 封建社会的监狱监督

在封建社会,司法与行政合一,行政长官通常就是本区域内的最高司法长官,尽管在古代并未出现过专门的监狱监督机关,但这方面的职权通常包含在行政职权当中。据学者考证研究,最早承担监狱监督职责的应该是御史,御史的监督职权比较广泛,其中就包括了监狱监督的内容。御史对监狱等行刑机构进行监督的内容大致包括以下几个方面:[①]

一、对刑事判决执行的监督权

御史对刑事判决执行的监督一般分为对死刑执行的监督和对徒、流等刑罚执行的监督。监督的范围包括官吏是否依法将囚犯交付执行,以及监狱的收监活动是否严格依法进行等内容。例如,对是否依法交付执行的监督内容,就包括对依法被判处刑罚的罪犯,行刑官吏必须在法定的时间内将其移送监狱等场所执行刑罚,否则,轻则被处以笞杖之刑,重则判处徒

---

① 张永恩:《监所检察教程》,中国检察出版社1991年版,第15—27页。

刑等刑罚。唐律规定，凡判处徒、流的罪犯要送指定场所执行，要求"案成即送"，无故稽留不送者，以日计，一日笞三十，三日加一等，罪止徒二年。

二、对管理囚犯活动的监督权

监狱的稳定对维护统治秩序有着重要的作用，狱政管理也一直备受统治阶级重视。古代司法行政合一，反映在监狱制度方面就是狱政与行政不分，对监狱活动的监督主要表现在：

一是对囚犯是否服罪和依法进行劳役的监督。一方面是对囚犯的监督，例如，秦律规定，囚犯如果在劳役中毁砖拆瓦、损坏木具铁器，要按值惩罚，"值一钱笞十"，甚至减少口粮，以饥饿惩罚；另一方面是对官吏的监督，例如，唐律规定，掌管囚徒劳役的官吏"应役而不役"，或者囚徒在劳役期间有病已痊愈而不加补所误的劳动时间，都要视情节受到笞杖之刑，甚至徒刑二年的惩罚。

二是对狱吏是否依法监管囚犯进行监督。狱吏必须严格依照法律规定对囚犯进行监管，定期巡视监狱安全、查点囚犯人数、对男女囚犯分管分押等。如果狱吏未能尽职尽责地执行法律规定，导致囚犯逃亡、错禁、死囚等事件发生，则要依法问罪，甚至被处以死刑。在清朝时期，为了严密监管囚犯，还建立了狱吏值班制度。值班的狱吏既要防止罪犯家属探视时入监舞弊而发生囚犯逃跑等事件，也要防止囚犯在狱内滋扰闹事。如果有上述事件发生，就要对值班的狱吏进行问责。

三是对囚犯出入监狱和提审的监督。明朝对于提审囚犯出监的，狱吏提审官在详细检查提审出监的批文无误后，才能让狱吏押送出监并在问毕负责押回收监。清朝建立了囚犯收监、出监的检查制度。凡囚犯入监时，狱官要详细搜查，以防止金刃等物带入监内。囚犯出监时，狱吏要查问是否有狱卒凌虐索贿等，出了问题，要按照规定以失察例议处。

另外，对使用狱具、执行囚衣粮制度的监督也体现了维护统治的需要。

三、对办案时限的监督权

古代的法律曾有关于审判时限的规定，但唐朝以前，主要着眼于审问之后，必须给予官吏一定的时间反复考虑，从而得出正确的判决，防止滥判。唐朝以后各朝代关于时限的规定则强调必须在法律规定的时限内审判

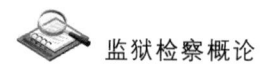

终结，不得拖延。到宋代，对于办结案件的期限有明确的规定。如宋哲宗时刑部、大理寺作出规定，凡断谳奏狱大事以十二日，中事九日，小事三日。所谓大中小，是以钱数多少来判定，二十缗以上为大事，十缗以上为中事，不满十缗为小事。同时，宋朝也对官员违反办案时限如何惩治作了规定，超限一日笞十，三日加一等，罪止杖八十。① 可以看出，这些律法与现代刑事诉讼法中有关办案期限的规定是相类似的。

四、对罪犯申诉、再审的监督权

在各朝代的司法制度中，都有关于"乞鞫"的规定，即为了防止错案发生，在案件判决之后，允许犯人提出申辩，根据申辩，再行审断。例如，秦朝即规定"以乞鞫及为人乞鞫者，狱已断乃听"。即对于判决如果不服，本人及其家属可以提出申诉进行复审。此后的汉、唐等都有相似规定。汉朝规定乞鞫的期限为三个月，超过三个月就不再受理申诉；唐朝规定，罪犯提出申诉，若主审官拒不受理，处笞刑五十，死刑案则处杖刑一百。

纵观封建社会的监狱监督，历代封建统治阶级都注意到了监狱等监管机构的重要性和监狱监督的必要性，而且普遍将监狱监督的职权赋予品级高、威权重、能独立履行职责的御史，体现了对监狱监督的重视；从对罪犯入监的监督开始直到罪犯被释放出狱，御史的职权涉及监狱行刑活动的方方面面，而且还包含对罪犯是否认罪伏法、服从监管和改造的监督，内容比较宽泛，和现代刑事执行检察监督的内容相差不多；注重罪犯权利的保障，以法律规定的方式对罪犯的囚衣、囚粮供应等基本生存条件作出规定，并配合御史相应的监督，一定程度上保障了罪犯的权利。但这一时期的监狱监督没有独立的监所监督机构，具有一定的附属性；监督的定位不准，将御史的监督权与监狱的行刑权混在了一起。

---

① 张永恩主编：《监所检察教程》，中国检察出版社1991年版，第21页。

第一编 监狱检察总论

第二节 近代的监狱检察

一、清末的监狱检察

1840 年鸦片战争以后，中国沦为半封建半殖民地，为了缓解内忧外患，晚清政府于 1901 年以后提出"新政""立宪"，开始对封建专制官僚制度包括司法制度进行改革。1906 年颁布了《大理院审判编制法》，1907 年颁布了《高等以下各级审判厅试办章程》，1910 年又制定了《法院编制法》。根据这些法律，清朝的司法机关有了很大的变化，把原刑部改为法部，专掌司法行政；大理寺改为大理院，专掌审判。同时，在大理院和地方各级审判厅内设置检察厅。这标志着审判与起诉的分离，检察制度的确立。在关于检察机关职权的规定中，就有监狱检察方面的职能。在执行判决的监督方面，清朝《大理司审判编制法》明确规定检察官对执行法院刑事判决负有"监察"之责。在《高等以下各级审判厅试办章程》中，对于检察官"监视判决之执行"还作了具体规定；在监狱活动的监督方面，《大清监狱律草案》对监狱的监督作了原则性的规定，"监狱归法部管辖""法部至少每两年应派官吏巡察监狱一次""推事检察官得以巡视监狱"。

二、民国时期的监狱检察

北洋军阀政府时期，基本沿用了清末的各种制度，大理院是最高审判机关，在大理院及其各分院内，设有总检察厅和检察分厅，在地方各级审判机关内，须设同级的检察机构，均与审判机关居于同等地位，独立行使检察权。1913 年，北洋军阀政府颁布的《监狱规则》与 1915 年颁布的《京师高等检察厅暂行处务规则》都是有关监狱检察的法律规定。

国民党政府时期的检察制度，承袭清末和北洋军阀政府的检察制度，仍实行法院和检察机关分立制约，虽然在检察机构的设置上有所变动，但是检察机构的地位和职权并没有变更，而且有关监狱检察方面的职权还有适当的扩充。国民党政府 1935 年公布、1945 年修正的《刑事诉讼法》和 1929 年司法部第 7067 号训令、1932 年颁布的《监犯保外服刑暂行办法》

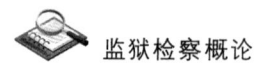

等，明确赋予检察官对于刑事案件的判决的指挥执行权限，对看守所视察的职权，对监狱检察监督的职权，以及对监外执行的保外服刑罪犯和假释罪犯的执行活动的监督权。

这一时期的检察制度产生于社会动荡时期，其设计和规定多借鉴西方，或是大陆法系的日本，相对于封建社会司法行政合一的体制而言，有了极大的进步，但究其本质，只是镇压反抗和维护统治的工具，并不代表人民的意志，无法真正实现法律的监督作用。

三、新中国成立前革命根据地的监狱检察

1927年，蒋介石叛变革命后，中国共产党走上了建立工农红军和创建革命根据地的道路。1931年冬，在江西建立了中华苏维埃共和国，制定了《宪法大纲》，并逐渐形成了以《宪法大纲》为核心的革命法制体系，开创了新民主主义法治建设的一个新时期。中华苏维埃临时中央政府成立，即颁布有关法律，基本上统一了红色区域司法机构，建立了红色区域的检察制度。当时施行的是审判权和检察权合一的原则，不是单独设立检察机构，根据《中华苏维埃共和国中央苏维埃组织法》第39条的规定，最高法院设检察长一人、副检察长一人、检察员若干人，根据《裁判部暂行组织及裁判条例》的规定，一切犯法行为检察院有检察职权，也说明包括了对看守所、监狱和劳动感化院工作人犯法行为的检察。其间关于监狱监督方面的内容有不少规定，如对判决的执行和对监狱的监督，《中华苏维埃共和国劳动感化院暂行章程》第12条规定，裁判部或临时最高法庭送犯人到劳动感化院时，必须把判决抄录一份，随犯人送去劳动感化院，感化院可以根据该项判决书去执行。

抗日战争时期，中国共产党领导的抗日革命根据地不断发展壮大，各解放区一般都建立了抗日民主联合政府，颁布了一系列的法规、法令，建立了新民主主义的司法制度。例如陕甘宁边区，成立了陕甘宁边区高等法院并在高等法院内设检察处，根据《陕甘宁边区高等法院组织条例》第12条的规定，检察处设检察长及检察员独立行使其检察职权，其职权比较广泛，不仅有刑事、民事诉讼方面的，还有属于监狱检察职责的监督判决执行这一项。

解放战争时期，革命根据地逐渐连成一片，合并成大行政区民主政权。如东北解放区，在建立司法机关的过程中，规定了要设置检察机构。

1946年10月颁布了《东北各级司法机关暂行组织条例》，规定各级法院设检察员，其职责就包括指挥刑事裁判的执行。以旅大地区检察机构为例，其《工作条例》规定，司法行政处处长秉承院长及首席检察官一职，监督所属各科监狱及法警队，并处理司法行政事宜。1949年1月旅大高等法院制定了《犯人劳动改造委员会组织条例》，第2条明确规定，劳动改造委员会属高等法院首席检察官直接领导，检察官在监狱监督方面的职责，有如凡属刑事案件的裁判，由检察官监督其执行；凡在监犯人有重大疾病，并为监狱医生说不能治疗的，需要保外就医的，由监狱转请法院院长或检察官核定；凡对犯人减刑或者加重刑期，要由监狱长根据犯人悔改程度，及品行优劣拟出具体意见，诚请法院院长及检察官核准等。

第三节　新中国监狱检察的发展演变

1949年新中国成立后，随着政治稳定，经济逐步恢复和繁荣，我国的各项法律制度逐步建立并不断得到完善。新中国成立后，彻底废除了残酷落后的旧狱制，建立了新中国的劳动改造制度。1994年12月29日《监狱法》颁布实施，标志着我国监狱走上了法治化的道路，我国的劳动改造制度统一改称为"监狱制度"。从新中国成立伊始，监狱检察就受到了应有的重视，成为检察机关的一项重要职权，构成了我国法律监督的重要内容。纵观新中国成立以来监狱检察发展历程，大致可以将其分为以下两个发展阶段。

一、新中国成立后至"文化大革命"前的监狱检察

在1949年9月召开的中国人民政治协商会议第一次全体会议通过的《中国人民政治协商会议共同纲领》和《中央人民政府组织法》确定，我国的国家性质是工人阶级领导的、工农联盟为基础的人民民主专政国家，国家机构的组织原则是人民代表大会制。根据这一原则，由代表人民意志的国家权力机关统一产生行政、军事、审判和检察机关。检察机关是国家机构的重要组成部分，根据规定它自上而下自成体系，依法独立行使检察权。1949年12月颁布的《中央人民政府最高人民检察署试行组织条例》

及1951年修改通过的《中央人民政府最高人民检察署暂行组织条例》，分别规定最高人民检察院的职权包括"检察全国司法与公安机关犯人改造及监所之违法措施"和"检察全国监所及犯人劳教改造机构之违法措施"，明确了监狱检察是检察机关的一项重要职权。可见，在我国检察机关创建之初，监狱检察便是检察机关的重要职权之一。但这一时期监狱检察的内容不全面，监督职权内没有规定对刑事判决、裁定的执行是否合法进行监督的内容。

随着"五四宪法"的颁布，我国的法制建设进入一个新的历史阶段，检察机关的组织机构和法律体系也初步完善。1954年9月我国第一部《人民检察院组织法》颁布，规定人民检察院"对于刑事案件判决的执行和劳动改造机关的活动是否合法，实行监督"。最高人民检察院同年12月成立了第五厅，也称监所、劳动改造监督厅，由其承担这一职责。1957年下半年，人民检察院开始实行派驻监管场所检察，向劳改场所派出了驻场检察员。8月，各级人民检察院开始担负起对劳动教养决定执行的检察。

二、改革开放后的监狱检察

"文化大革命"时期检察工作处于瘫痪状态。1978年3月5日，第五届全国人民代表大会第一会议修订了宪法，检察机关得以恢复重建。此后最高人民检察院多次召开相关会议，采取措施恢复和加强监所检察工作，设置了劳改检察厅。从1979年开始，最高人民检察院根据形势发展和对检察工作的规划，对职责重点进行了几次调整。①

1979年《人民检察院组织法》第5条规定：人民检察院对刑事判决、裁定的执行和监狱、看守所、劳动改造机关的活动是否合法，实行监督。据此，最高人民检察院、地方各级人民检察院、中国人民解放军军事检察院相继设立了监所检察部门。1979年，召开了第一次全国监所检察工作会议，明确了监所检察工作的具体职责和任务，提出把工作重点放在打击在押人员犯罪。会后，最高人民检察院制定了《人民检察院监所检察工作试行办法》和《人民检察院劳教检察试行办法》，为监狱检察的发展提供了有力的支撑。自1984年开始，各地陆续在大型监狱和监管场所比较集中的地区设立派出检察院，在监狱、看守所和劳教所等监管场所设立派驻检

---

① 袁其国：《刑罚执行法律监督制度的发展与完善》，载《河南社会科学》2010年第7期。

察室。相应的监所检察部门承担的法律监督职能，统称为"监所检察"，主要是对刑罚执行和监管活动实行监督。此后，监狱检察事业蓬勃开展起来，逐步走上规范化科学化道路。

1987年第二次全国监所检察工作会议强调，把加强对监管机关执行法律、政策情况的监督放在首位，从主要抓办案、打击犯罪活动，发展到全面承担刑罚执行和监管活动法律监督职责方面。同年7月，《人民检察院劳改检察工作细则（试行）》《人民检察院看守所检察工作细则（试行）》和《人民检察院劳教检察工作办法（试行）》颁布，进一步推动了监所检察业务工作的全面开展和监所派出检察机构的普遍建立。

1996年第三次全国监所检察工作会议提出，要充分发挥监所检察工作在反腐败斗争中的作用，把查办刑罚执行和监管活动中贪污受贿、徇私舞弊案件作为增强监所检察法律监督的重要手段。1998年，最高人民检察院明确监所检察部门只负责查办体罚虐待被监管人案、私放在押人员案、失职致使在押人员脱逃案和徇私舞弊减刑、假释、暂予监外执行案"四种案件"。

2001年召开了第四次全国监所检察工作会议，会后下发最高人民检察院《关于监所检察工作若干问题的规定》，以统一和规范对监所检察工作实践中一些重要问题的意见和提法。2004年，最高人民检察院明确监所检察部门负责查办刑罚执行和监管活动中发生的职务犯罪案件，而不再限于"四种案件"。这一时期，监所检察各项工作得到新进展，相对薄弱的情况得到改观。

2007年3月，最高人民检察院印发了《关于加强和改进监所检察工作的决定》，明确刑罚变更执行监督是监所检察的四项工作重点之一。同年11月，最高人民检察院召开了第五次全国监所检察工作会议，在全面分析监所检察工作面临的形势和任务的基础上，提出了一系列加强刑罚执行和监管活动监督工作的重要措施。2008年3月，最高人民检察院制定下发了《人民检察院监狱检察办法》《人民检察院看守所检察办法》《人民检察院劳教检察办法》和《人民检察院监外执行检察办法》，全面规范刑罚执行和监管活动监督工作。

经过改革开放后的发展，检察机关对刑罚执行和监管活动监督工作的规律性认识不断深化，监所检察的职责更加明确，监督方式更加科学。2007年最高人民检察院印发《关于加强和改进监所检察工作的决定》，在总结以往规定和监所检察实践基础上，对监所检察监督职责作了明确规定,其中涉及监狱检察的有:(1)对监狱执行刑罚和监管活动是否合法实行监督;(2)对人民法院裁定减刑、假释是否合法实行监督;(3)对监狱管理机关、人民法院决定暂予监外执行活动是否合法实行监督;(4)对刑罚执行和监管活动中的职务犯罪案件立案侦查,开展职务犯罪预防工作;(5)对罪犯又犯罪案件和劳教人员犯罪案件审查逮捕、审查起诉,对立案、侦查和审判活动是否合法实行监督;(6)受理被监管人及其近亲属、法定代理人的控告、举报和申诉;(7)承办检察长交办的其他事项。从中可以看出,监狱检察涉及面广,其主要职责是对刑罚执行和监管活动实行监督。

2012年,十一届全国人大五次会议审议通过了关于修改《刑事诉讼法》的决定。这次修改,对检察机关法律监督职能尤其是监狱检察工作是一次全面的加强和提升①。

修改后的《刑事诉讼法》赋予了监狱检察更多的监督职责,也对监狱检察工作带来了前所未有的挑战,主要体现在:(1)将"尊重和保障人权"的宪法原则写入《刑事诉讼法》,使监狱检察工作标准更高,责任更重。这一转变是我国民主法制建设发展进步的体现,也标志着我国刑事司法理念的重大转变。这就要求监狱检察部门必须围绕"尊重和保障人权"这一基本任务全面履行法律监督职责,在各个环节上体现人权保护原则,维护被监管人员的合法权益。(2)对刑罚变更执行由事后监督被修改为同步监督。监狱检察要对减刑、假释、暂予监外执行等刑罚变更执行活动开展同步监督,就必须要对监狱服刑罪犯的表现计分考核情况进行审查,列席申报减刑、假释、暂予监外执行的各分监区、监区刑罚执行委员会及监狱长办公会,参加减刑、假释听证会,出席人民法院开庭审理罪犯减刑、假释的庭审活动,工作量大大增加。(3)增加了死刑临场监督的职责。该项任务对监狱检察来讲是一项新任务,必须借鉴公诉部门以往的经验做法,进一步进行规范完善。(4)增加了对财产刑执行的监督。对诸如罚金、没收财产等财产刑执行活动的监督也是一项新的课题,如何协调执行部门,破解司法实践中的难题,制定具有可操作性的规范制度,仍需要进行深入探索。(5)完善了暂予监外执行制度。对暂予监外执行的对象、决定(批准)机关、收监执行与刑期计算等作出具体规定,使监督的任务更加明

---

① 李自民:《修改后的刑事诉讼法对监所检察工作的影响及对策》,载《监所检察工作指导》2012年第2期。

确。另外，2012年底，随着劳动教养制度被废止，人民检察院对劳动教养机关劳动教养活动的检察权随之停止，原由监狱检察承担的劳教检察职责不复存在。

2014年底，最高人民检察院将监所检察厅正式更名为刑事执行检察厅，部门的名称与职责真正做到了名实相副。2015年"监所检察机构"统一更名为"刑事执行检察机构"，并召开了全国检察机关刑事执行检察工作会议，这也是在中央全面推进依法治国、不断深化司法体制改革的背景下召开的一次重要会议。随后，最高人民检察院下发《关于全面加强和规范刑事执行检察工作的决定》，明确了刑事执行检察十一项主要职责。按照检察权的性质和分类，其中的监狱检察职权可归为四类：一是刑罚执行监督权；二是司法审查权，即对监狱侦查监内罪犯又犯罪案件的审查批准逮捕权；三是侦查权，立案侦查刑罚执行中的贪污贿赂、渎职侵权职务犯罪；四是公诉权，负责对监狱侦查的监内罪犯又犯罪案件的审查起诉、出庭公诉。

随着司法体制改革的推进，检察机关的职能范围发生了重大调整，监狱检察的侦查权也随之发生调整。在2018年召开的十三届全国人大常委会第六次会议上，通过了关于修改《刑事诉讼法》的决定，规定了人民检察院在对诉讼活动实行法律监督过程中，发现司法工作人员利用职权实施的非法拘禁、刑讯逼供、非法搜查等侵害公民权利、损害司法公正的犯罪，有立案侦查权。涉及的14类犯罪中，如虐待被监管人，司法工作人员滥用职权，司法工作人员玩忽职守、徇私枉法、执行判决裁决失职、私放在押人员，执行判决裁定滥用职权，失职致使在押人员脱逃，徇私舞弊减刑、假释、暂予监外执行等的侦查，都由监狱检察部门负责。

目前，监狱检察正处在新的历史起点上，既面临着挑战，也将迎来全新的发展机遇，明确监狱检察的发展历程将为下一步更好地推动监狱检察创新发展奠定良好的基础。

第三章 监狱检察监督方式的发展

监狱检察的监督方式，是指人民检察院针对监狱刑罚执行和监管活动是否合法而开展法律监督工作的方式。

一直以来，检察机关对监狱刑罚执行和监管改造活动的监督方式主要是采取派驻检察以及巡回检察。一般是根据监狱规模的大小，对大中型监狱实行派驻检察，对小型监狱实行巡回检察。两种检察方式只有工作方式上的区分，没有工作职责上的区别。其中，派驻检察是最主要的日常监督方式。在客观上，两种方式使得有限的监狱检察资源得到了相对合理的分配，在短时间内实现了对所有监狱的覆盖，特别是派驻检察对强化对监狱刑罚执行和监管改造活动的监督，促进监狱依法严格文明规范执法，强化罪犯合法权益保障发挥了重要的作用。但两种检察方式在长期运行中也暴露出了各自存在的问题：在派驻检察饱受被"同化"批评的同时，巡回检察也遭受"蜻蜓点水、走马观花"的质疑。[①] 面对传统监狱检察的困境，近年来检察机关增设了巡视检察、专项检察等方式，以补充单一检察方式的不足。为了提升监督质效，检察机关更是加强了对改革监狱检察方式的探索。2018年5月31日，最高人民检察院召开新闻发布会，宣布从2018年6月起在山西、辽宁、上海等8个省（自治区、直辖市）对监狱开展为期一年的巡回检察试点工作。在总结试点经验的基础上，2018年10月26日十三届全国人大常委会第六次会议通过的《人民检察院组织法》新增规定，人民检察院根据检察工作需要，可以在监狱、看守所等场所设立检察室，行使派出它的人民检察院的部分职权，也可以对上述场所进行巡回检察。这一规定将以往派驻检察和巡回检察的依据从司法解释性质文件上升到了法律层面，"派驻""巡回"都成为监狱检察的法定形式。实际上，无论是派驻检察，还是巡回检察，或是派驻检察与巡回检察并举，背后都

---

① 袁其国：《刑事执行检察权的运行方式》，载《中国检察官》2018年第15期。

第一编 监狱检察总论

是对刑罚执行和监管活动的监督如何更为有效的问题。

第一节 派驻检察

派驻检察是人民检察院依法在监管场所设立专门派驻机构，对监管机关执行刑罚和监管执法活动是否合法实行法律监督的一种工作形式。① 1957年，为贯彻中央提出的"对劳动改造单位的检察工作要经常化"的指示，检察机关开始在劳改场所相对比较集中的地区设立派出检察院，并在劳改场所设立检察室进行派驻检察。

按照2018年《人民检察院监狱巡回检察规定》的要求，派驻监狱检察室应当配备不少于一名检察人员，在检察室工作时间每周不少于两个工作日，每年应当轮换一次。主要负责检察罪犯计分考核、立功奖惩等情况；列席减刑、假释、暂予监外执行评审会；列席监狱狱情分析会和其他工作会议；联系监狱有关部门，对接巡回检察工作有关事项；监督巡回整改措施的落实情况；开启检察官信箱，收集、登记罪犯控告、举报、申诉材料以及其他相关工作。另外，派驻监狱检察室检察人员也可以根据情况办理减刑、假释、暂予监外执行等案件。

一、派驻检察是中国特色检察制度的一大创举

第一，派驻检察是在我国长期的检察实践中逐步形成的。派驻检察伴随着我国监狱检察实践而产生。1949年12月颁布的《中央人民政府最高人民检察署试行组织条例》第3条规定，最高人民检察署直接行使并领导下级检察署行使"检察全国司法与公安机关犯人改造所及监狱之违法措施"的职权。从法律文本上看，新中国成立后，我国的监狱检察制度即在法律上得到确认，"监狱检察"是中华人民共和国检察制度与生俱来的一项基本职权。在职权行使方式上，我国根据自身的国家制度安排和实际，逐步形成了自己特有的方式。1957年，检察机关开始实行驻场（厂）检察。"文化大革命"期间虽有中断，但1979年最高人民检察院召开的第一

---

① 袁其国主编：《刑事执行检察业务培训教程》，中国检察出版社2015年版，第70页。

次全国监所检察工作会议明确要求在劳动改造、劳动教养场所建立派出机构，派驻检察制度得到及时恢复。此后派驻检察制度不断发展。2001年召开的第四次全国监所检察工作会议，颁布了《关于监所检察工作若干问题的规定》，对监所检察的监督重点、工作职责、职务犯罪案件办理、派驻检察机构及队伍建设等进行规范。2011年最高人民检察院进一步专门颁布了一个关于派驻检察室设置规范方面详细、完整的重要文件——《关于加强派驻监管场所检察室建设的意见》。该文件成为此后派驻检察室建设的纲领性文件，在加强派驻检察室建设和派驻工作中发挥了积极的指引作用。特别是近十余年来，最高人民检察院发布了一系列详细的规范，对派驻检察机构实施规范、等级、动态化管理，使派驻检察迅速发展，派驻检察实现了对监狱的常态化监督。2018年10月26日第十三届全国人民代表大会常务委员会第六次会议修订的《人民检察院组织法》规定，人民检察院根据检察工作需要，可以在监狱、看守所等场所设立检察室，进一步提升了派驻检察的法律层次。这一规定在我国监狱检察制度史上具有里程碑意义。该法对派驻检察室的设置也进行了规范。2007年之前，派驻检察室可以由基层检察院派驻，2007年最高人民检察院《关于加强和改进监所检察工作的决定》取消了基层检察院设置派驻检察室的权力，规定一般由市级检察院派驻。2018年《人民检察院组织法》明确规定，省级人民检察院设立检察室，应当经最高人民检察院和省级有关部门同意；设区的市级人民检察院、基层人民检察院设立检察室，应当经省级人民检察院和省级有关部门同意。这使得设置派驻检察室有法可依，更加规范。派驻检察是具有我国特色的监狱检察制度模式，通过向监狱内部派驻检察机构，深入监狱内部对其相关活动进行检察监督，使监督更加及时、直接、具有针对性。派驻检察的职责也十分广泛，涉及监狱检察的各个方面，已形成一整套派驻制度体系，形成了一支专业化的队伍，积累了丰富的监狱检察监督的经验，建成了较为科学的信息基础设施和办公办案设施。派驻检察人员通过深入监狱内部，面对面地监督，为保证法律在刑罚执行领域统一正确实施发挥了极其重要的作用。

第二，我国派驻检察具有丰富的内涵。根据最高人民检察院2018年下发的《人民检察院监狱检察工作目录》，监狱检察大致分为三大类17项179小项检察内容。三大类是：刑罚执行检察类，包括收监、出监检察，减刑、假释检察，暂予监外执行检察，控告、举报、申诉检察等内容；狱政管理检察类,包括监管安全检察、分押分管检察、戒具使用检察、通信会见检察、生活卫生检察、罪犯奖惩考核检察、事故检察等内容;教育改造检察类,包括入监出监教育检察、思想教育改造检察、文化教育改造检察、劳动教育改造检察等内容。在这三大类工作中,刑罚变更执行监督是派驻检察的核心。监狱对罪犯的计分考核是其提请减刑假释的基础。在长期的派驻实践中形成了一系列派驻检察人员深入罪犯生产、生活、教育三大现场检察的制度规范,进一步规范了派驻检察人员深入三大现场的各项行为,使之能够近距离地了解掌握罪犯日常改造情况,为检察机关把好监狱提请减刑、假释、暂予监外执行第一道关口起到了重要作用。

二、派驻检察的职能优势与质疑

由于监狱的封闭性以及与社会隔离的特点,为加强检察监督,检察机关采取向监狱派驻检察室的方式,深入监狱内部进行检察监督,由此解决了监狱活动封闭、不为外界所知而难以监督的难题,畅通了检察人员获得监狱信息的渠道,对实现检察机关的直接监督、全面监督和常态监督具有明显优势。

从其便利性的角度来看,监狱检察的职责履行要求检察机关开展的监督活动应当覆盖监狱职能的方方面面且不间断地进行,实现监督的全面化和常态化。派驻检察的运行也正是围绕此进行的。监狱检察制度在实施之初,就定位为对监狱执法和监管活动是否合法进行的全面监督。经过这些年实践和理论的发展,相关法律规定对监狱检察的职责表述得更加规范、明确,但全面监督的基本定位没有变化。

从时间角度来看,监狱检察的职能涵盖罪犯从被收监到被释放的整个时间段;从空间角度来看,监狱在物理空间内的每一个角落,都应当接受检察监督;从监督内容来看,罪犯在狱内学习、生活、劳动的每一个环节,以及监狱监管的每一项工作,都是监狱检察的对象。广泛、细致的监狱检察职能,就要求监狱检察必须实现全面化、常态化。派驻检察将检察触角伸进了监狱内部,使得检察机关有能力、有条件对监狱工作实施不间断的全面监督。特别是对一些不深入监狱就无法了解的事项,如狱内是否存在监管安全隐患、罪犯生活卫生状况等,派驻检察的全面化和常态化优势得到了很好发挥。

从其独立性的特点来看,根据《宪法》规定,最高人民检察院领导地

方各级人民检察院和专门人民检察院的工作,上级人民检察院领导下级人民检察院的工作。也就是说,派出检察院、派驻检察室受派出它的检察院领导,各项检察业务均由派出它的检察院领导,履行监狱检察职责,监狱检察人员的立场始终是履行检察机关法律监督的职能。

尽管派驻检察有着其他监督方式无法比拟的优势,但由于人员有限,通常派驻检察人员相对固定,派驻时间较久,即使进行轮岗,也不免都是熟面孔。在日常工作中,派驻检察人员往往不愿将自己设定为"挑刺者"的角色,当他们对监狱日常工作习以为常、对监狱状况熟视无睹时,就必然会降低对"惯例"是否规范的敏感度和觉察力,在不自知中失去了监督的能力。在有限的资源内,派驻检察人员轮岗的规定,显然不足以解决派驻检察人员与监狱民警之间长期工作配合中形成的趋同立场。这也就不难理解,在一些案件中,检察人员甚至会替监狱干警掩盖、隐瞒事故。[①] 派驻检察暴露出的重配合、轻监督、不敢监督、监督流于形式、缺乏实效等问题,也是派驻检察监督方式亟待改革的原因。

第二节 巡回检察

一、巡回检察的发展

巡回检察是指人民检察院依法对监狱进行定期、不定期检察的一种监督方式。它并不是一种新的监督方式,在 2007 年最高人民检察院《关于加强和改进监所检察工作的决定》中规定,常年关押人数数量较小的监管场所,可以实行巡回检察,每月不得少于三次。在经过多年实践后,最高人民检察院于 2018 年 6 月至 2019 年 5 月在山西、辽宁、上海、山东、湖北、海南、四川、宁夏等 8 个省(自治区、直辖市)开展了对监狱实行巡回检察的试点工作。2018 年 11 月 30 日最高人民检察院第十三届检察委员会第十次会议审议通过了《人民检察院监狱巡回检察规定》。目的是通过巡回检察,保证国家法律在刑罚执行活动中正确实施,保障罪犯合法权

---

① 袁其国:《论刑罚执行和监管活动监督权的合理配置》,载《人民检察》2011 年第 4 期。

益，维护监管秩序稳定，纠防冤假错案，促进监狱提升改造质量，将罪犯改造成为守法公民；通过巡回检察，及时进行整改纠正，确保检察监督的针对性、实效性，维护国家法制的统一和刑罚执行的公正。此时的巡回检察在组织构成和方式方法都有了质的变化。以下针对2018年后所实行的巡回检察监督方式进行分析。

在组织构成上，巡回检察对现有监狱检察人员重新进行布局与调整。检察人员不再固定派驻至各个监狱，而是组成若干个巡回检察组至辖区内的各监狱开展检察工作，巡回检察组人员不得少于3人，进入监狱开展工作不得少于两人。巡回检察实行的是检察官办案责任制，落实权责统一的司法权力运行机制，巡回检察组由员额检察官担任组长，办案组成员可以根据工作需要随时调整、定期轮换，在全体检察人员中抽取或回避某些成员而产生。在涉及设施安全、消防安全、食品卫生安全、生产项目安全等专业性检察时，巡回检察组可以邀请司法行政、安全生产监督管理、消防、审计等部门中具有专门知识的人参加巡回检察。邀请具有专门知识的人参加巡回检察适用最高人民检察院《关于指派、聘请有专门知识的人参与办案若干问题的规定（试行）》等有关规定。这可以发挥专业人员的专业优势，解决检察机关人员有限和专业短板的问题，也避免监狱检察人员惯性视角的片面性，增强监督的力度和实效。同时，检察组也可以邀请人大代表、政协委员以及人民监督员参加巡回检察工作，提高检察工作的民主性和透明度。

在工作方式上，巡回检察通常采取常规巡回、机动巡回、专门巡回、交叉巡回等方式。常规、专门和机动巡回检察一般由对监狱负有监督职责的人民检察院组织，交叉巡回检察一般由省级人民检察院组织。检察机关不仅可以针对监狱刑罚执行、狱政管理、教育改造执法活动开展常规巡回检察，也可以针对监狱发生罪犯非正常死亡、脱逃或者突发公共卫生事件等重大事故进行专门巡回检察，针对日常监狱检察工作中发现的问题、线索和常规巡回检察发现问题的整改落实情况，还可以开展机动巡回检察。由省级检察机关统一负责开展的交叉巡回检察，则可以解决监狱检察人员经过多轮巡回检察后对当地监狱情况敏感度降低的问题。

在工作方法上，每次巡回检察前要制定巡回检察方案，确定工作重点和分工安排，了解监狱相关情况并进行业务培训。在巡回检察过程中，检察人员可以依据本次巡回检察的目标和重点灵活选择工作方法，如调阅相关案卷材料、实地检察、与罪犯谈话、向监管民警了解情况、开展问卷调查等。同派驻检察一样，巡回检察也根据检察发现问题的性质不同，分别向监狱提出口头纠正意见或者检察建议、制发纠正违法通知书或者检察建议书等。

另外，巡回检察的监督方式新增了对检察人员的追责规定，对监狱存在的重大问题应当发现而未发现的或发现后不予报告、未依法提出整改意见的，追究巡回检察人员失职、渎职的责任，力求以责任倒逼工作成效。

二、巡回检察的优势及质疑

从最高人民检察院的顶层设计来看，改派驻为巡回是以解决派驻检察"同化"问题为起点。

从其优势来看，巡回检察消除了以往监狱检察人员与监狱监管人员长期身处同一空间形成的一体观感，使得监狱检察能够在一定程度上有效消除社会公众对派驻检察产生的不信任感。检察人员以随机组成检察组的形式不定期进入各个监狱开展巡回检察，有利于监狱检察人员以客观的外部视角对监狱的设施环境、管理方式等予以审视，发现长期身处其中的人容易忽视的问题。同时，增加检察人员与监狱监管人员形成"熟人"关系的成本。双管齐下，从制度上来解决派驻检察不能监督、不愿监督的问题。此外，由同一批检察人员分赴不同的监狱巡回检察，也有利于检察标准的统一。在巡回检察的过程中，办案组的非检察人员既能够补充检察力量，也能对检察人员的工作情况进行监督。可以说，巡回检察相比派驻检察而言，监督的效果有了大幅度的提升。

从其质疑来看，在试点开展之初，改派驻为巡回就面临两个问题：一是"派驻检察室"何去何从？二是巡回检察是否一定能提高监督质效？就派驻检察室问题而言，派驻检察是我国特有的监狱检察监督方式，在实践中运行多年，派驻检察室已经覆盖了几乎所有的监狱，全国有六百多个派驻检察室和两千多名派驻检察人员，工作中也形成了一套较为成熟的工作方法并积累了丰富的经验。全面推行巡回检察就意味着放弃原有的组织架构、制度积累以及基础建设，这对原本就薄弱的监狱检察来说将是一个不小的损失。事实上，无论采取何种监狱检察方式，监狱检察与监狱之间必然存在互相配合、互相制约的关系，正是出于上述考虑，先期试点的地区出台的工作方案中，并没有完全抛弃原有的基础另起炉灶，而是一方面依照上层设计规定不再实行派驻检察，将原有力量整合为若干个巡回检察办案组，另一方面明确保留驻狱检察室办公办案用房和装备设施，用于开展巡回检察和办案工作。

就监督质效的问题而言，巡回检察不是全新创造的产物，而是对以往巡回检察加以借鉴、改造形成的。传统上对小型监狱开展的巡回检察，作为派驻检察的补充，已经在实践中运行多年，留下了许多经验。传统的巡回检察相较派驻检察而言，不依赖于监狱提供的物质支持，在很大程度上增加了监狱检察的权威性，缓解了监狱对监狱检察可能构成的制约。然而，传统的巡回检察也因时间有限、方法不足，检察工作只能在集中的几个工作日内进行，检察人员往往只能采取相对简便的工作方法，造成监督质效不佳，监狱隐蔽性问题就很难被发现，更不要说解决，致使巡回检察容易浮于表面。在实践中发现，对于部分常态化检察的事项而言，巡回检察是远远不够的。例如收出监检察，检察人员只能在巡回期间实现当日情况当日检察，对非巡回期间的情况只能通过监狱自行记载的书面资料发现问题。而一旦事后检察出应当收监而拒绝收监或不应当收监而收监的，都会造成重新收监成本太高或不当侵犯人身自由等严重后果。只有及时检察发现问题，才能避免检察机关和监狱工作陷入被动。再如，对在押罪犯刑罚变更和刑罚执行方式变更的全过程进行监督是2012年《刑事诉讼法》新增的监狱检察职能，按照规定，检察机关一旦发现不符合减刑假释、暂予监外执行等条件的，应当提出纠正意见。然而，由于巡回检察的制度限制，检察人员无法及时掌握罪犯的服刑情况，不能跟踪执行机关对罪犯改造情况的各项评议意见，只能在巡回期间对所有提请减刑、假释、暂予监外执行的案件提出检察意见，这就很难说是在全面考量的基础上提出的。而巡回检察时间有限，也在一定程度上限制了在押人员向检察机关申诉等权利的行使。

此次改革试点，最高人民检察院对巡回检察工作作出了区别于派驻检察的部署，将重点放在监管安全和罪犯教育改造、合法权益保障检察等方面。但是监狱检察的职能和检察方法没有发生变化，巡回检察办案组还是要对刑罚执行和监管改造活动是否合法进行全面检察，对巡回检察发现的问题及时提出纠正违法或检察建议。而在法定检察方法没有变化的情况下，仅仅调整检察形式，不免会产生对能否提高监督质效的质疑。

从优势和质疑两方面来看，虽然巡回检察相较派驻检察在监狱检察职权行使上有了很大的进步，但衡量改革的成本与成效，还需进一步研究和改进。

第三节 "派驻+巡回"检察

小黑河检察院在试点期间并没有以巡回检察取代派驻检察，而是将二者相结合，对同一个监狱保留原有派驻检察的基础上，增加试点方案规划的巡回检察，采取"派驻+巡回"的监督方式。这是在对现实因素进行考量的基础上，综合派驻检察实践与巡回检察试点方案的结果。从2018年10月颁布的《人民检察院组织法》的规定来看，对监狱实行派驻检察与巡回检察相结合的检察方式也是法律的应有之义。

从二者关系来看，巡回检察与派驻检察具有相互补充的关系。检察机关对巡回检察方式的认识是随着实践的发展而不断变化的。早在1985年最高人民检察院转发的全国劳改劳教检察工作座谈会会议纪要中曾指出，"其他劳改队、劳教场所一般设置派出检察组或就几个相近的劳改队，设置巡回检察组"。从该会议纪要文本来看，当时设置巡回检察组是在"几个相近的劳改队"。短短的文字表明当时考虑的是地域、检察机关的人员编制不足，考虑的是关押或者收治的人员不多，以及派驻的司法成本等因素。这样的考虑与派驻检察需要相当的人力物力成本、在关押或者收治的人员较多的场所相对应，体现了检察机关在开展工作中既加强法律监督，又坚持实事求是的原则。从中也可以得出这样的认识或者观点：一是在实行派驻检察的场所不实行巡回检察，在实行巡回检察的场所不实行派驻检察，巡回检察与派驻检察是在不同条件下的两种相互独立的检察监督方式；二是派驻检察是主要形式，巡回检察是一种补充。这一观点成为主流观点一直延续到近些年。2007年最高人民检察院《关于加强和改进监所检察工作的决定》中规定"常年关押人数较少的小型监管场所，可以实行巡回检察""实行巡回检察的，每月不得少于三次"即是明证。

派驻检察虽然发挥了重要的作用，但也存在一些弊端。如前所述，比如派驻检察人员被"同化"、驻而不查、查而不深等问题。由于驻监检察人员长期与监管警察在一起，导致实践中强调相互配合多，强调支持多，出现了监督不到位或越位的问题,有的派驻人员甚至将自身监督职责与警察监管职责混同,代替监管场所执行监管职责。2018年以来,最高人民检察院进行了巡回检察改革试点,用巡回检察的长处克服派驻检察的短处,让监狱检察工作焕发出新的活力,增强了法律监督实效,使巡回检察的价值和功能得到了新的提升。如果以前将"巡回检察作为一种补充形式",通过对改革措施和试点实践的分析,现在的认识已经转化为"巡回检察是对派驻检察的重大完善",巡回检察与派驻检察可以优势互补、相得益彰。将这两种方式结合起来,将会使监狱检察监督不断加强。"派驻+巡回"的检察方式是对新时代监狱检察工作新的发展和完善。因此,2018年修订的《人民检察院组织法》中"人民检察院根据检察工作需要,可以在监狱、看守所等场所设立检察室,行使派出它的人民检察院的部分职权,也可以对上述场所进行巡回检察"的规定,既是对中华人民共和国成立以来监狱检察工作宝贵的实践经验的总结和提升,又是在依法治国背景下指导和推动今后监狱检察工作创新发展的法律基础。

第四章　其他国家的监狱监督制度

第一节　英美法系国家的监狱监督制度

一、英国

(一) 皇家监狱督察署

英国皇家监狱督察署由监狱督察总长领导，完全独立于政府和监狱管理总局。皇家监狱督察署主要负责就监狱条件和被监禁人待遇提交专门报告，一般不负责日常的具体监督工作。监狱监察专员的主要职责是接受、调查监狱罪犯的投诉，调查监狱、移民拘留中心发生的人员死亡事件。犯人在向监察专员投诉之前，首先要向监狱管理部门投诉，监狱管理部门不接受、不改正，才得向监察专员投诉。监察总署的25名定编人员中，除来自社会上其他机构外，其他基本上是熟悉监狱工作的专家型人才，有的曾做过监狱长，主监察官不允许有监狱工作经历，从而保证了监督者自身的素质和监督能力。该机构的工作人员定期到各监狱巡视考察，每个监狱每5年至少考察2次，少年犯收容所每3年2次，每次考察10天左右，有时可就某个特别事件进行调查。检查的内容主要有监狱执法情况、罪犯的权利保障以及监狱存在的困难等。检查人员都配有监狱的钥匙，能够随时进入监狱的任何地方进行独立检查，可以与犯人单独谈话。皇家监狱督察署制定了明确的检查和评估标准，称为"健康监狱"的四项测试，包括犯人的处境是否安全，所受到的待遇是否有损于他们的人格尊严，犯人是否能够从事有目的性的活动，以及他们是否已准备好重返社区等。根据以上四项标准，对每所监狱定期进行检查和评估，形成专门的督查报告交司法大臣,不必交司法部修改,即向社会和议会发布,以督促监狱对工作进行改进。皇家监狱监督署由有经验的专家组成,检查专业、细致、广泛、深入,持续时间达一周,有助于其全面深刻地揭示监狱存在的问题,促进监狱整体水平的提高,但也存在投入成本太高、间隔时间较长的缺点。

(二) 监狱和缓刑监察专员署

英国的监狱和缓刑监察专员署是一个民间组织,其委员来自社区的志愿者,不领薪酬。该委员会的委员可以到所有的监狱巡视,可以自由出入监狱,不经批准地与任何犯人谈话,查看监狱所有资料,对监狱存在的问题提出责令整改的意见。监察专员由司法部长任命,完全独立于监狱局和缓刑局,主要职责是接受调查狱内服刑犯和狱外缓刑犯的投诉,调查监狱、缓刑站发生的人员死亡事件。犯人在向监察专员投诉之前,首先要向狱政管理部门投诉,如果监狱管理部门不接受、不改正,才可以向监察专员投诉。为方便调查,监察专员可以查看监狱机构的所有信息,文件场所和个人。监察专员处理投诉,大量工作室调解监狱与犯人的关系,调解后对监狱提出改进措施和建议。

(三) 监狱独立监督委员会

英国的监狱独立监督委员会是一个民间组织,在英格兰和威尔士,每个监狱都有一个独立监督委员会。监狱的独立监督委员会由司法部负责,每个独立监督委员会根据所监督监狱的大小有10—20名监督员。独立监督委员会与监狱之间不存在任何附属关系,其监督员由民间社会人士志愿担任,无工作报酬,但可报销差旅费用。①

根据英国《监狱规则》的相关规定,每个独立监督委员会均有以下职责:(1) 确保所在监狱的在押人员获得人道、公正的待遇和适当范围的释放后生活适应项目;(2) 及时向大臣或其认为适当的有权处理的官员报告任何其关切的事项;(3) 每年向大臣报告所监督监狱满足规定标准和要求的情况,以及该标准和要求对在押人员的影响。与上述规定相适应,英国1952年《监狱法》第6条规定,独立监督委员会的监督员应当听取犯人可能提出的任何申诉,并向大臣报告任何其认为适宜报告的事项。为有效履行职责,根据《监狱规则》第79(2)条、《青少年罪犯机构规则》第77

---

① 叶旺春:《英国监狱社会监督制度的考察及对我国的借鉴价值》,载《刑法论丛》2011年第1期。

（2）条的规定，独立监督委员会的监督员可以随时进入监狱各处接触所有在押人员，并且可以对任何在押人员进行访谈，监狱监管人员不得监视监听，监督员还可以查阅监狱记录。

独立监督委员会的独特之处在于：一是日常性检查。在监狱中，有一专设办公室为监督员的日常工作提供便利，虽然个体监督员探访监狱的次数不是很频繁，但一个独立监督委员会有10—20名监督员，其轮流探访，保证了监督的日常性和持续性，这是其他两个监督机构做不到的。二是非专业的视角。与监督机构的成员都是有经验的专家不同，独立监督委员会的监督员是社会上的非专业独立人士，并且是志愿者，与监狱无任何利益瓜葛，其基于社会普通大众的视角，对监狱各方面的工作进行审查，有助于监狱与外部社会的沟通，也同样有助于促进监狱提高管理绩效。

二、美国

（一）法院

美国的法院可以通过受理被监禁人对监狱的申诉，对监狱的各种决定进行司法审查。美国联邦最高法院曾经指出，美国受刑人并不完全丧失宪法上所规定的保护，宪法与美国监狱之间并无铁壁隔绝。在美国，受刑人有权就司法上可被审理的任何争端提起诉讼，有权不受阻碍地向法院提出申诉。美国法院最初不干预监狱管理受刑人甚至虐待受刑人的行为，后来随着民权运动的发展，联邦法院通过审理若干被监禁人起诉监狱案件的判例，确立了法院干预监狱管理以便保护受刑人正当权益的司法政策，一定程度上遏制了监狱侵犯受刑人人权的行为。后来因为出现了某些受刑人滥用权力，故意难为监狱的现象，法院为了平衡受刑人权利和监狱的关系，开始限制受刑人的权利诉讼。[①]

（二）执法检察官

美国设立了执法检察官，除了陆军和海军感化院外，执法检察官有权对联邦监狱和感化院进行监督和管理，颁布上述机构的行政管理条例，并且依据有关法律规定，任命全部必要官员和雇员。执法检察官具有广泛的职权，如狱政局长由执法检察官任命，并直接在执法检察官领导下工作；执法检察官可以选派他认为有必要的辅助官员和雇员，指定犯人服刑的监

---

① 欧阳梦春：《受刑人权利保护研究》，中国人民公安大学出版社2007年版，第49—60页。

狱地点，决定对有卓越贡献的犯人给予减刑，可以指定假释委员会的主席并授予他必要的管理职权和责任。①

三、澳大利亚

（一）法院

法院可以通过受理被监禁人对监狱提起的诉讼来监督监狱。根据澳大利亚的法律，各州最高法院对被押人员及犯人的监管情况具有监督权，具有重新核实行政决定、补救不公平及非法待遇等权限，包括有权核实由于监管工作人员的非法行为或疏忽所导致的保释被拒，被押人所遭受的人身伤害，被错误关押人员等情况的处理。法官有权访问和调查监狱的行为。如果监狱的规则引致犯人失去他们的应有权利，法院可以行使他们的审判权。法院的干预一般只限于个人的权利，特别是影响犯人的释放方面。法院的干预一般不涉及监狱的管理和行政方面，每个监狱将提供一位访问法官，法官在有关部长的指引下，对该中心的安全、纪律、控制和管理进行调查，法官如果有需要，可以探访、检查该中心。②

（二）监狱视察员

根据《西澳大利亚1981年监狱法》，总督可为所有监狱任命监狱视察员。监狱视察员的职责是到监狱视察检查工作，监狱视察员每隔3个月到监狱视察、检查工作一次，视察、检查后，向部长提出书面报告，记录被监禁人或监狱官员向其提出的控告，并向监狱局局长或部长汇报被监禁人或监狱官员提出的控告。监狱视察员向监狱长证明其真实身份后，可在其认为适应的时候进入监狱进行检查。

（三）官方访客和人权及机会平等委员会

澳大利亚的官方访客和人权及机会平等委员会也可以监督监狱。大多数的监狱系统都安排官方访客定期走访，以便犯人向他们直接投诉其所遭受的不公平待遇，以及其未获得应享有权利的情况。官方访客同时也监管监狱状况，定期走访，会见工作人员及监狱犯人以处理投诉并向部长汇报情况。澳大利亚的人权及机会平等委员会，在对犯人的人权保护方面起到重要的作用，它监控和调查联邦立法和联邦机构的实际操作状况，判断它

---

① 司法部编：《外国监狱法规汇编（二）》，社会科学文献出版社1988年版，第55—103页。
② 白泉民主编：《中外刑罚执行监督与人权保护》，中国检察出版社2007年版，第43—60页。

们是否遵守澳大利亚人权规定，组织公共辩论，向政府和国会提交建议以促进犯人的人权状况。

（四）反腐败独立委员会

反腐败独立委员会依法负责调查及报告公共司法人员的腐败活动并作出适当建议。腐败活动包括劳改服务部工作人员不正当行为、对职务的不作为等。

第二节 大陆法系国家的监狱监督制度

一、法国

（一）检察机关

法国的检察机关具有指挥行刑和监督行刑的权利，法院的最终判决经过检察官申请后方可执行。

检察官担负独立的职责，包括：参与重罪、轻罪的初步侦查；指挥司法警察的侦查活动；负责提起公诉，要求适用法律；出庭公诉，参加法庭审判活动；监督判决、裁定是否合法，决定是否上诉；保证判决的执行，并可以直接动用公众力量。根据《法国刑事诉讼法典》的规定，法国的检察官监督刑罚执行，针对执行刑罚的情况作出详细的记录。共和国检察官负责在判决生效后，提出执行要求，以将判决交付实施。对轻罪或违警罪的徒刑刑罚，具备重要理由需暂缓执行或分期执行的，检察官有提请权。检察官有权监督每一个判决的执行，但对罚金和没收财产的判决，法律规定由税务官以共和国检察官的名义执行。检察官可以通过移交等方式在全国范围内执行刑罚，也可以根据国际条约的规定，在申根国家和欧盟国家执行刑罚。检察官为了执行某些刑法，如驱逐出境，需要得到特殊行政部门的协助。在司法部长的主管下检察官还需要向国家犯罪中心传送有关犯罪记录。为了执行裁判，检察官需要获得法庭登记处关于要执行的刑罚的情况，以及不予执行的原因，检察官也可出于某些理由决定不执行刑罚，如他认为裁判不合法时。

共和国检察官和总检察长可视察监狱。共和国检察官应每季度到各监狱视察一次，必要时应随时视察，听取犯人的申诉，并将视察情况报告给总检察长。在大多数情况下，检察官不直接负责刑罚的执行。为了监督刑罚执行，驻监狱所在地中级法院的检察院应有一名代表参加刑罚执行委员会会议。对于执行法官作出的决定，检察官、共和国检察在得到通知 10 日内，如果认为有问题可以提出抗诉或者上诉至本地法院的上诉庭。①

（二）刑罚执行法官

法国设立专门法官负责监督监狱刑罚执行。根据《法国刑事诉讼法典》等法律的规定，法国设立了刑罚执行法官负责执行刑罚和监督监狱。执行法官是轻罪法院中专门负责判决执行工作的法官，其职权相当广泛，例如，有权确定每一罪犯服刑原则和方式；决定对余刑不足 1 年的罪犯中止执行或分阶段执行刑罚；决定减刑和恢复被减掉的刑期，有权允许监外执行、半自由状态，有权决定或撤销假释等。刑罚执行法官对在其法庭管辖范围内的监狱行使管辖权，负责监督对犯人执行刑罚的任务，主持刑罚执行委员会，有权根据刑罚执行委员会的建议或听取检察长的意见后，作出有关犯人自由事项的决定等。②

刑罚执行法官每月至少对监狱巡查一次，检查犯人服刑的情况，并将其观察到的情况报告主管机关，且每年以法院的名义向司法部长呈报一份刑罚执行报告。法国的刑罚执行委员会由刑罚执行法官主持，其成员包括法官、检察官、监狱长和社会各界代表等，刑罚执行委员会负责向刑罚执行法官提出刑罚执行的各种意见。除了紧急情况，对减刑、假释、批准在押解下外出、请假外出，执行法官在作出决定前应听取刑罚执行委员会的意见。该委员会虽然不直接担负判决执行工作，但是执行程序中一些重要决定，如刑罚执行法官允许罪犯监外执行、半自由状态、减刑分阶段服刑、假释、有保证外出、回家等，除紧急情况外，必须事先征求它的同意，若在一个月内未提供意见，则视为同意，刑罚执行法官可作出上述决定。③

---

① 〔荷〕皮特·J.P. 泰克编著：《欧盟成员国检察机关的任务和权利》，吕青、马鹏飞译，中国检察出版社 2007 年版，第 113 页。
② 司法部编：《外国监狱法规汇编（四）》，社会科学文献出版社 1988 年版，第 245—360 页。
③ 〔荷〕皮特·J.P. 泰克编著：《欧盟成员国检察机关的任务和权利》，吕青、马鹏飞译，中国检察出版社 2007 年版，第 113 页。

(三) 监督委员会

法国设立了监督委员会对监狱进行监督。监督委员会由该省的省长和专区政府所在地的区长主持,由高等法庭庭长、刑罚执行法官、律师、省议会议员、部长、社会慈善机构的人员等社会各方面代表组成。监督委员会必要时可派出一名或者几名委员会成员视察监狱,负责监狱狱内的卫生、安全、饮食和保健工作、劳动、监规制度以及对犯人的思想教育工作。

二、德国

(一) 检察机关

德国检察机关享有对刑事判决、刑罚执行的广泛监督权。根据德国《刑事诉讼法》的规定,检察机关享有对判决执行的监督权。凡经检察官提起公诉,法院依法判决并生效的案件,都要连同判决执行文书返还原检察机关,由检察官负责执行判决。德国检察官根据法院书记官发出的经核对无误的判决书副本和执行判决的证明书执行刑事判决。有关判决的具体实施,由检察官指挥和监督司法官完成。其主要内容有:确定适合于被判处自由刑的罪犯的服刑场所、监督罪犯到达服刑地、处理因身体原因不适宜立即关押的罪犯申请延缓服刑的事项、收取被判处罚金刑的被告人的罚金、送达判决书等。为了保障刑罚的执行,德国检察机关有权运用法律赋予的手段,如发出命令、拘留或逮捕、通缉被判刑的罪犯等,制止可能出现的各种躲避甚至对抗刑罚执行行为的发生。对于符合法定条件而提出申请延期执行自由性刑罚的罪犯,检察官有权命令其提供担保或者附加其他条件。德国检察官在监督刑罚执行的过程中还负有监督法院的职责,如刑罚执行法庭在决定监禁的条件、决定假释、撤销假释或者缓刑时,法庭都应当通知检察机关。总的来说,检察官在执行中的角色主要限于行政功能,大多数执行事务由司法辅助人员在检察官的监督下进行。①

(二) 法院

德国法院可以通过受理被监禁人的控告、申诉案件,以司法审查的形式对监狱进行监督。《监狱法》详细规定了对剥夺罪犯权利的监狱决定进行司法审查的制度。法律授权州的特别法庭处理这些决定,这些特别法庭

---

① [荷] 皮特·J.P. 泰克编著:《欧盟成员国检察机关的任务和权利》,吕青、马鹏飞译,中国检察出版社2007年版,第124页。

有责任处理所有与判决执行和监禁有关的重要决定。一般情况下,特别法庭由一名法官组成,但是当涉及原则性的重要决定时,合议庭要由3名法官组成。审理程序原则上不是口头的。仅根据书面意见往往很难判断具体情况,因为在一般情况下监狱长和其他官员的书面意见往往比罪犯的声明更要起到重要作用。如果为了法律的发展或者保持法律的统一适用而需要地区高等法院复审,那么罪犯可以就监狱的决定上诉至地区高等法院。①

法院还可以裁决将判决剩余的刑期暂停执行。法律规定,罪犯必须服满判决确定刑期的2/3,而且对于其假释后的社会危险性的预测结果是可以接受的。但是有的罪犯服刑满一半刑期就可以获得假释,这种情况大多适用于被判处两年以下有期徒刑的初犯。同时,法院要指派一名假释官负责监督假释罪犯。

(三) 司法部

在德国联邦各州,对刑罚执行机构的行政控制都是司法部的职责。几乎所有的联邦各州都选择了司法部—监狱这样的两级行政构架。② 德国联邦司法部不负责刑事执行任务,各州的司法部都设立了一个特殊部门专门通过巡视检查与刑罚执行机构保持密切联系。每名罪犯都能向监狱长或各联邦州的司法部长申诉。

(四) 议会

德国议会具有监督行政机关的权力,当然也可以监督隶属行政机关的监狱。在德国,罪犯有向相关州的议会提出申诉的权利。这种途径产生了较大作用,因为接受罪犯申诉的州议会的委员会大多是与监狱事务有关。但是,罪犯申诉获得成功的概率较低。各州议会中所有的议会党团都有一名和监狱没有关联的议员,专门负责监狱方面的事务,关于单个案例或者普遍争议性议题的问题,经常会在议会上被问及。由此可见,德国的州议会可以就个案或与监狱有关的问题质询监狱或监狱管理部门,以此来监督监狱。③

(五) 监狱顾问委员会

德国设有监狱顾问委员会,德国的被监禁人可以直接向监狱顾问委员

---

① 白泉民主编:《中外刑罚执行监督与人权保护》,中国检察出版社2007年版,第88—90页。
② 司绍寒:《德国刑事执行法研究》,中国长安出版社2010年版,第56页。
③ 白泉民主编:《中外刑罚执行监督与人权保护》,中国检察出版社2007年版,第89页。

会反映自己的愿望和请求。根据德国《刑罚执行法》,在刑罚执行机关组建顾问委员会,其成员可接受申请、建议和控诉,可了解有关关押、劳动、职业培训、膳食、医疗和改造情况。犯人与顾问委员会成员的通信不受监督,在委员会成员探访监房时,犯人可以不受监督地与他们自由交谈,直接反映自己的愿望和请求。①

三、日本

(一) 检察机关

日本检察官负有指挥并监督裁判执行的职能,因此必须严格地按照法律的有关规定,忠实地履行职责,保证及时而准确地执行裁判的内容。②检察官指挥裁判执行的范围包括:死刑的执行,自由刑的执行,罚金、没收、赔偿等财产刑的执行,有关扣押物的裁定、命令的执行等。

检察官可以依据法律规定或者裁量而停止执行刑罚。停止执行后,检察官必须将罪犯交付有监护义务的人或者地方团体的负责人、医院或其他合适的地方。当需要停止执行的情形消失后,检察官必须对受刑者收监,继续执行剩余的刑罚。

检察官可以请求撤销缓刑。对符合法律规定条件应当撤销缓刑的,检察官应当向法院提出撤销缓刑请求,法院接到检察官的请求后,应当听取被请求撤销缓刑人或其代理人的意见后作出裁定。

检察官可以巡视刑事设施,受理被收容人员的申诉或控告,以保障其权利。

(二) 法院

日本的法院可以对监狱进行监督。在日本,服刑者可以就刑事设施的决定向法院起诉,由法院审查监狱的决定是否合法。"与一般公民一样,被收容人员也可采取法律行动向裁判所(法院)提起民事、行政诉讼,或向检察机关提出申诉或控告,采取其他狱外救济手段,以保障权利。"③ 此外,根据《日本刑事设施及服刑者处遇法》第11条的规定,法官还可以

---

① 司法部编:《外国监狱法规汇编(二)》,社会科学文献出版社1988年版,第256页。
② 裴索:《日本国检察制度》,商务印书馆2003年版,第233页。
③ 张金桑、张苏军主编:《日亚太地区当代矫正制度纵览》,南京师范大学出版社1999年版,第19页。

巡视刑事设施。①

（三）矫正部门

日本的监狱系统是由法务省下设的矫正局负责管理、指导和监督。在日本负责领导和管理监狱的法务省法务大臣、监察官、矫正管区长和刑事设施长，均依法负有监督监狱的职责。日本全国划分为八大矫正管区，服刑者对刑事设施长采取的措施不服的，可以书面向该刑事设施所在地的矫正管区长申请进行审查，对矫正管区长的裁决不服的，还可书面向法务大臣提出再申请的请求。

（四）刑事设施视察委员会

日本的刑事设施视察委员会是一个半官方的机构，负责视察所在地的刑事设施，视察后应当向刑事设施长陈述意见。

第三节　俄罗斯的监狱监督制度

俄罗斯从成文法的法律渊源上看，与大陆法系国家较为相似，但是由于其法律的继承性和历史、传统文化等因素的影响，在苏联解体后，俄罗斯的法律仍然部分继承或者保留了苏联原有的法律制度，在监狱监督方面尤为明显。

俄罗斯联邦建立了全方位、多元化、多层次的监所监督制度，根据《俄罗斯联邦刑事执行法典》等法律规定，俄罗斯的监狱监督主要有以下几种：②

一、检察机关

对刑事执行和监管场所执行法律的情况进行检察监督，是俄罗斯检察机关的一项重要的独立的职能。

---

① 2005年，日本颁布《日本刑事设施及服刑者处遇法》，废止了实施近100年的《监狱法》，将监狱统一改成刑事设施。

② 中国监狱学会、司法部监狱管理局编：《外国监狱法规汇编（五）》，中国政法大学出版社2001年版，第121页。

根据俄罗斯《检察机关法》第32条规定,检察机关监督的对象包括:第一,在拘留、监禁、劳动改造场所以及执行刑罚和法院所指定强制措施的其他机关和机构羁押公民的合法性;第二,俄罗斯联邦立法关于被拘留、监禁、判刑者和接受强制措施者权利和义务规定的遵守情况;第三,上述人员被羁押的程序和条件的遵守情况;第四,社区劳动、罚金刑、没收财产、剥夺政治权利、褫夺荣誉称号等非监禁刑执行的合法性。[1] 另外,刑罚执行机构和机关的行政部门所颁布法律文件的合法性也属于检察监督的对象。

俄罗斯联邦总检察院设有刑罚执行监督局,对刑罚执行和监管场所执行法律情况实施监督,该局还负责将被判刑者移管至其国籍国服刑的罪犯移管事务。俄罗斯各地检察机关设有专门的处室或检察小组,负责对刑罚执行的合法性实施监督。俄罗斯还设有对刑事刑罚执行和监管场所执行法律情况的专门监所检察院,在专门的监所检察院中有检察长、副检察长、高级助理检察官、助理检察官、侦查员和办公室工作人员。

检察官可以在任何时间对监管场所进行检查。不经专门许可,即可走访刑罚执行机构和机关。检察机关对监狱无定期性检查的规定,既可以是一般检查,即检查监管场所的所有问题,也可以是有针对性的检查,即检查监管场所某方面的问题,如在押人员的劳动条件是否符合法律规定。在对监管场所进行检查时,检察官应当特别注意,刑罚执行机构和工作人员是否实施了体罚虐待被判刑者的行为,是否毫无根据地适用禁闭,是否保证了符合囚犯最低待遇规则规定的人道主义羁押条件。

检察官通常在监管场所负责人或医疗卫生科室负责人的陪同下,巡视检查监管场所的所有监舍、生活服务设施、办公室和生产车间。在巡视监舍的过程中,检察官应当注意是否保证了在押人员的居住面积标准、供给物品和食物标准、个人床铺标准和卧具标准。在巡视食堂和厨房时,检察官应当查明监管场所是否保障在押人员的饮食,是否按照供给标准的规定给在押人员发放足额食品。巡视期间,检察官可以对提交申诉和声明的在押人员进行讯问,了解其通信、会见、放风等权利方面的情况,并做记

---

[1] [俄] 维诺库罗夫主编:《检察监督(第七版)》,刘相文译,中国检察出版社2009年版,第249页。

录。最后检察官根据巡视发现的问题采取必要措施。①

检察官有权讯问在押人员;有权查阅据以实施拘留、监禁、判刑以及使用强制措施的法律文书;有权查阅监管场所实施侦查搜查的资料;有权要求工作人员就监管活动相关问题作出解释;有权要求监管场所保障被羁押者权利,可以是口头形式,也可以是书面形式,监管场所对于监管要求不服的可以提出申诉,但不能中止检察官指令的执行;有权撤销对在押人员非法的纪律处分,立即作出关于将在押人员从禁闭室、隔离室等处罚场所释放出来的决定。监管场所将在押人员羁押于禁闭室,超过一昼夜以上的必须根据监管场所负责人附具理由的决定予以实施,并且需经检察机关批准。在监管场所里实行特殊管束制度,必须与检察机关协商。未成年在押人员与成年在押人员应当分押分管,在特殊情况下经检察长同意,未成年人监舍可以羁押成年在押人员,如轻微犯罪、表现较好的成年在押人员等。对于死刑执行,检察长必须亲自到场进行临场监督,并且在法院判决的执行笔录上签字。在押人员患上严重疾病或者死亡时,监管场所应当及时通知其近亲属和检察机关,检察机关有权自行决定,或者根据患者或死亡近亲属的请求,对此事进行检查。②

二、法院

俄罗斯法院负责审议被判刑人和其他人员对刑罚执行机构和机关的行为提出的控告。刑罚执行机构和机关应将刑罚执行情况通知作出刑事判决的法院。相应辖区内法院的审判员有权不经专门许可而造访刑罚执行机构和机关。

三、国家权力机关和地方自治机关

俄罗斯联邦国家权力机关、联邦各主体的国家权力机关,以及地方自治机关,对其境内的刑罚执行机构和机关的活动实行监督。联邦委员会委员和国家杜马议员有权不经专门许可而造访刑罚执行机构和机关。

---

① [俄] 维诺库罗夫主编:《检察监督(第七版)》,刘相文译,中国检察出版社2009年版,第269页。

② [俄] 维诺库罗夫主编:《检察监督(第七版)》,刘相文译,中国检察出版社2009年版,第28页。

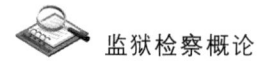

四、上级行政机关

对于刑罚执行机构和机关的活动,应当由上级机关及其公职人员进行监督。俄罗斯联邦总统、总理以及联邦各主体的总统和政府首脑、地方自治机关的首脑(在相应区域内)有权不经专门许可而造访刑罚执行机构和机关。

五、社会团体和媒体

社会团体可以依法对刑罚执行机构和机关的活动进行监督。大众信息媒体的代表和其他人员有权在取得刑罚执行机构和机关行政当局或上级机关的专门许可后造访刑罚执行机构和机关。

第四节 前述国家监狱监督制度的特点

从前述国家的监狱监督制度可以看出,监狱监督制度是任何一个国家不可或缺的制度。各国对监狱监督制度的必要性和重要性具有高度的共识,并对监狱监督制度给予了高度重视,有关国际公约和联合国及其有关机构制定的具有法律约束力或者是示范性的国际性法律文件对监狱监督制度的规定也体现了这一点。例如,《联合国大会关于禁止体罚、禁止非人道和非体面地对待犯人的议定书》要求各国政府要建立独立的、能够自我检查和报告羁押场所的"国家防范机构"。再如,1988年联合国《保护所有遭受任何形式拘留或监禁的人的原则》中规定,为了监督有关法律和规章的严格遵守,应由直接负责管理拘留或监禁处所的机关以外的主管当局所指派并向其负责的合格而有经验的人员定期视察拘留处所。只要不违反为确保这种处所的安全和良好秩序而定的合理条件,被监禁人应有权同视察监禁场所的人进行自由和完全保密的谈话。当然,由于各国的法律制度、历史、文化传统存在差异,各国的监狱监督制度也不尽相同,既存在许多共同之处,也存在差异。从监督主体、监督范围和监督方式几个方面来看,前述国家的监狱监督制度具有以下特点:①

---

① 袁其国主编:《刑事执行检察业务培训教程》,中国检察出版社2015年版,第131—135页。

一、监督主体的特点

(一) 监督主体都具有多元化的特点

各国有权对监狱进行监督的主体都不是单一的,而是呈现多元化的特点。这些监督主体包括议会、行政机关、法院、检察机关、半官方组织、非政府组织或者民间组织、社会舆论等。这些监督主体,既有内部监督机构,如监狱的上级主管行政机关,也有外部监督机构,如法院、检察机关和专门的监督机构等;既有具有公权力的官方监督机构,也有民间和半官方的监督机构。此外,根据《联合国禁止酷刑和其他残忍、不人道或有辱人格的待遇或处罚公约》《欧洲人权公约》《美洲人权公约》等国际公约的规定,联合国和其他区域性国际组织设立了一些国际性或者区域性人权保护组织,如联合国禁止酷刑委员会、欧洲预防酷刑委员会、欧洲人权法庭、美洲间人权委员会、美洲间人权法院等。这些国际性或者区域性组织,可以通过视察访问,或者提出批评、报告,或者审理被监禁人的起诉等方式,对缔约国的监狱进行监督。各国监狱监督主体的多元化,能够保证各种机构、组织和公民对监狱进行全方位、多角度、多层次监督,确保刑罚执行和监管活动依法进行,有利于保护被监禁人的合法权利。

(二) 监督主体的中立性、专门性日益增强

从监督原理看,为了提高监督的有效性和权威性,监督者应当和被监督者利益无涉,不存在利害关系。要对监狱进行有效、客观、公正的监督,离不开中立、超然的第三方。因此,各国都注重强调监督主体的中立性、独立性和专门性。例如,为保证监督委员会的中立性,法国法律规定,狱长及其下属成员、其他与监狱有关的人员不得参加监狱监督委员会。

(三) 检察机关的监督具有共通性

由检察机关或者检察官对监狱进行监督,是世界上很多国家的通行做法。1990年《联合国关于检察官作用的准则》规定,检察官应在刑事诉讼中监督法院判决的执行和作为公众利益的代表行使其他职能中发挥积极作用;检察官应适当注意对公务人员所犯的罪行,特别是贪污腐化、滥用权力、严重侵犯人权、国际法公认的其他罪行的起诉,和依照法律授权或当地惯例对这种罪行的调查。监督法院刑事判决的执行,从理论上讲也应

包括对执行刑罚的监狱的监督,如果监狱的公务人员贪污腐化、滥用权力、严重侵犯被监禁人人权构成犯罪,检察官也有调查和起诉他们犯罪的权利。从检察制度的发展历史看,"作为现代检察制度之缘起和基本职能的公诉,是控诉职能和监督职能的有机统一,故监督是检察机关与生俱来的固有属性"。[①] 大陆法系的大多数国家,如德国、日本、韩国、希腊等,都是由检察官指挥行刑并监督刑罚执行,检察官可以随时视察监狱,听取犯人的控告、申诉。英美法系有的国家和地区也有检察官监督刑事执行的制度。例如,美国有检察官监督监狱执法的制度,澳大利亚新南威尔士州设立了监督惩治部门的检察长,惩治部门负责管理18岁以上被法庭判刑的人,检察长可对惩治部门进行独立调查,检察工作人员的道德操行。[②]

(四) 由监狱上级主管部门监督刑事执行是通行做法

监狱的上级主管部门,包括各个国家中央和地区的监狱管理局及其负责人,司法(法务)部及其部长,乃至州长、省长、总理、总统等行政首长。这些部门和官员负有领导和管理监狱的行政职责,也负有监督监狱和受理被监禁人申诉、控告的职责。当然,从理论上说,由监狱的上级主管部门对监狱进行监督,是一种典型的内部监督,中立性不足,从实践看,监督效果具有一定的局限性。

二、监督范围的特点

监狱监督的范围,也就是监督者对监狱进行监督的内容和权限,即哪些活动可以被监督者监督。监狱监督的范围取决于各国法律对监督者的授权,监狱监督的范围一般围绕控制监狱的职权展开,同时,监狱监督范围又受到各国法律习惯的影响。一般来说,在大陆法系国家,监狱监督的范围比较宽泛、全面,在英美法系国家,监狱监督的范围比较狭窄、局部。

(一) 监狱监督的范围具有法定性

各国监狱监督的范围,一般都由立法机关通过法律的形式明确限定,明确监狱监督者和监狱的分工及职责。对监狱进行监督,这是法律赋予监督者的权力,也是监督者必须履行的责任和义务。通过法律授权,消除监督实践中的随意性,既可避免监督者不履行自己的监督职责,造成监督缺

---

① 朱孝清:《中国检察制度的几个问题》,载《中国法学》2007年第2期。
② 白泉民主编:《中外刑罚执行监督与人权保护》,中国检察出版社2007年版,第81页。

位的情况，又可避免监督者超越范围监督，造成监督越位。

（二）刑罚变更执行是监狱监督的重点

法国设立了刑罚执行法官监督判决的执行。驻各个监狱的执行法官根据法定的条件，作出监外执行、减刑、暂缓执行，分期执行，批准在押解下外出、请假外出，置于电子监控之下，或者提请有管辖权的法院调整刑罚。① 美国《监狱与罪犯》规定，在司法部成立假释委员会，根据监狱提请或者符合假释条件的犯人的请求，决定是否许可犯人假释或者撤销其假释；根据执法检察官的决定，可许可减刑或者撤销其减刑。② 俄罗斯《联邦刑事执行法典》规定，在解决关于假释、减刑、保外就医、延期服刑以及变更监狱类型的问题时，由法院监督刑罚的执行。③

（三）保护被监禁人的人权是监狱监督的重要内容

随着人类社会的发展，保护被监禁人人权普遍受到各国的重视，成为监狱监督的主要内容之一。例如，联合国《囚犯待遇最低限度标准规则》《保护所有遭受任何形式拘留或监禁的人的原则》《禁止酷刑和其他残忍、不人道或有辱人格的待遇或处罚公约》均突出了保护被监禁人人权的内容，规定了监狱监督主体保护被监禁人人权的一般准则。联合国和其他区域性国际组织还设立了专门的人权保护机构，各国监狱监督机构也纷纷竖起保护被监禁人人权的大旗，例如，荷兰刑罚执行和青少年保护理事会对各受视察场所的相关政策和管理而进行的审查和评估，都是围绕被剥夺自由者和被限制自由者待遇问题展开的。④

三、监督方式的特点

（一）视察监狱是监狱监督的一种主要方式

各国法定的监狱监督主体一般均可以不受限制地、随时视察监狱的任何场所，与被监禁人在不受监听的情况下谈话，全面了解监狱的狱政设

---

① ［荷］皮特·J. P. 泰克编著：《欧盟成员国检察机关的任务和权利》，吕青、马鹏飞译，中国检察出版社 2007 年版，第 113 页。
② 司法部编：《外国监狱法规汇编（二）》，社会科学文献出版社 1988 年版，第 70 页。
③ 中国监狱学会、司法部监狱管理局编：《外国监狱法规汇编（五）》，中国政法大学出版社 2001 年版，第 130 页。
④ 曹卫红：《荷兰刑罚执行和青少年保护理事会的考察与启示》，载《犯罪与改造研究》2006 年第 7 期。

施、运行情况、管理措施、被监禁人待遇等。如法国的刑罚执行法官每月至少得巡查一次监狱,检察官应每季度到各监狱视察一次,必要时应随时视察;监狱监督委员会认为必要时可派出一名或几名委员会成员视察监狱。韩国的检察官和法官可以随时视察监狱。英国皇家监狱督察署的工作人员有权在任何时候到所有监狱去调查,能够随时进入监狱的任何地方进行独立检查。

(二) 受理被监禁人诉求是监狱监督的常用方式

各国普遍把接受和处理被监禁人诉求,作为监狱监督的常用方式,这主要是基于两个方面的因素考虑。一是从发现问题的角度来看,监狱监督主体作为监狱的外部单位,很难通过短暂的视察发现监狱存在的问题,而被监禁人投诉可以提供发现监狱问题的线索和渠道,从而实现对监狱的监督;二是从被监禁人权利的角度来看,投诉权是监狱被监禁人享有的基本人权。联合国《囚犯待遇最低限度标准规则》第36条规定,被监禁人可按照规定的渠道,向监狱检查员、中央监狱管理处、司法当局或者其他适当机关提出请求或申诉,内容不受检查。

(三) 提交监狱情况报告是监狱监督的重要方式

将监狱情况向有关部门进行报告,既是监狱监督机构的义务,也是监督监狱的方式之一。例如,法国的刑罚执行法官应将其每月视察到的情况报告主管机关,每年以法院的名义向司法部长呈报一份刑罚执行报告;首席法官和总检察长每年应向司法部长提交其管辖的监狱的管理情况的联合报告以及监狱管理人员执行公务的情况报告。① 英国监狱检察总长每年应提交一份供公开发表的年度报告,向内政大臣提交的其他报告也可以在适当的情况下予以公开。

(四) 提出意见和建议是监狱监督的直接方式

各国的监狱监督主体发现监狱在刑罚执行、监狱管理、被监禁人待遇等方面存在问题,均有权向监狱或者其主管机关提出纠正或者改进的意见或建议,这是监狱监督的直接方式。例如,英国监狱视察委员会可以就监狱的状况,向内政大臣提出他们认为合适的任何意见与建议。日本的刑事设施视察委员会在视察所在的刑事设施后,应当向刑事设施长陈述意见。

---

① 司法部编:《外国监狱法规汇编 (四)》,社会科学文献出版社1989年版,第274页。

荷兰刑罚执行和青少年保护理事会有权主动或者应要求向司法部长提出建议，建议的内容往往涉及拘禁场所、精神病患者监狱、缓刑与事后安置辅导中心如何适用和执行有关政策和规则的问题。①

---

① 曹卫红：《荷兰刑罚执行和青少年保护理事会的考察与启示》，载《犯罪与改造研究》2006年第7期。

第二编 监狱检察的职能

第一章 概 述

监狱检察部门历来有"小检察院"之称,表明其工作职责和工作内容的多样性和复杂性。监狱检察的职责既有对监狱刑罚执行活动的监督,如收监检察、出监检察、减刑、假释、暂予监外执行等刑罚变更执行检察、死刑执行检察,也有对监狱执法活动的监督,如狱政管理活动检察、教育改造活动检察、生活卫生检察、禁闭和警戒具检察、安全防范检察等。还负责办理一些案件,如查办职务犯罪案件,办理罪犯又犯罪案件,办理控告、举报和申诉案件等,以及对一些突发事件的监督,如罪犯死亡检察、监管场所事故检察等。监狱检察不仅承担对监狱、未成年犯管教所等监管场所刑罚执行和监管活动的监督,也负责对人民法院、监狱管理局的一些检察监督任务,如对人民法院裁定减刑、假释活动是否合法实行监督,对监狱管理机关批准暂予监外执行活动是否合法实行监督等。

此外,最高人民检察院于2018年4月21日印发了《全国检察机关"监督维护在押人员合法权益专项活动"实施方案》,决定自2018年4月至2019年12月,在全国检察机关开展"监督维护在押人员合法权益专项活动",以进一步加大对监狱、看守所在押人员人权保障力度,促进监管场所提高监管改造质量,更好地维护在押人员合法权益和社会安全稳定。此后,维护罪犯合法权益成为监狱检察的重要内容,并形成了"维护刑事被执行人合法权益"和"促进实现刑事执行法律功能"两条工作主线,提升了监狱检察服务大局的新境界。

一、监狱检察的任务和职责

根据《人民检察院监狱检察办法》第2条的规定,人民检察院监狱检察的任务是:保证国家法律法规在刑罚执行活动中的正确实施,维护罪犯合法权益,维护监狱监管秩序稳定,保障惩罚与改造罪犯工作的顺利进行。根据《人民检察院监狱检察办法》第3条的规定,人民检察院监狱检察的职责是：（1）对监狱执行刑罚活动是否合法实行监督；（2）对人民法院裁定减刑、假释活动是否合法实行监督；（3）对监狱管理机关批准暂予监外执行活动是否合法实行监督；（4）对刑罚执行和监管活动中发生的职务犯罪进行侦查，开展职务犯罪预防工作；（5）对监狱侦查的罪犯又犯罪案件审查逮捕、审查起诉和出庭支持公诉，对监狱的立案、侦查活动和人民法院的审判活动是否合法实行监督；（6）受理罪犯及其法定代理人、近亲属的控告、举报和申诉；（7）其他依法应当行使的监督职责。

随着司法体制改革的推进，检察机关的职能范围发生了重大调整，监狱检察的侦查权也随之发生调整。根据2018年《刑事诉讼法》的规定，司法工作人员虐待被监管人、滥用职权、玩忽职守、徇私枉法、执行判决裁决失职、私放在押人员、执行判决裁定滥用职权、失职致使在押人员脱逃、徇私舞弊减刑假释暂予监外执行等犯罪行为，监狱检察部门有权行使侦查权。

二、监狱检察的工作思路和要求

2018年6月4日，在全国检察机关刑事执行检察工作座谈会暨重点业务培训班上，最高人民检察院提出了当前和今后一段时期，刑事执行检察的总体思路是：以习近平新时代中国特色社会主义思想为指导，以"规范监督，加强办案"为总要求，坚持以司法办案为中心，牢牢把握维护刑事被执行人合法权益、促进实现刑事执行法律功能两条工作主线，探索优化巡回检察与派驻检察相结合、专项检察和常规检察相结合、巡视检察和同级检察相结合三组检察方式，着力强化羁押必要性审查、刑罚变更执行、核查纠正监外执行罪犯脱管漏管、刑事执行职务行为监督四项核心业务，推动业务工作规范化、队伍素能专业化、机构设置正规化、信息技术智能化、工作管理科学化，树立标本兼治、共赢监督、人权保障、规范监督、效果至上、改革创新理念，推动新时代刑事执行检察工作实现新发展。

正确认识监督和办案的关系，实现在监督中办案，在办案中监督。既要办理罪犯又犯罪、职务违法犯罪等案件，又要办理纠正违法等违法监督案件。要确定司法办案的工作模式，严格按照刑事诉讼证据规则要求收集和固定各类证据材料，建立线索受理、立案、依法审查和调查核实、审批处理、复议复核、跟踪整改、结案归档等工作流程，严格落实司法责任制改革的各项要求，让每一起刑事执行检察案件都经得起法律和历史的检验。

三、监狱检察的主要法律依据

1. 对检察机关诉讼监督权的总体规定。《刑事诉讼法》第 8 条规定："人民检察院依法对刑事诉讼实行法律监督。"

2. 对检察机关刑罚执行监督权的规定。《刑事诉讼法》第 276 条规定："人民检察院对执行机关执行刑罚的活动是否合法实行监督。如果发现有违法的情况，应当通知执行机关纠正。"

3. 对检察机关的职权作出的规定。《人民检察院组织法》第 20 条规定："人民检察院行使下列职权：……（六）对判决、裁定等生效法律文书的执行工作实行法律监督；（七）对监狱、看守所的执法活动实行法律监督……"

4. 对检察机关行使职权的程序方面作出的规定。《刑事诉讼法》第 266 条规定："监狱、看守所提出暂予监外执行的书面意见的，应当将书面意见的副本抄送人民检察院。人民检察院可以向决定或者批准机关提出书面意见。"第 273 条第 2 款规定："被判处管制、拘役、有期徒刑或者无期徒刑的罪犯，在执行期间确有悔改或者立功表现，应当依法予以减刑、假释的时候，由执行机关提出建议书，报请人民法院审核裁定，并将建议书副本抄送人民检察院。人民检察院可以向人民法院提出书面意见。"

5. 对检察机关监督监狱执行刑罚活动作出的规定。《监狱法》第 6 条规定："人民检察院对监狱执行刑罚的活动是否合法，依法实行监督。"

第二章　监禁刑执行检察

监禁刑是一种刑罚措施,是由审判机关通过判决适用于已构成犯罪的犯罪分子,以实现对其犯罪的惩罚。其他剥夺人身自由的强制措施,如逮捕、刑事拘留、行政拘留、强制医疗、强制戒毒等,虽然都在一定程度上剥夺了在押人员的人身自由,但都不是刑罚措施,不属于监禁刑。作为剥夺自由的监禁刑是现代各国刑罚体系的核心内容。我国将监禁刑按刑期长短划分为拘役、有期徒刑、无期徒刑三种。监禁刑执行检察,是指检察机关作为国家法律监督机关,对监狱、看守所执行监禁刑的活动是否合法进行的监督。监督的主体是人民检察院,监督的客体是监狱、看守所执行监禁刑的活动。

第一节　收监检察

一、收监检察的概念

收监,是对罪犯执行刑罚,实施惩罚和改造的首要环节。监狱、未成年犯管教所视不同的收监对象,行使各自的收监权限。收监适用的对象是被判处死刑缓期二年执行、无期徒刑、有期徒刑、拘役的监禁刑的罪犯。收监行为必须严格依照法定程序进行。刑罚执行机关在实施收监行为时,为了保证准确执行刑罚,有效地惩罚和改造罪犯,必须依法做好验证送押罪犯的法律文书,对罪犯进行健康检查、人身和物品检查,填写罪犯入监登记表,通知罪犯家属等程序性工作。违反法定程序的操作行为,都将是无效行为或违法行为。

收监检察,是指人民检察院对监狱收监罪犯的管理活动是否合法进行监督。① 人民检察院监督的客体是监狱收监罪犯管理活动。《人民检察院监狱检察工作目录》中刑罚执行检察的"收监检察",明确规定了收监检察的内容、方法。

二、收监检察的内容

1. 《人民检察院监狱检察工作目录》规定,收监检察的内容主要包括:

(1) 收押罪犯是否符合规定条件、范围;

(2) 收监法律文书是否齐全、无误;

(3) 收监罪犯和法律文书是否相符;

(4) 收监罪犯是否进行人身检查;

(5) 收监罪犯是否进行携带物品检查;

(6) 罪犯收监后,监狱应通知罪犯家属,通知书应当自收监之日起5日内发出;

(7) 监狱有关收监的其他执法活动。

2. 收监检察应注意以下方面:

(1) 检察监狱收押罪犯相关凭证是否齐全。主要包括:收监交付执行的罪犯,是否具备人民检察院的起诉书副本和人民法院的刑事判决(裁定)书、执行通知书、结案登记表(统称"三书一表")。收监监外执行的罪犯,是否具备撤销假释裁定书、撤销缓刑裁定书或者撤销暂予监外执行的收监执行决定书。从其他监狱调入的罪犯,调监审批手续是否齐备。死缓罪犯是否有送达回证。监狱是否收押了依法不应当收押的人员等。在实际工作中,时常会遇到"三书一表"不齐全,尤其是缺结案登记表的现象。对于法律文书不齐全又不能及时补全的,监狱不应当接收,检察人员应当及时提出并予以纠正。另外,在检察收押罪犯法律文书是否齐全的同时,应当注意法律文书的内容是否正确。常见的法律文书内容不正确的情形有刑期计算错误、刑期折抵错误、姓名差错、出生年月差错、法律文书与收押罪犯不符。

(2) 检察监狱是否依法进行收监健康检查。《监狱法》第17条规定,罪犯收监后,监狱应当对其进行身体检查。身体健康检查的目的,一是使监狱对新入监罪犯的身体健康状况有全面的了解,以便根据其身体状况安

---

① 袁其国主编:《刑事执行检察业务培训教程》,中国检察出版社2015年版,第202页。

排适当的生产劳动;二是对一些患有严重疾病或有生命危险的罪犯及时提请暂予监外执行,避免造成狱内疾病传染或病犯死亡现象。因此,检察人员应当对监狱收监健康检查情况进行认真监督,重点检察监狱是否对每名入监罪犯进行健康体检、检查是否按照规定全面及时、是否认真填写罪犯入监体检表、对符合暂予监外执行条件的罪犯是否及时提请暂予监外执行,防止健康检查流于形式。

(3)检察监狱是否依法进行罪犯人身、物品检查。《监狱法》第18条规定,监狱对收监罪犯应当严格检查其人身和所携带的物品,非生活必需品,由监狱代为保管或者征得罪犯同意退回其家属,违禁品予以没收。主要是为了防止罪犯携带违禁品入监,造成逃跑、自杀、行凶、暴乱、破坏等事故发生,危害监管安全。因此,检察人员应当检察监狱是否对收监罪犯逐人进行了人身、物品检查,在检查时是否尊重罪犯人格,女性罪犯人身、物品检查是否由女民警进行,非生活必需品是否进行了登记及妥善处置,违禁品是否依法没收。[①]

(4)检察监狱是否依法进行收监登记。监狱在对收监执行罪犯进行健康、人身、物品检查的基础上,应当对罪犯进行照相等信息采集,进行谈话教育,填写罪犯入监登记表,登记罪犯基本情况,存入罪犯档案。收监登记是罪犯入监的重要情况摸排,对于了解掌握罪犯情况、开展有针对性的管理教育具有重要的意义。因此,检察人员应当重点监督监狱民警是否对收监罪犯进行了谈话教育、认真填写罪犯入监登记表,是否对相关信息进行查证核实。

(5)检察监狱是否及时发出通知书。《监狱法》第20条规定,罪犯收监后,监狱应当通知罪犯家属。通知书应当自收监之日起5日内发出。发出通知书的目的在于告知罪犯家属罪犯的服刑地和探视程序,保障罪犯的会见权。因此,检察人员应当监督监狱是否按时向罪犯家属发出通知书。在实际工作中,经常会发现监狱并不能严格按照监狱法规定发出通知书,有的监狱会定期批量发出通知,有的监狱干脆让罪犯拨打亲情电话告知家属服刑地点和会见程序,从而省略发通知书的工作程序,这些都是违反法律规定的。

---

① 袁其国主编:《刑事执行检察业务培训教程》,中国检察出版社2015年版,第203页。

三、收监检察的方法

（一）对个别收监罪犯实行逐人检察

个别收监罪犯，主要是指零星收监罪犯，也包括监外执行收监罪犯和个别调监罪犯，对这类罪犯不仅要逐人检察，而且要重点检察。

（二）对集体收监罪犯实行重点检察

集体收监主要是指看守所统一押送到监狱交付执行和监狱之间集体调犯的情况。对集体收监的罪犯，要选择结合监狱关押罪犯特点，选择重点人员进行检察。

（三）对新收罪犯监区实行巡视检察

对新收犯监狱和新收犯监区，检察人员要经常进行巡视检察，重点是接收新收罪犯的控告、举报、申诉，从控告、举报、申诉中发现监狱管理活动中以及之前司法活动中存在的问题。

四、对监狱在收监管理活动中违法情形的纠正

《人民检察院监狱检察办法》规定，发现监狱在收监管理活动中有下列情形的，应当及时提出纠正意见：

1. 没有收监凭证或者收监凭证不齐全而收监的。
2. 收监罪犯与收监凭证不符的。
3. 应当收监而拒绝收监的。
4. 不应当收监而收监的。
5. 罪犯收监后未按时通知其家属的。
6. 其他违反收监规定的。

对于违法情况，检察人员一方面要对个案进行有效监督，发现问题及时提出纠正，另一方面要针对发现的苗头性、倾向性问题，及时提出整改建议，督促监狱完善收监工作，确保收监活动依法顺利进行。

第二节　出监检察

一、出监检察的基本概念

出监是监狱执行刑罚活动的最后一个环节，包括罪犯刑满释放、法院决定释放、特赦释放、假释、暂予监外执行、离监探亲、特许离监、临时离监和罪犯调监等情形。

出监检察，是指人民检察院对监狱办理罪犯出监的活动是否合法进行监督。《人民检察院监狱检察工作目录》及《人民检察院监狱检察办法》对出监检察的内容、方法、纠正情形作出了明确规定。

二、出监检察的内容

（一）监狱对罪犯的出监管理活动是否符合有关法律规定

1. 监狱是否按期办理罪犯出监手续并签发相关法律文书

《监狱法》第35条规定，罪犯服刑期满，监狱应当按期释放并发给释放证明书。对于罪犯服刑期满、假释、暂予监外执行等出监情形时，监狱应当严格按照判决、裁定、决定的期限规定执行，因此，检察人员应当重点检察监狱对于出监罪犯是否按照法律规定，按期办理罪犯出监的法律手续，制作罪犯出监鉴定表、释放证明书等法律文书，确保罪犯按照法定期限出监，避免错放、漏放、迟放等情况发生。[①]

2. 特许离监、临时离监或者调监罪犯是否有警察或办案人员押解

司法部《罪犯离监探亲和特许离监规定》规定，对特许离监的罪犯，监狱必须派干警押解并予以严密监管。当晚不能返回监狱的，必须羁押于当地监狱或看守所。同时，对于因办案需要临时离监和调监罪犯，也应当有警察或者办案人员押解。因此，检察人员对以上情况，应当认真检察是否有警察或者办案人员押解，避免发生罪犯逃跑等事故。

---

① 袁其国主编：《刑事执行检察业务培训教程》，中国检察出版社2015年版，第205页。

3. 出监罪犯的有关法律文书是否及时送达相关机关

《社区矫正法》第20条规定，社区矫正决定机关应当自判决、裁定或者决定生效之日起5日内通知执行地社区矫正机构，并在10日内送达有关法律文书，同时抄送人民检察院和执行地公安机关。社区矫正决定地与执行地不在同一地方的，由执行地社区矫正机构将法律文书转送所在地的人民检察院、公安机关。因此，检察人员应当检察督促监狱及时向有关司法机关送达社区矫正人员的法律文书，避免脱管、漏管情况的发生。

4. 被暂予监外执行的社区矫正人员，是否移送社区矫正机构并办理交接手续

《社区矫正法》第21条规定，人民法院决定暂予监外执行的社区矫正对象，由看守所或者执行取保候审、监视居住的公安机关自收到决定之日起10日内将社区矫正对象移送社区矫正机构。监狱管理机关、公安机关批准暂予监外执行的社区矫正对象，由监狱或者看守所自收到批准决定之日起10日内将社区矫正对象移送社区矫正机构。第22条规定，社区矫正机构应当依法接收社区矫正对象，核对法律文书、核实身份、办理接收登记、建立档案，并宣告社区矫正对象的犯罪事实、执行社区矫正的期限以及应当遵守的规定。因此，检察机关除认真审查暂予监外执行的相关法律文书外，还应当检察监狱是否派员移送并办理交接手续，避免发生暂予监外执行罪犯脱管、漏管现象。

（二）罪犯出监有无相关凭证

1. 刑满释放罪犯，是否有刑满释放证明书

释放证明书是罪犯被解除监禁、恢复人身自由、依法获得释放的法律凭证，也是释放人员办理户籍登记的必备证明文件。《监狱法》第35条规定罪犯服刑期满，监狱应当按期释放并发给释放证明书。第36条规定，罪犯释放后，公安机关凭释放证明书办理户籍登记。因此，检察人员应当认真检查罪犯的释放证明书，查看罪犯基本情况、释放时间、释放原因、审批机关等要素是否符合法律规定和释放人员情况，避免出现错放、迟放、漏放等违法情况。①

2. 假释罪犯，是否有假释裁定书、执行通知书、假释证明书

对假释罪犯，检察人员应当将出监检察与刑罚变更执行检察相结合，

---

① 袁其国主编：《刑事执行检察业务培训教程》，中国检察出版社2015年版，第207页。

不仅要认真审查罪犯的假释裁定书、执行通知书、假释证明书等法律文件的形式要件是否齐备，与假释人员的基本情况是否相符，同时还要进一步审查获取相关凭证的程序是否违法，假释是否符合法定条件和法定程序等，严把监督关口确保假释罪犯出监活动依法进行。

3. 暂予监外执行罪犯，是否有暂予监外执行审批表、暂予监外执行决定书

对暂予监外执行罪犯，检察人员同样应当认真审查罪犯暂予监外执行审批表和决定书是否符合法律规定，是否与罪犯基本情况相符，罪犯是否具备暂予监外执行的法定条件等内容，从实体和程序上严格把关。

4. 离监探亲和特许离监罪犯，是否有离监探亲审批表、离监探亲证明

对于离监探亲和特许离监罪犯，应当作为监督的重点，除了要审查审批手续是否齐备、程序是否合法，还要结合日常检察的情况，对照司法部《罪犯离监探亲和特许离监规定》，分析罪犯离监探亲和特许离监的条件、对象和时间是否符合法律规定，同时，还要检察罪犯是否按时回来。

5. 临时离监罪犯，是否有临时离监解回再审的审批手续

对于临时离监罪犯，要按照司法部监狱管理局《关于公安机关、人民检察院、人民法院因案件需要将罪犯解回再审应办理何种法律手续的批复》，审查罪犯的个人基本情况、解回理由、离监时间期限及羁押地点是否符合法律规定，同时，对此类罪犯应当做到情况掌握，加强监狱和检察机构之间的信息沟通，避免出现临时离监后长期不回、不知去向的情况。

6. 调监罪犯，是否有调监的审批手续

对个别调监特别是多次调监的罪犯，应当重点审查，检查其调监手续是否符合法律规定，是否依照法定程序取得。

三、出监检察的方法

出监检察的方法主要强调两种方法：查阅出监登记、出监凭证和与出监罪犯谈话。根据司法部《监狱教育改造工作规定》第 55 条"监狱对即将服刑期满的罪犯，应当集中进行出监教育，时限为三个月"的规定，检察人员应采取与接受出监教育罪犯谈话的方式与罪犯沟通。出监教育是一项重要工作，与罪犯谈话的目的不仅包括对其进行一定的思想教育，而且要通过谈话了解其知道的一些案件线索和信息，如通过谈话了解罪犯在监狱关押期间，监狱和检察机关在执法和监督工作中存在的一些问题等，以

在出监检察中,《人民检察院监狱检察办法》第 11 条规定假释罪犯、暂予监外执行罪犯、刑满释放仍需执行附加剥夺政治权利罪犯出监时,派驻检察机构应当填写监外执行罪犯出监告知表,寄送执行地人民检察院刑事执行检察部门。现在随着统一应用系统的上线和普及,此项工作在监狱检察子系统中操作即可。

四、对监狱在出监管理活动中违法情形的纠正

《人民检察院监狱检察办法》第 10 条规定,发现监狱在出监管理活动中有下列情形的,应当及时提出纠正意见:

1. 没有出监凭证或者出监凭证不齐全而出监的。
2. 出监罪犯与出监凭证不符的。
3. 应当释放而没有释放或者不应当释放而释放的。
4. 罪犯没有监狱人民警察或者办案人员押解而特许离监、临时离监或者调监的。
5. 没有派员押送暂予监外执行罪犯到达执行地公安机关的。
6. 没有向假释罪犯、暂予监外执行罪犯、刑满释放仍需执行附加剥夺政治权利罪犯的执行地公安机关送达有关法律文书的。
7. 没有向刑满释放人员居住地公安机关送达释放通知书的。
8. 其他违反出监规定的。

第三节 狱政管理活动检察

一、狱政管理活动检察的概念

狱政管理是指监狱在执行刑罚、惩罚和改造罪犯过程中,依据国家有关法律和监管法规的规定,对罪犯实施的行政监管活动。它涉及罪犯的生活、学习、生产劳动等方方面面,贯穿于监狱执行刑罚的始终。它通过对罪犯的严格管理和强制性的行为规范训练,达到矫正恶习、改造罪犯的目的。《监狱法》第四章中明确规定,狱政管理的内容包括分押分管、警戒、

戒具和武器的使用、通信会见、生活卫生、奖惩、对罪犯服刑期间犯罪的处理等多个方面。就其作用而言，狱政管理活动既可以为监狱有效实施教育改造活动、组织罪犯生产劳动提供可靠的前提和保障，也是教育改造罪犯的重要手段，对于充分发挥刑法效能有着十分重要的意义。

狱政管理活动检察，是指人民检察院对监狱狱政管理活动是否合法进行监督，是人民检察院监狱检察工作中一项经常性的重要工作，监督的客体是监狱的狱政管理活动，目的是通过履行监督职权，纠正违法、惩罚犯罪、保障国家法律法规在监狱的正确实施，维护监管改造秩序，保障罪犯的合法权益，促进监狱依法文明管理，提高改造质量。《人民检察院监狱检察工作目录》及《人民检察院监狱检察办法》第四章第三节对狱政管理活动检察的内容、方法、纠正违法的情形作出了明确规定。

二、狱政管理活动检察的内容和方法

《人民检察院监狱检察办法》规定，狱政管理活动检察的主要内容主要有两个方面：一是监狱的狱政管理、教育改造活动是否符合有关法律规定，二是罪犯的合法权益是否得到保障。而《人民检察院监狱检察工作目录》进一步明确了狱政管理活动检察的主要内容，即分管分押检察、会见通信检察、监管安全检察、戒具使用检察等。

（一）分管分押检察的内容和方法

1. 分管分押检察的内容

对罪犯实行分管分押，是我国监狱管理中的一项基本制度，包括分类关押和分级管理两个方面的内容。它是指监狱根据《监狱法》及其有关法规的规定，根据罪犯性别、年龄、犯罪类型、刑罚种类、刑期、主观恶习程度、改造表现等情况进行的分类关押、分级管理的制度，即按照不同标准，对罪犯予以分类，将他们分别关押于不同类型的监狱，或在同一监狱内分别编组，并采取不同管理方式的制度。这项制度不仅有利于监狱根据罪犯个性与差异性有效地进行监督管理，最大限度地减少和预防不同类型罪犯之间的"交叉感染"，而且还有利于监狱制定有针对性的矫治方案，有的放矢地开展教育，提高改造质量。同时，分管分押对于激发和强化罪犯的自律意识，调动罪犯的改造积极性，也有着重要作用。

《监狱法》第39条规定，监狱对成年男犯、女犯和未成年犯实行分开关押和管理，对未成年犯和女犯的改造，应当照顾其生理、心理特点。监狱根据罪犯的犯罪类型、刑罚种类、刑期、改造表现等情况，对罪犯实行分别关探，采取不同方式管理。《监狱法》第 40 条规定，女犯由女性人民警察直接管理。检察机关在对分管分押的监督中，首先应当监督监狱是否严格按照监狱法的规定，将男性罪犯和女性罪犯实行分管分押，将成年罪犯和未成年罪犯实行分管分押，以及对女性罪犯由女性民警直接管理。

结合分类关押、分级管理的要求，分管分押检察应重点检察以下几个方面：

（1） 未成年罪犯是否单独关押；

（2） 女性罪犯是否与男性罪犯分开关押；

（3） 女性罪犯是否由女性人民警察直接管理；

（4） 未成年罪犯是否与成年罪犯分开关押和管理；

（5） 对老弱病残罪犯是否分别管理，在生活、劳动等各方面予以适当照顾；

（6） 对罪犯是否按规定采取分级处遇，分级处遇是否符合法律规定。

2. 分管分押检察的方法

（1） 对罪犯生活、学习、劳动现场进行实地检察和巡视检察；

（2） 查阅罪犯名册、罪犯档案材料；

（3） 查阅罪犯分级管理的相关手续；

（4） 向罪犯及其亲属和监狱人民警察了解情况，听取意见。

（二） 会见通信检察的内容和方法

1. 会见通信检察的内容

会见通信，指服刑罪犯依法会见亲属、监护人，与狱外亲属、监护人通讯联系。会见通信制度是罪犯与亲属、监护人联系沟通的唯一渠道，也是服刑罪犯的一项基本权利，它有利于罪犯与亲属之间消除疑虑，满足双方亲情，也有利于罪犯亲属、监护人对罪犯进行规劝教育，促进罪犯教育改造。

《监狱法》第 47 条规定，罪犯在服刑期间可以与他人通信，但是来往信件应当经过监狱检查。监狱发现有碍罪犯改造内容的信件，可以扣留。罪犯写给监狱的上级机关和司法机关的信件，不受检查。罪犯在监狱服刑期间，按照《监狱法》第 48 条规定，可以会见亲属、监护人。《监狱法》第 49 条规定，罪犯收受物品和钱款，应当经监狱批准、检查。此外，根据规定，罪犯与国外及港、澳、台直系亲属通信，需经省、自治区、直辖市司法厅批准。外籍罪犯可准其与亲属、监护人或本国驻华使、领馆人员通信,发受的信件经检查无问题的予以转递。外籍罪犯会见亲属、监护人或驻华使、领馆人员,统一由各省、自治区、直辖市司法厅批准和安排,并应当有翻译在场。

依法管理罪犯的会见通信,是监狱狱政管理活动的一项重要内容,也是监狱检察的一项重要工作,根据会见通信的要求,检察机关对罪犯通信、会见管理的监督应重点检察以下几个方面:①(1)监狱是否按照规定的时间、次数为罪犯安排会见;(2)会见人员是否确系罪犯亲属、监护人;(3)会见现场是否依法实施了监听监控;(4)罪犯与亲属、监护人的通信是否得到保障;(5)罪犯与亲属、监护人的通信是否依法实施了检查;(6)罪犯给监狱的上级机关和司法机关的信件,是否不受检查;(7)罪犯与亲属、监护人通电话的,是否符合规定的条件;(8)罪犯与亲属、监护人通电话是否实施了监听和登记。

2. 会见通信检察的方法

(1)对罪犯会见现场、会见接待大厅、电话间等进行实地检察;

(2)查阅罪犯会见登记、来往通信记录、电话记录及相关审批手续;

(3)向罪犯及其亲属和监狱人民警察了解情况,听取意见。

(三) 罪犯奖惩检察的内容和方法

1. 罪犯奖惩检察的内容

罪犯奖惩是指监狱根据服刑罪犯的改造表现进行考察鉴定,依据考核结果,依法给予罪犯奖励和处罚。对罪犯进行奖惩,是狱政管理工作的一项重要内容,对于维护良好监管秩序,促进罪犯改造具有十分重要的作用。《监狱法》第56条规定,监狱应当建立罪犯的日常考核制度,考核的结果作为对罪犯奖励和处罚的依据。罪犯有良好表现情形的,监狱可以给予表扬、物质奖励或者记功;罪犯有破坏监管秩序情形的,监狱可以给予警告、记过或者禁闭处罚。

根据罪犯考核奖惩工作的要求,考核奖惩检察的内容应当包括以下几个方面:(1)对罪犯的考核计分是否符合法律规定;(2)对罪犯的加分、扣分是否符合规定;(3)对罪犯的考核计分、加分、扣分是否及时公布;(4)罪犯的评奖是否依据日常计分进行;(5)对罪犯的处罚是否按照规定

---

① 袁其国主编:《刑事执行检察业务培训教程》,中国检察出版社2015年版,第211页。

条件和法定程序作出；（6）对罪犯处罚的相关法律手续是否完备；（7）对罪犯处罚措施是否符合规定，是否存在体罚、虐待现象。

2. 罪犯奖惩检察的主要方法

（1）对罪犯生活、学习、劳动现场进行实地检察和巡视检察；

（2）查阅罪犯计分审查表、奖惩记录；

（3）查阅罪犯处罚的审批手续；

（4）向罪犯和监狱人民警察了解情况，听取意见；

（5）与被处罚罪犯谈话，了解情况，听取意见。

第四节 教育改造活动检察

一、教育改造活动检察的概念

教育改造，是指我国刑罚执行机关对依法判处有期徒刑、无期徒刑、死刑缓期二年执行的罪犯，在惩罚管制的前提下，以改造人为宗旨，以转变罪犯思想、矫正恶习为目的，进行政治思想、文化、技术教育为主要内容的有组织、有计划、系统的教育活动。教育改造的成效如何，对于刑罚目的的实现，有着至关重要的作用。

根据司法部《监狱教育改造工作规定》，监狱教育改造工作的任务，是通过各种有效的途径和方法，教育罪犯认罪悔罪，自觉接受改造，增强法律意识和道德素养，掌握一定的文化知识和劳动技能，将其改造成为守法公民。监狱教育改造工作主要包括：入监教育；个别教育；思想、文化、技术教育；监区文化建设；社会帮教；心理矫治；评选罪犯改造积极分子；出监教育等。[①]

教育改造活动检察，是指人民检察院对监狱教育改造活动是否合法进行监督，人民检察院监督的客体是监狱的教育改造活动。《人民检察院监狱检察工作目录》及《人民检察院监狱检察办法》第四章第三节对教育活动检察的内容、方法、纠正违法的情形作出了明确规定。检察机关对

---

① 袁其国主编：《刑事执行检察业务培训教程》，中国检察出版社2015年版，第213页。

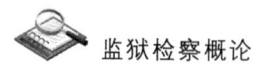

监狱教育改造活动的检察,应当抓住"一条主线""两个环节"。"一条主线"是指监狱的教育改造活动是否正确体现了"惩罚与改造相结合,以改造人为宗旨"的监狱工作方针;"两个环节"是指教育环节和生产劳动环节。

二、教育改造活动检察的内容

《人民检察院监狱检察办法》规定,教育改造活动检察的内容主要包括以下几个方面:一是监狱的教育改造活动是否符合有关法律规定;二是罪犯的合法权益是否得到保障。结合《监狱教育改造工作规定》,教育改造活动检察具体包括以下几个方面:

(一)对入监教育的检察

监狱对新入监的罪犯,应当将其安排在负责新收押罪犯的监狱或者监区,集中进行为期不少于两个月的入监教育,对罪犯宣告服刑期间的权利和义务,对其进行各类法制教育和监规纪律教育,掌握罪犯的基本情况和思想动态,对其进行心理评估,对危险性等级进行评估。入监教育结束后,监狱应当对新收罪犯进行考核验收,考核合格的,移送其他监狱(监区)服刑,不合格的,延长入监教育时间。

结合入监教育的要求,检察人员应当重点检察以下几个方面的内容:

1. 监狱是否对新收罪犯实行两个月的入监教育;
2. 监狱是否向罪犯告知其权利义务;
3. 监狱是否对罪犯进行了法制教育和监规纪律教育;
4. 监狱是否对新罪犯的情况进行了分析评估;
5. 监狱是否在入监教育结束后,对新收罪犯进行考核验收,不合格的是否延长入监教育。

(二)对个别教育的检察

《监狱教育改造工作规定》明确监狱在教育改造活动中,应当根据每名罪犯的具体情况,安排监狱人民警察对其进行有针对性的个别教育;应当建立罪犯思想动态分析制度,并根据分析情况,组织开展有针对性的专题教育。应当根据罪犯的犯罪类型,结合罪犯的危险程度、恶性程度、接受能力,对罪犯进行分类,开展分类教育;应当建立对顽固型罪犯和危险型罪犯的认定和教育转化制度。根据以上要求,对个别教育的检察主要包

括以下几个方面的内容:①

1. 监狱各监区的人民警察对所管理的罪犯,是否每月至少安排一次个别谈话教育;

2. 分监区、监区、监狱是否对罪犯思想动态进行定期分析;

3. 监狱是否依法对罪犯进行分类,开展分类教育;

4. 监狱是否对顽固型罪犯和危险型罪犯依法认定并开展有针对性的教育转化。

(三) 对思想、文化、技术教育的检察

对罪犯的思想、文化、技术教育,是教育改造的一项重要内容,通过思想、文化、技术教育,一方面,可以通过改变罪犯的知识结构和畸形的心理状态,转移不正当的兴趣和需要,把兴趣需要引导到正确的方向上来;另一方面,通过教育使罪犯广泛接受各种事物,提高文化水平和分辨是非的能力,加深对道德规范、社会法纪的认识,树立正确的人生观、价值观。对思想、文化、技术教育的检察,重点包括以下几个方面:

1. 监狱的"三课教育"时间是否得到保证,有无重生产、轻改造的情况;

2. 是否对罪犯进行认罪悔罪、法律常识、公民道德、劳动常识、时事政治等方面的思想教育;

3. 是否贯彻了分类教育、因人施教的原则,根据罪犯不同文化程度,分别开展文化教育,组织罪犯参加自学考试;

4. 是否对罪犯开展有针对性的岗位技术培训和职业技能教育;

5. 是否合理利用图书室、阅览室、电化教育系统、广播室等,开展监区文化建设;

6. 监狱是否争取社会支持,积极开展罪犯回归社会教育;

7. 是否对未成年罪犯贯彻执行了"以教育改造为主,轻微劳动为辅"的方针,是否为未成年犯的义务教育提供了必要的条件,对未成年犯的教育是否考虑到其生理、心理特点。

(四) 对心理矫治活动的检察

对罪犯的心理矫治活动是指监狱在教育改造工作中,运用心理学的原理和方法,通过对罪犯开展心理测验、心理评估,掌握其个体心理结构特

---

① 袁其国主编:《刑事执行检察业务培训教程》,中国检察出版社2015年版,第214页。

征，进行心理健康教育、心理咨询和心理治疗，帮助其消除不良心理及其他心理障碍、心理疾病，促使其心理结构向良性方向转化的活动。

对心理矫治活动的检察，重点从以下几个方面开展：

1. 监狱是否建立心理矫治室对罪犯开展心理矫治工作；
2. 监狱从事心理测验、心理咨询工作的人员是否具备相应的资质；
3. 监狱是否对罪犯进行心理测验、心理健康教育和心理咨询；
4. 监狱对有心理疾病的罪犯是否实施治疗。

（五）对出监教育活动的检察

出监教育是监狱对刑满前罪犯进行的一项总结性、补课性和教育罪犯如何适应社会的专门教育。[①] 它是改造罪犯的最后一道工序，是全面检查改造质量的验收环节，是针对即将释放的罪犯如何正确适应社会生活、防止重新违法犯罪而进行的强化改造措施。出监教育的任务主要有三个方面：一是巩固日常教育成果，降低重新违法犯罪率；二是进一步查漏补缺，弥补日常教育之不足；三是提升罪犯的社会适应能力。对出监教育活动的检察，重点应检察以下几个方面：

1. 监狱是否对即将期满的罪犯集中进行3个月的出监教育；
2. 监狱组织出监教育是否开展有针对性的形势、政策、前途教育、遵纪守法教育和必要的就业指导、职业技能培训；
3. 监狱是否在罪犯期满前1个月填写刑满释放人员通知书并寄送服刑人员户籍所在地的县级公安机关和司法行政机关；
4. 对罪犯出监教育的管理是否符合监狱狱政管理的规定。

三、教育改造活动检察的方法

教育改造活动检察的方法主要包括以下几个方面：

1. 对罪犯生活、学习、劳动现场进行实地检察和巡视检察。
2. 查阅罪犯学习教育的相关记录。
3. 参与罪犯思想动态分析会，了解掌握罪犯思想教育工作情况。
4. 实地检察罪犯教育矫治活动的现场，了解掌握教育矫治活动的针对性和有效性。
5. 对罪犯进行谈话教育，了解掌握教育矫治活动开展情况，听取意见。

[①] 袁其国主编：《刑事执行检察业务培训教程》，中国检察出版社2015年版，第215页。

6. 向监狱教育科、心理矫治室等相关职能部门了解教育矫治活动开展情况和重点、难点问题。

检察机关在对监狱教育改造活动实行检察监督的同时，还应当做好两个方面的工作：一是主动参与监狱的教育改造活动，配合监狱对罪犯开展权利义务教育、认罪服法教育、时事形势教育、敦促和教育罪犯坦白检举、开展深挖犯罪活动等；二是积极支持监狱探索教育改造的新形势、新途径。

四、对违法情形的纠正

《人民检察院监狱检察办法》规定，在教育改造活动检察中，发现以下情形之一的，应当提出纠正意见：

1. 监狱没有按照规定开展入监教育。
2. 监狱没有按照规定开展出监教育。
3. 监狱没有按照规定开展心理矫治活动。
4. 监狱没有按照规定对罪犯开展思想、文化、技术教育。
5. 监狱没有按照规定对罪犯每月至少开展一次个别谈话教育。

第五节 生活卫生检察

一、生活卫生检察的概念

生活卫生管理是指监狱对有关罪犯衣、食、住、用、疾病的预防与治疗以及劳动保护等方面的管理工作。①《监狱法》中对罪犯的生活标准、被服、少数民族习惯、监舍、医疗、死亡处理都作出了明确的规定。

生活卫生检察，是指人民检察院对监狱生活卫生管理工作是否合法进行监督，监督的客体是监狱的生活卫生管理工作。②

二、生活卫生检察的内容和方法

生活卫生检察主要包括两个方面的内容，一是监狱的生活卫生管理工

---

① 袁其国主编：《刑事执行检察业务培训教程》，中国检察出版社2015年版，第216页。
② 袁其国主编：《刑事执行检察业务培训教程》，中国检察出版社2015年版，第216页。

作是否符合有关法律规定，二是罪犯的合法权益是否得到保障。重点应当做好以下几个方面的检察工作：

（一）对罪犯伙食待遇和日用品供应管理的检察

罪犯的伙食和日用品供应管理是生活卫生管理的重要环节，伙食好坏和日用品供应是否及时、充分对罪犯的改造有很大的影响。《监狱法》第50条规定，罪犯的生活标准按实物量计算，由国家规定。

1. 检察的内容

（1）监狱是否严格执行《关于调整在押罪犯伙食实物量标准的通知》，按标准落实到位。

（2）监狱是否成立了罪犯伙食管理委员会并定期召开会议，听取意见。

（3）监狱是否保障罪犯吃饱、吃熟、吃得卫生，是否做到科学配膳、合理调剂、精细管理和杜绝浪费，是否存在向罪犯收费为其单独开设小灶。

（4）伙食账目是否定期公布。

（5）是否存在挪用、克扣罪犯伙食费现象。

（6）伙食是否由民警直接管理。

（7）少数民族罪犯的伙食是否符合民族宗教政策。

（8）是否为罪犯食堂配置自动化食品加工设备，减少刀具的数量和刀具的使用。罪犯食堂刀具是否由监狱人民警察直接管理，是否做好刀具的保管、登记、分发和回收工作，是否使用安全、经济、清洁的能源。

（9）罪犯食堂是否参照《餐饮服务食品安全操作规范》做好食品加工操作、清洗消毒、物资贮存、预防食物中毒等各环节工作，是否建立罪犯食堂从业人员管理档案，对从业人员每年进行定期体检和培训，从业人员是否取得健康证明和培训合格后才上岗。

（10）是否建立并落实食品留样和蔬菜农药残留检测制度，并配备相应的检测设备，对食品原材料等物资进行抽样检测。检测工作应当由经培训取得证书的专业人员直接进行，不得由罪犯承担。监狱自种、自养、自加工的产品，也应当按规定做好检验检疫。

（11）监狱是否按政府采购相关规定采购罪犯生活物资。不得采购没有相关许可证、营业执照、产品合格证明文件、动物产品检疫合格证明等证明材料的产品。应建立产品采购索证索票、进货查验、采购记录和存储、发放等制度。在日常生活卫生检察中曾经发现过监狱超市购入的商品有临近保质期的，生产日期、失效日期很容易擦掉的，这些商品流入监狱后很可能造成一定的安全隐患。

（12）监狱是否实行罪犯狱内刷卡消费。严禁罪犯持有现金。应制定罪犯每月购买食品及日用品等物品的最高消费限额。

（13）罪犯超市的商品售价是否做到不高于当地社会同期同类商品平均销售价格。监狱可根据实际情况推行罪犯日用品狱内网上销售和配送。罪犯超市收入主要用于改善罪犯的生活卫生条件或弥补罪犯生活费不足，不得挪作他用。

（14）禁止罪犯家属会见时为罪犯捎带食品。严禁监狱人民警察、外协人员和其他人员私自为罪犯捎带食品、药品。

2. 检察的方法

（1）对罪犯进行谈话教育，了解伙食待遇情况，听取意见。

（2）对罪犯用餐现场、伙房、超市等部位进行实地检察，了解罪犯伙食情况。

（3）对罪犯生活费的支出情况进行了解，查阅相关采购、支出账目。

（4）列席罪犯伙食委员会，了解有关情况，听取罪犯对伙食待遇的意见和建议。

（二）对被服管理的检察

《监狱法》第51条规定，罪犯的被服由监狱统一配发。对罪犯的被服管理应当坚持御寒遮体、整齐清洁、便于识别的原则，按照国家规定的标准，保障供应。

1. 检察的内容

（1）罪犯的被服是否按照规定由监狱统一发放。

（2）罪犯的被服是否符合御寒保暖、整齐清洁、便于识别的要求。

（3）罪犯的被服是否按时发放。

（4）换季时被服是否及时换装。

（5）生产劳动需要的工作服、劳动保护用品是否按规定发放。

（6）监狱是否严格按照在押罪犯被服实物量标准配发罪犯被服，实行新收罪犯入监被服"零带入"。罪犯被服和囚鞋应按司法部规定的统一样式配发，罪犯内衣裤等其他未经司法部统一样式的被服由省级监狱管理局规定制式并统一配发。

（7）监狱是否统一安排罪犯清洗、晾晒被服。监狱可根据实际，配备大型的被服洗涤、烘干设备，并安排专人负责清洗、消毒、晾晒和收纳整理等工作。

2. 检察的方法

（1）对罪犯进行谈话教育，了解被服发放情况，听取意见。

（2）实地检察，确认被服的质量是否符合规定。

（3）换季时检察罪犯被服是否按时更换。

（4）对用品发放和使用情况进行实地检察。

（三）对监舍管理的检察

监舍是罪犯生活、学习、活动的场所。《监狱法》第53条规定，罪犯居住的监舍应当坚固、通风、透光、清洁、保暖。监舍建设应当做到布局合理，既有利于监管，又有利于罪犯改造。

1. 检察的内容

（1）罪犯的居住面积是否符合规定。

（2）罪犯监舍是否符合坚固、透光、清洁、保暖的标准。

（3）监舍的各项设施是否完善。

（4）监舍是否由专人管理，定期检查维修。

（5）是否对罪犯监舍实行单人单铺管理，统一配置监舍内设施、器具和物品并实行定置管理。

（6）监狱是否按照《监狱建设标准》建设罪犯监舍、浴室、晾衣房、储藏室等。未禁烟的监狱应当设置专门吸烟区。监区应当无污水、无便溺、无脏乱垃圾和杂物。监区应当绿化美化，保持监区环境卫生干净整洁。

2. 检察的方法

（1）对罪犯监舍进行实地检察，检察监舍是否符合标准，设施是否完善，是否有通铺、地铺现象。

（2）对监舍居住人数进行检察，确保罪犯居住面积符合法律规定。

（3）冬季应对监舍的取暖情况进行专门检察，确保监舍达到保暖的标准。

（四）对监狱医疗卫生管理的检察

对监狱医疗卫生管理的检察是生活卫生检察工作的重点。《监狱法》第54条规定，监狱应当设立医疗机构和生活、卫生设施，建立罪犯生活、卫生制度。罪犯的医疗保健列入监狱所在地区的卫生、防疫计划。

1. 检察的内容

（1）监狱是否设立医疗机构和生活卫生设施，建立健全生活卫生制度。

（2）罪犯生病是否及时就医并得到诊治，就医现场是否安全有序。

（3）罪犯药柜是否由民警直接管理，是否由医务人员或民警按医嘱发药并及时登记，做到"送药到手、看药入口、咽下再走"。

（4）监狱医技人员是否具有资质，医疗设备和药品的采购、使用、发放情况是否符合规定；罪犯健康档案的建立、巡诊制度开展、罪犯门诊、住院及转院是否符合规定。

（5）对罪犯患有狱内医疗机构没有条件治疗的疾病的，是否及时安排外出就医。

（6）是否定期进行消毒防疫工作，是否定期对罪犯进行健康检查。

（7）是否安排罪犯定期洗澡、理发，保持罪犯个人及监舍内清洁、卫生。

（8）罪犯传染病预防、控制管理是否符合规定。

（9）艾滋病罪犯、精神病罪犯的管理是否符合规定。

2. 检察的方法

（1）对罪犯就医现场进行实地检察。

（2）查阅罪犯病历、分监区（监区）服药记录等相关记录。

（3）与罪犯谈话，了解监狱医疗卫生管理情况，听取罪犯的意见和建议。

（4）对罪犯外出就医的程序和法律手续进行检查。

（5）对监舍及罪犯个人的清洁卫生情况进行检查。

第六节 禁闭和警戒具检察

一、禁闭和警戒具检察的概念

禁闭是监狱对严重破坏监管秩序的罪犯采取的一种狱政处罚措施，也是在特定条件下采取的防范措施。受到禁闭处分的罪犯单独关押在禁闭室内，禁闭期限为7—15日。①

警戒具是指用以预防和制止罪犯某些危险行为发生的专门器械。监狱目前使用的警戒具主要有手铐、脚镣、警绳和警棍四种。使用警戒具通常有两个方面的作用：一是防范作用，即通过警戒具的正确使用，有效限制

---

① 袁其国主编：《刑事执行检察业务培训教程》，中国检察出版社2015年版，第220页。

罪犯的活动自由，使其丧失实施某些危险行为的条件；二是警戒作用，即通过警戒具的使用，警告那些预谋或正在从事某些危险行为的罪犯必须立即停止危险活动。[①]

禁闭和警戒具检察，是指人民检察院对监狱禁闭和警戒具使用、审批、管理工作是否合法进行监督。禁闭和警戒具使用是狱政管理工作中容易发生问题的环节，也是监狱检察工作中需要重点关注、加强监督的重要环节。

二、禁闭检察的内容和方法

（一）禁闭检察的内容

1. 适用禁闭是否符合规定条件

关押禁闭是最严厉的狱政处罚手段之一，因此必须严格按照法律规定的条件适用，只有符合条件的，才能适用禁闭。《监狱法》第58条规定："罪犯有下列破坏监管秩序情形之一的，监狱可以给予警告、记过或者禁闭：（一）聚众哄闹监狱，扰乱正常秩序的；（二）辱骂或者殴打人民警察的；（三）欺压其他罪犯的；（四）偷窃、赌博、打架斗殴、寻衅滋事的；（五）有劳动能力拒不参加劳动或者消极怠工，经教育不改的；（六）以自伤、自残手段逃避劳动的；（七）在生产劳动中故意违反操作规程，或者有意损坏生产工具的；（八）有违反监规纪律的其他行为。"

对罪犯适用禁闭是否符合规定条件的检察应重点检察以下几个方面：（1）罪犯是否实施了破坏监管秩序的行为。（2）罪犯实施破坏监管秩序的行为是否达到适用禁闭的严重程度。（3）罪犯是否属于依法可以适用禁闭的人员。

2. 适用禁闭的程序是否符合有关规定

（1）监狱对罪犯适用禁闭是否进行了审批；

（2）对罪犯适用禁闭的审批手续是否完备；

（3）对罪犯适用禁闭的审批手续是否按照规定程序作出。

罪犯在关押禁闭期间，除死刑等待核准外，一般不加戴戒具，确需加戴戒具的，需填写加戴戒具审批表，经狱政管理部门审核，监狱分管领导批准后方可实施，情形消失后，应立即解除戒具。

---

① 袁其国主编：《刑事执行检察业务培训教程》，中国检察出版社2015年版，第220页。

3. 执行禁闭是否符合有关规定

（1）执行禁闭的期限是否符合有关规定，是否存在超期限禁闭或连续审批变相延长禁闭期限的现象；

（2）禁闭室是否符合防潮保暖、通风透光、清洁卫生的条件；

（3）禁闭罪犯的伙食、饮水是否得到保障；

（4）禁闭罪犯每日放风时间是否得到保障；

（5）监狱民警是否对禁闭罪犯加强教育。

（二）禁闭检察的方法

1. 对禁闭室进行现场检察

对禁闭室现场检察是禁闭检察的重要环节。在现场检察时，应当注意以下几个方面：一是对禁闭中的罪犯进行检察，重点检察其身体和精神状态是否良好；二是对禁闭室进行检察，重点检察禁闭室的环境条件和安全警戒设施是否完善；三是对监狱民警执法是否规范进行检察，重点检察罪犯是否由民警直接管理，是否存在体罚、虐待现象。①

2. 查阅禁闭登记和审批手续

在查阅禁闭登记和审批手续时，要检察禁闭的审批手续是否按照规定程序作出，手续是否齐备；检察民警值班记录、罪犯放风记录是否及时，有无异常；检察民警对禁闭罪犯的谈话笔录，了解掌握禁闭罪犯的思想动态。②

3. 听取被禁闭人和有关人员的意见

对被禁闭罪犯，检察人员应当对其进行谈话教育。一方面，了解其被禁闭的原因、经过，了解罪犯对禁闭处罚的意见和认识；另一方面，对罪犯加强思想教育，促使其认识错误，及时悔过。同时，检察人员还应当向监狱民警了解情况，掌握禁闭罪犯思想动态和禁闭期间的表现。③

三、警戒具检察的内容和方法

（一）警戒具检察的内容

1. 警戒具的使用是否符合法定条件

对警戒具的使用，有关的法律、规定都有较为明确的规定。《监狱法》

---

① 袁其国主编：《刑事执行检察业务培训教程》，中国检察出版社2015年版，第221页。
② 袁其国主编：《刑事执行检察业务培训教程》，中国检察出版社2015年版，第222页。
③ 袁其国主编：《刑事执行检察业务培训教程》，中国检察出版社2015年版，第223页。

第45条规定:"监狱遇有下列情形之一的,可以使用戒具:(一)罪犯有脱逃行为的;(二)罪犯有使用暴力行为的;(三)罪犯正在押解途中的;(四)罪犯有其他危险行为需要采取防范措施的。前款所列情形消失后,应当停止使用戒具。"

在检察中,应当严格按照规定对使用警戒具的条件进行审查。(1)对使用手铐、脚镣的,重点检察罪犯是否属于有脱逃行为、暴力行为、在押解途中(含外出就医)、有其他危险行为需要采取防范措施的。同时,还需要检察罪犯是否属于依法不应被使用警戒具的人员。(2)对使用警绳的,重点检察是否属于在追捕逃犯和押解时使用。(3)对使用电警棍的,重点检察是否属于民警依法执行公务,遭到抗拒时,或处理罪犯行凶、聚众哄闹、结伙斗殴和暴动骚乱事件,警告无效时,或遭到罪犯袭击需要正当防卫的。①

2. 使用警戒具的程序是否符合规定

应重点检察是否经过了审批,审批手续是否依照程序作出,警戒具使用的审批是否超过必要的限度,以及是否存在随意延长警戒具使用时间的情形。

3. 警戒具的使用是否符合法律规定

应当重点检察是否使用制式警戒具,是否由监狱民警直接使用;使用手铐脚镣是否不超过15天,是否存在背铐、双铐双镣等违法情形;警绳是否仅在追捕、押解时使用,电警棍是否被违法用作惩罚的工具;警戒具的使用是否会危及罪犯生命,是否对不应当使用警戒具的老弱病残等人使用,违法和危险情形消除后是否立即停止使用。

(二)警戒具检察的方法

1. 审查使用警戒具的审批手续、现场监控录像、民警教育谈话笔录等相关材料,对警戒具使用的合法性进行检察。

2. 到警戒具使用的现场,对罪犯的人身进行检察,检察警戒具的使用是否合法。

3. 与被使用警戒具的罪犯进行谈话,了解掌握事发经过和罪犯本人对使用警戒具的意见和认识,对其进行思想教育,同时也要向有关监狱民警了解情况。

---

① 袁其国主编:《刑事执行检察业务培训教程》,中国检察出版社2015年版,第222页。

第二编 监狱检察的职能

第七节 安全防范检察

一、安全防范检察的概念

监狱安全防范是指为了防止和打击罪犯逃跑、破坏、行凶、暴乱等犯罪行为，预防其他意外事变发生，确保监狱的安全和监管改造工作顺利进行，而建立起来的各种警戒措施、警戒设施的总和。①

安全防范检察是指人民检察院对监狱安全防范工作是否合法进行监督，监督的客体是监狱的安全防范管理工作。②

二、安全防范检察的内容

安全防范检察的内容主要包括两个方面：一是对狱内警戒措施的检察；二是对监狱警戒设施和警戒隔离带的检察。

（一）对狱内警戒措施的检察

狱内警戒措施是监狱为了维护改造秩序、防止狱内又犯罪活动而在监狱警戒线内实行的严密防范措施和严格管理活动。主要包括清监制度、搜身制度、点名制度、安全检查制度、罪犯互监制度、耳目制度、罪犯思想动态定期分析制度和逐级汇报制度及外来人员、车辆管理制度等内容。对狱内警戒措施的检察，主要包括以下几个方面：

1. 清监

（1）检察监狱是否严格落实违禁品清查制度，定期、不定期地对监舍、车间、教学区等区域进行清查，严防罪犯持有手机、毒品、现金、便服、绳索、假发、军警制服、具有无线通信功能的电子产品、非法宣传品及其他违禁品；对私藏违禁品的罪犯，是否视情节给予警告、记过、禁闭处罚；涉嫌犯罪的，是否依法移送司法机关处理。

（2）检察监狱是否做到每月组织一次对罪犯劳动、生活、学习现场清

---

① 袁其国主编：《刑事执行检察业务培训教程》，中国检察出版社2015年版，第224页。
② 袁其国主编：《刑事执行检察业务培训教程》，中国检察出版社2015年版，第224页。

监，重大节日和重要保卫活动等特殊时期是否随时组织；参加清监的警察是否做到认真填写清监记录，对清理、清查出的危险、违禁物品，逐一登记，并查明来源。

（3）检察监狱是否做到对清查出的违禁物品予以没收，办理没收违禁物品手续；危险物品和其他需要销毁的物品，是否销毁，并在清监登记中注明。

2. 搜身

检察是否在罪犯出收工、进出生活区大门、会见前后、严管禁闭、隔离审查、离监就医、收监、释放时进行了搜身检查。搜身时必须由 2 名以上警察进行，一人负责检查，其他人员负责警戒。

3. 点名

检察监狱是否认真落实点名制度，是否对罪犯人数做到底数清、情况明。一般在以下场合应当点名：（1）罪犯出收工前或队伍集合时；（2）对劳动现场罪犯定时或不定时点名；（3）装卸货物现场，车辆驶离前；（4）罪犯就餐前后、就寝、封闭管理前；（5）罪犯课堂学习、集中教育、文体娱乐等活动结束时。

4. 民警现场管理、直接管理

检察监狱是否严格落实罪犯"三大现场"由民警直接管理；罪犯在狱内行动是否由民警带领，民警带班是否符合规定。

禁止使用罪犯、工人和临时聘用人员代行管理职责、代办管理事务，禁止利用罪犯代为安排劳动项目、计分考评、搜身清监、检查信件和物品；禁止安排罪犯在变电所、锅炉房等重要部位或关键岗位劳动；禁止罪犯保管、登记、分发劳动工具；禁止罪犯代为保管、使用钥匙；禁止安排工人和临时聘用人员代替警察管理禁闭室、会见室、大门等重点部位。

民警实行双人带班制度，罪犯"三大现场"的带班、值班警察数不得低于罪犯数的3%。

监狱应当为民警配齐单警装备，民警值班带班应携带对讲机等通信报警装置；警察应提高警惕，增强自我防范意识，严禁单独与罪犯前往库房、储藏室等地点；与罪犯个别谈话时，应当在有安全设施的地方进行，防止袭警案件的发生。

5. 监狱是否落实罪犯互监制度、耳目制度，狱情动态来源渠道是否畅通

合理有效编排互监小组，可以在很大程度上预防罪犯脱逃、行凶、藏

匿、自杀等行为，互监小组一般3—6人，由监区（分监区）警察集体研究确定，并公示。不宜编在一个互监小组的情形：同案、亲属罪犯；流窜犯、累犯、有脱逃史的罪犯；涉黑涉恶罪犯；顽危犯、重点包夹包控罪犯；互相有矛盾的罪犯。设置耳目是监狱为了解罪犯思想动态、活动情况、收集掌握犯群信息的重要手段，耳目数量一般应达到押犯总数的3%—5%，对物色成熟的耳目应填写相应审批表，经狱内侦查科审核，报监狱分管领导审批，对耳目逐人建档，对不起作用、不适合做耳目的及时撤销。

同时，应检察监狱是否定期召开狱情分析会，对罪犯思想动态进行分析研判；监狱发生问题是否按照规定逐级上报和通报检察机关，是否存在瞒报现象。

6. 对外来人员、外来车辆的管理是否严格

对外来人员着重检察其进入监狱是否经过批准，是否由警察带领进入并接受安检，是否在规定时间、区域活动，是否为罪犯携带违禁品、书信、传递消息等。对外来车辆着重检察其进入监狱是否经过批准和登记，是否由警察全程随车监控，是否做到车头朝里，驾驶员离开车辆时是否做到拔出点火钥匙，锁好车门、车窗，是否有单独与罪犯接触、为罪犯传递信息和物品，车辆驶出监狱前是否经过严格检查，是否有机动车在监狱内过夜等。

7. 对"四个重点"管理是否严格

"四个重点"即重点时段、重点部位、重点物品、重点人员。

（1）重点时段，主要是指上午下班至下午上班、下午下班至次日早晨上班期间，双休日、节假日期间以及其他确需戒严的时间。重点时段需要加强巡查和管控力度。

（2）重点部位，主要有配电室、锅炉房、危险物品专库、警察办公区、会见室、禁闭室、医院、伙房、超市、教学楼、晾衣场、储藏室、生产资料、工具仓库等活动区域。上述部位的警力、钥匙是否处于直接管理是检察的重点。

（3）重点物品是指易燃易爆、有毒、攻击、攀爬、绝缘、撞击性物品，这类物品一般应当由警察直接管理，严格按照制度履行领用、归还登记。重点物品主要包括：主要有警械、枪支、弹药、雷管、炸药等物品；手机、对讲机及相关附属配件和其他具有移动通信功能的电子设备；各种货币现钞、金融卡和有价证券；鸦片、海洛因、冰毒、吗啡、大麻、可卡

因以及国家规定管制的其他能使人形成瘾癖的麻醉药品和精神药品；管制刀具和刃器具；军警制服、便服、假发；危害国家安全宣传制品和淫秽物品；其他可能影响监管安全稳定的物品。

（4）重点人员包括从事零散劳动、事务性劳动的罪犯，病犯、残疾犯，有暴力倾向的罪犯，有脱逃史的罪犯等。对这些人员的管控、看护、监管等措施是否到位是检察的重点。

（二）对警戒设施和警戒隔离带的检察

《监狱法》第43条规定，监狱根据监管需要，设立警戒设施。监狱周围设警戒隔离带，未经准许，任何人不得进入。

监狱的警戒设施包括围墙、电网、自动报警器、监控系统、门禁、安检系统、警铃、对讲机、警用车辆、警犬等。监狱的警戒隔离带通常为监狱围墙距墙内侧5米和外侧10米的地带。未经允许，不得擅自进入。对警戒设施和警戒隔离带的检察包括以下几个方面：

1. 监狱的警戒设施是否按照规定配备，如围墙、电网是否符合监狱建设标准的要求，监控、门禁、报警系统和各项设备是否按照规定配备。

监狱围墙一般应高出地面5.5米，并达到0.49米厚砖墙的安全防护要求；女子监狱和未成年犯管教所围墙应高出地面4—5米，并达到0.37米厚砖墙的安全防护要求。围墙地基必须坚固，围墙下部必须设挡板，且深度不应小于2米。围墙转角应呈圆弧形，表面要光滑，无任何可攀登处。围墙内侧5米、外侧10米为警戒隔离带，隔离带内应无障碍。高度戒备监狱围墙应高出地面7米，墙体厚度应达到0.3米，材质为钢筋混凝土，上部应设武装巡逻道，围墙下部必须设钢筋混凝土挡板，且深度不小于2米，当围墙基础埋深超过2米时，可用围墙基础代替挡板，如遇软土等特殊地基时，围墙基础埋深应适当加深。围墙内侧5米及10米处、围墙外侧5米及12米处均应各设一道不低于4米高的防攀爬金属隔离网，网上均应设置监控、报警装置。围墙外侧的两道隔离网之间应设置防冲撞设施。监狱围墙上部应设电网，其高度、电压等应按照有关标准执行。

监狱均应建立监控指挥中心，各区域视频监控信号应当与监控指挥中心联网，监狱大门、围墙、禁闭室、会见室等要害部位的视频监控信号应当与驻武警部队作战勤务室联网。监狱大门、围墙、会见室、禁闭室、警察值班室、劳动现场、学习现场、监舍走廊等所有需要监控的部位应当安装视频监控装置。监狱应当安装手机信号屏蔽装置。监狱警戒围墙应当安装红外线、雷达、泄露电缆等报警装置，构成智能监控报警系统。

监狱内警察值班室、大门值班室、监舍走廊、餐厅、学习劳动现场等警察带班执勤部位应当安装触发式报警装置。

监狱大门应当设置 AB 门，分设行车通道和行人通道。行人通道应当安装带有数字密码和人体特征识别功能的电子门禁系统、附带金属探测器的安检设备并安装确保 1 人 1 卡 1 次通过的滚闸，行车通道应当安装防撞桩、破胎阻车器等防冲撞装置，配备车底视频监控探头和照明设备。

2. 监狱的警戒设施是否按照规定使用，重点包括电网是否通电、监控系统是否 24 小时有人值守，安检、门禁、报警系统等是否按照规定正在使用。

3. 监狱的警戒设施是否有专人定期维护，发生故障是否及时进行维修。特别是对围墙、电网等关键部位，是否制定了应急预案，发生问题后是否及时通报情况并按预案立即处置。

4. 监狱是否按规定设置了警戒隔离区，对警戒隔离区是否进行了有效的管理和警戒，对于擅自进入警戒隔离区的情况是否及时发现并处置。

三、安全防范检察的方法

l. 积极深入监狱生活、学习、劳动三大现场，做好日常检察工作，对重点部位、重点环节要加大检察力度，确保检察到位。

2. 加强对重点时段的检察。在法定节假日、重大活动之前或者期间，督促监狱进行安全防范检查，必要时可与监狱联合进行检查、清监，确保监狱的安全检查工作落实到位，不走过场。

3. 定期参加监狱的狱情动态分析会，及时了解掌握狱情动态，对于可能引发不稳定的因素做到心中有数。

4. 加强对罪犯的谈话教育，掌握罪犯思想动态，了解罪犯对监狱安全防范的意见，对罪犯加强思想教育，化解不稳定因素。

5. 定期与监狱召开工作联席会，加强对监狱安全防范形势的分析研判，对于可能发生问题的环节提前制定预案，确保各个环节万无一失。

第三章 刑罚变更执行检察

减刑、假释作为刑罚变更执行的重要措施,是我国《刑法》《刑事诉讼法》等法律规定的重要制度,是宽严相济刑事政策在刑罚执行过程中的具体体现,对于激励罪犯积极改造,促进罪犯回归、融入社会,具有非常重要的意义。减刑、假释的根本目的是激励罪犯积极改造,是刑罚执行过程中对积极改造罪犯的一种奖励性措施。罪犯只有积极改造,表现优异者,才能获得减刑、假释。适用减刑、假释,必须贯彻宽严相济刑事政策,最大限度地发挥刑罚的功能和实现刑罚的目的。

第一节 减刑检察

一、减刑的对象和适用条件

减刑是指对于被判处管制、拘役、有期徒刑、无期徒刑的犯罪分子,在刑罚执行期间,由于确有悔改或者立功表现,因而将原判刑罚予以适当减轻的一种刑罚执行制度。

(一)减刑适用的对象

我国《刑法》第78条规定,减刑的对象是被判处管制、拘役、有期徒刑、无期徒刑的犯罪分子,并且规定了应当减刑的对象为有重大立功表现的罪犯。第57条规定了死刑缓期二年执行减为有期徒刑或者无期徒刑减为有期徒刑的时候,应当把附加剥夺政治权利改为3年以上10年以下。2016年最高人民法院《关于办理减刑、假释案件具体应用法律问题的规定》(以下简称2016《规定》)第17条规定,有期徒刑罪犯减刑时,对附加剥夺政治权利的期限可以酌减。因此,被判主刑附加剥夺政治权利的罪犯,也可以作为减刑的对象。

2016《规定》第18条规定,被判处拘役或者3年以下有期徒刑、宣告缓刑的犯罪分子,一般不适用减刑,如果在缓刑考验期间有重大立功表现的,可以参照《刑法》第78条的规定,予以减刑,同时相应地缩短其缓刑考验期。因此,缓刑犯也可以作为减刑的对象,但条件是必须有重大立功表现。《社区矫正法》第33条规定:"社区矫正对象符合刑法规定的减刑条件的,社区矫正机构应当向社区矫正执行地的中级以上人民法院提出减刑建议,并将减刑建议书抄送同级人民检察院。人民法院应当在收到社区矫正机构的减刑建议书后三十日内作出裁定,并将裁定书送达社区矫正机构,同时抄送人民检察院、公安机关。"因此,社区矫正人员也是减刑的对象。

从严减刑的对象包括:(1)对于因贪污、受贿犯罪被判处死刑缓期二年执行的罪犯,人民法院根据犯罪情节等情况,可以同时决定在其死刑缓期执行二年期满依法减为无期徒刑后,终身监禁,不得减刑、假释;(2)职务犯罪罪犯,破坏金融管理秩序和金融诈骗犯罪罪犯,组织、领导、参加、包庇、纵容黑社会性质组织犯罪罪犯,危害国家安全犯罪罪犯,恐怖活动犯罪罪犯;(3)毒品犯罪集团的首要分子及毒品再犯;(4)累犯;(5)确有履行能力而不履行或者不全部履行生效裁判中财产性判项的罪犯;(6)因故意杀人、强奸、抢劫、绑架、放火、爆炸、投放危险物质或者有组织的暴力性犯罪被判处10年以上有期徒刑的罪犯;(7)数罪并罚且其中两罪以上被判处10年以上有期徒刑的罪犯;(8)死刑缓期执行罪犯在缓期执行期间不服从监管、抗拒改造,尚未构成犯罪的,在减为无期徒刑后再减刑时应当适当从严;(9)数罪并罚被判处无期徒刑的罪犯,数罪并罚被判处死刑缓期执行的罪犯,减为无期徒刑后,符合减刑条件的。以上罪犯比照其他罪犯在减刑起始时间、间隔时间,减刑幅度上从严掌握。

从宽减刑的对象包括:(1)在报请减刑前的服刑期间不满18周岁,且所犯罪行不属于《刑法》第81条第2款规定情形的罪犯;(2)老年犯、患严重疾病或者身体残疾的罪犯,基本丧失劳动能力,生活难以自理。

(二)适用减刑的条件

1. 可以减刑的条件

《刑法》第78条第1款规定,被判处管制、拘役、有期徒刑、无期徒刑的犯罪分子,在执行期间,如果认真遵守监规,接受教育改造,确有悔改表现的，或者有立功表现的，可以减刑。2016《规定》第 2 条规定，对于罪犯符合《刑法》第 78 条第 1 款规定"可以减刑"条件的案件，在办理时应当综合考察罪犯犯罪的性质和具体情节、社会危害程度、原判刑罚及生效裁判中财产性判项的履行情况、交付执行后的一贯表现等因素。

（1）确有悔改表现，指同时具以下几个条件：

第一，认罪悔罪。首先，思想上要知道自己的罪行，承认自己的犯罪事实；其次，要认罪服法，在服刑期间认清犯罪给社会、家庭和被害人带来的危害；再次，要知晓认罪服法的重要性和必要性；最后，要剖析犯罪原因，深挖犯罪根源，进一步深化悔罪意识。罪犯在刑罚执行期间的申诉权利应当依法保护，对其正当申诉不能不加分析地认为是不认罪悔罪。

第二，认真遵守监规，接受教育改造。罪犯在服刑期间除了遵守国家法律法规以外，还必须遵守监狱各项规章制度，遵守服刑人员基本规范、生活规范、学习规范、劳动规范、文明礼貌规范。遵守监规要看罪犯交付执行后的一贯表现，不能仅仅看记了几个表扬。有的罪犯虽然表扬已经达到了减刑条件，但是案卷材料中反映多次因打架、私藏违禁品等被扣分，应认定为没有遵守监规，不具有悔改表现，不符合减刑条件。

第三，积极参加思想、文化、职业技术教育。监狱依法对罪犯实施包括监管、劳动、教育等各种手段在内的系统转变罪犯思想，矫正犯罪恶习的活动，罪犯在服刑期间应当积极参加执行机关组织的各项学习、遵守学习纪律，考试成绩达到要求。

第四，积极参加劳动，努力完成劳动任务。罪犯在服刑期间应积极参加劳动，遵守劳动纪律，服从生产管理和技术指导，掌握基本劳动技能，严格操作规程，保证劳动质量，完成劳动任务。

2016《规定》第 3 条规定，对职务犯罪、破坏金融管理秩序和金融诈骗犯罪、组织（领导、参加、包庇、纵容）黑社会性质组织犯罪等罪犯，不积极退赃、协助追缴赃款赃物、赔偿损失，或者服刑期间利用个人影响力和社会关系等不正当手段意图获得减刑、假释的，不认定其"确有悔改表现"。

（2）立功表现。2016《规定》第 4 条规定，具有下列情形之一的，应认定为立功表现：第一，阻止他人犯罪活动；第二，检举、揭发监狱内外犯罪活动，或者提供重要破案线索，经查证属实的；第三，协助司法机关抓捕其他犯罪嫌疑人（同案犯）的；第四，在生产、科研中进行技术革新,成绩突出的;第五,在抢险救灾或者排除重大事故中,突出表现的;第六,对国家和社会有其他贡献的。

2. 应当减刑的条件

《刑法》第78条规定,被判处管制、拘役、有期徒刑、无期徒刑的犯罪分子,有下列重大立功表现之一的,应当减刑:(1)阻止他人重大犯罪活动;(2)检举监狱内外重大犯罪活动,经查证属实的;(3)有发明创造或者重大技术革新的;(4)在日常生产、生活中舍己救人的;(5)在抗御自然灾害或者排除重大事故中,有突出表现的;(6)对国家和社会有其他重大贡献的。

2016《规定》第5条规定,具有下列情形之一的,应当认定为有"重大立功表现":(1)阻止他人重大犯罪活动;(2)检举监狱内外重大犯罪活动,经查证属实的;(3)协助司法机关抓捕其他重大犯罪嫌疑人(同案犯)的;(4)有发明创造或者重大技术革新的;(5)在日常生产、生活中舍己救人的;(6)在抗御自然灾害或者排除重大事故中,突出表现的;(7)对国家和社会有其他重大贡献的。

二、减刑适用的限度

(一)2016《规定》关于减刑的规定

减刑必须有一定的限度,2016《规定》对罪犯减刑起始时间、间隔时间及减刑幅度作出了详细规定。

1. 被判处有期徒刑的罪犯减刑起始时间为:不满5年有期徒刑的,应当执行1年以上方可减刑;5年以上不满10年有期徒刑的,应当执行1年6个月以上方可减刑;10年以上有期徒刑的,应当执行2年以上方可减刑。有期徒刑减刑的起始时间自判决执行之日起计算。确有悔改表现或者有立功表现的,一次减刑不超过9个月有期徒刑;确有悔改表现并有立功表现的,一次减刑不超过1年有期徒刑;有重大立功表现的,一次减刑不超过1年6个月有期徒刑;确有悔改表现并有重大立功表现的,一次减刑不超过2年有期徒刑。被判处不满10年有期徒刑的罪犯,两次减刑间隔时间不得少于1年;被判处10年以上有期徒刑的罪犯,两次减刑间隔时间不得少于1年6个月。减刑间隔时间不得低于上次减刑减去的刑期。

2. 对符合减刑条件的职务犯罪罪犯,破坏金融管理秩序和金融诈骗犯罪罪犯,组织、领导、参加、包庇、纵容黑社会性质组织犯罪罪犯,危害国家安全犯罪罪犯，恐怖活动犯罪罪犯，毒品犯罪集团的首要分子及毒品再犯，累犯，确有履行能力而不履行或者不全部履行生效裁判中财产性判项的罪犯，被判处 10 年以下有期徒刑的，执行 2 年以上方可减刑，减刑幅度应当比照 2016《规定》第 6 条从严掌握，一次减刑不超过 1 年有期徒刑，两次减刑之间应当间隔 1 年以上。对被判处 10 年以上有期徒刑的上述罪犯，以及因故意杀人、强奸、抢劫、绑架、放火、爆炸、投放危险物质或者有组织的暴力性犯罪被判处 10 年以上有期徒刑的罪犯，数罪并罚且其中两罪以上被判处 10 年以上有期徒刑的罪犯，执行 2 年以上方可减刑，减刑幅度应当比照 2016《规定》第 6 条从严掌握，一次减刑不超过 1 年有期徒刑，两次减刑之间应当间隔 1 年 6 个月以上。

3. 被判处无期徒刑的罪犯在刑罚执行期间，符合减刑条件的，执行 2 年以上，可以减刑。减刑幅度为：确有悔改表现或者有立功表现的，可以减为 22 年有期徒刑；确有悔改表现并有立功表现的，可以减为 21 年以上 22 年以下有期徒刑；有重大立功表现的，可以减为 20 年以上 21 年以下有期徒刑；确有悔改表现并有重大立功表现的，可以减为 19 年以上 20 年以下有期徒刑。无期徒刑罪犯减为有期徒刑后再减刑时，减刑幅度依照 2016《规定》第 6 条的规定执行。两次减刑间隔时间不得少于 2 年。

4. 对被判处无期徒刑的职务犯罪罪犯，破坏金融管理秩序和金融诈骗犯罪罪犯，组织、领导、参加、包庇、纵容黑社会性质组织犯罪罪犯，危害国家安全犯罪罪犯，恐怖活动犯罪罪犯，毒品犯罪集团的首要分子及毒品再犯，累犯以及因故意杀人、强奸、抢劫、绑架、放火、爆炸、投放危险物质或者有组织的暴力性犯罪的罪犯，确有履行能力而不履行或者不全部履行生效裁判中财产性判项的罪犯，数罪并罚被判处无期徒刑的罪犯，符合减刑条件的，执行 3 年以上方可减刑，减刑幅度应当比照 2016《规定》第 8 条从严掌握，减刑后的刑期最低不得少于 20 年有期徒刑；减为有期徒刑后再减刑时，减刑幅度比照 2016《规定》第 6 条从严掌握，一次不超过 1 年有期徒刑，两次减刑之间应当间隔 2 年以上。上述罪犯有重大立功表现的，可以不受上述减刑起始时间和间隔时间的限制。

5. 被判处死刑缓期二年执行的罪犯减为无期徒刑后，符合减刑条件的，执行 3 年以上方可减刑。减刑幅度为：确有悔改表现或者有立功表现的，可以减为 25 年有期徒刑；确有悔改表现并有立功表现的，可以减为 24 年以上 25 年以下有期徒刑；有重大立功表现的，可以减为 23 年以上 24 年以下有期徒刑；确有悔改表现并有重大立功表现的，可以减为 22 年以上 23 年以下有期徒刑。被判处死刑缓期执行的罪犯减为有期徒刑后再减刑时，比照 2016《规定》第 8 条的规定办理。

6. 对被判处死刑缓期二年执行的职务犯罪罪犯，破坏金融管理秩序和金融诈骗犯罪罪犯，组织、领导、参加、包庇、纵容黑社会性质组织犯罪罪犯，危害国家安全犯罪罪犯，恐怖活动犯罪罪犯，毒品犯罪集团的首要分子及毒品再犯，累犯以及因故意杀人、强奸、抢劫、绑架、放火、爆炸、投放危险物质或者有组织的暴力性犯罪的罪犯，确有履行能力而不履行或者不全部履行生效裁判中财产性判项的罪犯，数罪并罚被判处死刑缓期执行的罪犯，减为无期徒刑后，符合减刑条件的，执行 3 年以上方可减刑，一般减为 25 年有期徒刑，有立功表现或者重大立功表现的，可以比照 2016《规定》第 10 条减为 23 年以上 25 年以下有期徒刑；减为有期徒刑后再减刑时，减刑幅度比照 2016《规定》第 6 条从严掌握，一次不超过 1 年有期徒刑，两次减刑之间应当间隔 2 年以上。

7. 被判处死刑缓期二年执行的罪犯经过一次或者几次减刑后，其实际执行的刑期不得少于 15 年，死刑缓期执行期间不包括在内。死刑缓期执行罪犯在缓期执行期间不服从监管、抗拒改造，尚未构成犯罪的，在减为无期徒刑后再减刑时应当适当从严。

8. 被限制减刑的死刑缓期二年执行罪犯，减为无期徒刑后，符合减刑条件的，执行 5 年以上方可减刑。减刑间隔时间和减刑幅度依照 2016《规定》第 9 条的规定执行。

9. 被限制减刑的死刑缓期二年执行罪犯，减为有期徒刑后再减刑时，一次减刑不超过 6 个月有期徒刑，两次减刑间隔时间不得少于 2 年。有重大立功表现的，间隔时间可以适当缩短，但一次减刑不超过 1 年有期徒刑。

10. 对被判处终身监禁的罪犯，在死刑缓期二年执行期满依法减为无期徒刑的裁定中，应当明确终身监禁，不得再减刑或者假释。

11. 被判处管制、拘役的罪犯，以及判决生效后剩余刑期不满 2 年有期徒刑的罪犯，符合减刑条件的，可以酌情减刑，减刑起始时间可以适当缩短，但实际执行的刑期不得少于原判刑期的 1/2。

12. 被判处有期徒刑罪犯减刑时，对附加剥夺政治权利的期限可以酌减。酌减后剥夺政治权利的期限，不得少于 1 年。被判处死刑缓期二年执行、无期徒刑的罪犯减为有期徒刑时，应当将附加剥夺政治权利的期限减为 7 年以上 10 年以下，经过一次或者几次减刑后，最终剥夺政治权利的期限不得少于 3 年。

13. 被判处拘役或者 3 年以下有期徒刑，并宣告缓刑的罪犯，一般不适用减刑。此类罪犯在缓刑考验期内有重大立功表现的，可以参照《刑法》第 78 条的规定予以减刑，同时应当依法缩减其缓刑考验期。缩减后，拘役的缓刑考验期限不得少于 2 个月，有期徒刑的缓刑考验期限不得少于 1 年。

14. 对在报请减刑前的服刑期间不满 18 周岁，且所犯罪行不属于《刑法》第 81 条第 2 款规定情形的罪犯，认罪悔罪，遵守法律法规及监规，积极参加学习、劳动，应当视为确有悔改表现。对上述罪犯减刑时，减刑幅度可以适当放宽，或者减刑起始时间、间隔时间可以适当缩短，但放宽的幅度和缩短的时间不得超过本规定中相应幅度、时间的 1/3。

15. 老年罪犯、患严重疾病罪犯或者身体残疾罪犯减刑时，应当主要考察其认罪悔罪的实际表现。对基本丧失劳动能力，生活难以自理的上述罪犯减刑时，减刑幅度可以适当放宽，或者减刑起始时间、间隔时间可以适当缩短，但放宽的幅度和缩短的时间不得超过本规定中相应幅度、时间的 1/3。

16. 被判处有期徒刑、无期徒刑的罪犯在刑罚执行期间又故意犯罪，新罪被判处有期徒刑的，自新罪判决确定之日起 3 年内不予减刑；新罪被判处无期徒刑的，自新罪判决确定之日起 4 年内不予减刑。罪犯在死刑缓期执行期间又故意犯罪，未被执行死刑的，死刑缓期执行的期间重新计算，减为无期徒刑后，5 年内不予减刑。被判处死刑缓期执行罪犯减刑后，在刑罚执行期间又故意犯罪的，依照相关规定处理。

（二）关于贪污贿赂罪犯减刑的补充规定

2019 年，最高人民法院制定了《关于办理减刑、假释案件具体应用法律的补充规定》，进一步严格规范了《刑法修正案（九）》施行后，依照《刑法》分则第八章贪污贿赂罪判处刑罚的原具有国家工作人员身份罪犯的减刑。

上述罪犯被判处 10 年以上有期徒刑，符合减刑条件的，执行 3 年以上方可减刑；被判处不满 10 年有期徒刑，符合减刑条件的，执行 2 年以上方可减刑。确有悔改表现或者有立功表现的，一次减刑不超过 6 个月有期徒刑；确有悔改表现并有立功表现的，一次减刑不超过 9 个月有期徒刑；有重大立功表现的,一次减刑不超过1年有期徒刑。被判处10年以上有期徒刑的,两次减刑之间应当间隔两年以上;被判处不满10年有期徒刑的,两次减刑之间应当间隔1年6个月以上。

上述罪犯被判处无期徒刑,符合减刑条件的,执行4年以上方可减刑。确有悔改表现或者有立功表现的,可以减为23年有期徒刑;确有悔改表现并有立功表现的,可以减为22年以上23年以下有期徒刑;有重大立功表现的,可以减为21年以上22年以下有期徒刑。无期徒刑减为有期徒刑后再减刑时,确有悔改表现或者有立功表现的,一次减刑不超过6个月有期徒刑;确有悔改表现并有立功表现的,一次减刑不超过9个月有期徒刑;有重大立功表现的,一次减刑不超过1年有期徒刑。两次减刑之间应当间隔2年以上。

被判处死刑缓期执行的,减为无期徒刑后,符合减刑条件的,执行4年以上方可减刑。确有悔改表现或者有立功表现的,可以减为25年有期徒刑;确有悔改表现并有立功表现的,可以减为24年6个月以上25年以下有期徒刑;有重大立功表现的,可以减为24年以上24年6个月以下有期徒刑。减为有期徒刑后再减刑时,确有悔改表现或者有立功表现的,一次减刑不超过6个月有期徒刑;确有悔改表现并有立功表现的,一次减刑不超过9个月有期徒刑;有重大立功表现的,一次减刑不超过1年有期徒刑。两次减刑之间应当间隔2年以上。

上述罪犯拒不认罪悔罪的,或者确有履行能力而不履行或者不全部履行生效裁判中财产性判项的,一般不予减刑。罪犯有重大立功表现的,减刑时可以不受上述起始时间和间隔时间的限制。

第二节 假释检察

假释,是对被判处有期徒刑、无期徒刑的犯罪分子,在执行一定刑期之后,因其遵守监规,接受教育和改造,确有悔改表现,不致再危害社会,而附条件地将其予以提前释放的制度。假释是一项重要的刑罚执行制度,正确地适用假释,把那些经过一定服刑期间确有悔改表现、没有必要继续关押改造的罪犯放到社会上进行改造,可以有效地鼓励犯罪分子服从教育和改造，使之早日复归社会，有利于化消极因素为积极因素。

一、假释的对象

《刑法》第 81 条规定，被判处有期徒刑的犯罪分子，执行原判刑期 1/2 以上，被判处无期徒刑的犯罪分子，实际执行 13 年以上，如果认真遵守监规，接受教育改造，确有悔改表现，没有再犯罪的危险的，可以假释。如果有特殊情况，经最高人民法院核准，可以不受上述执行刑期的限制。对累犯以及因故意杀人、强奸、抢劫、绑架、放火、爆炸、投放危险物质或者有组织的暴力性犯罪被判处 10 年以上有期徒刑、无期徒刑的犯罪分子，不得假释。

（一）从宽假释对象

1. 过失犯罪的罪犯、中止犯罪的罪犯、被胁迫参加犯罪的罪犯。
2. 因防卫过当或者紧急避险过当而被判处有期徒刑以上刑罚的罪犯。
3. 犯罪时未满 18 周岁的罪犯。
4. 基本丧失劳动能力、生活难以自理，假释后生活确有着落的老年罪犯、患严重疾病罪犯或者身体残疾罪犯。
5. 服刑期间改造表现特别突出的罪犯。
6. 具有其他可以从宽假释情形的罪犯。

罪犯既符合法定减刑条件，又符合法定假释条件的，可以优先适用假释。

（二）从严假释对象

1. 对累犯以及因故意杀人、强奸、抢劫、绑架、放火、爆炸、投放危险物质或者有组织的暴力性犯罪被判处 10 年以上有期徒刑、无期徒刑的罪犯，不得假释。因上述情形和犯罪被判处死刑缓期二年执行的罪犯，被减为无期徒刑、有期徒刑后，也不得假释。
2. 对于生效裁判中有财产性判项，罪犯确有履行能力而不履行或者不全部增加履行的，不予假释。
3. 最高人民法院《关于办理减刑、假释案件具体应用法律的补充规定》明确，对于《刑法修正案（九）》施行后，依照《刑法》分则第八章贪污贿赂罪判处刑罚的原具有国家工作人员身份罪犯适用假释时，应当从严掌握。对拒不认罪悔罪的，或者确有履行能力而不履行或者不全部履行生效裁判中财产性判项的，不予假释。

二、适用假释的条件

(一) 法定的实质条件

确有悔改表现,假释后不致再危害社会。这是适用假释的实质条件或者关键条件。犯罪分子同时具备以下四个方面情形的,应当认为"确有悔改表现":认罪服法;遵守罪犯改造行为规范和监狱纪律;积极参加政治、文化、技术学习;积极参加劳动,爱护公物,完成劳动任务。

2016《规定》进一步明确,办理假释案件,认定"没有再犯罪的危险",除符合《刑法》第81条规定的情形外,还应当根据犯罪的具体情节、原判刑罚情况,在刑罚执行中的一贯表现,罪犯的年龄、身体状况、性格特征,假释后生活来源以及监管条件等因素综合考虑。可以从以下几个方面考虑:

第一,原判犯罪的性质及危害程度。犯罪的性质以及危害程度直接反映罪犯的主观恶性,也可根据此判断社区民众是否接受罪犯。一般而言,犯罪性质越恶劣、危害程度越严重,罪犯的人身危险性就越大,改造难度就越大,社区民众同意罪犯返回社区的可能性就越低。

第二,罪犯人格状况是否正常。罪犯的人格状况、心理状态也是影响其是否再实施犯罪的重要因素。在对罪犯进行人格调查时,首先要关注罪犯犯罪前的一贯表现。如是否有前科、品行表现、工作情况等。若其前科劣迹斑斑,以偷盗为业或者经常参加违法犯罪活动,通常不予假释。其次要关注罪犯犯罪的原因。如是否为偶然犯罪、是否具有报复社会目的等。若其为有预谋犯罪或者具有强烈的反社会心理,通常不予假释。最后要考察罪犯的心理状态和性格特征,主要包括罪犯遇事时的喜怒表现、处理方式、情绪变化以及罪犯对其犯罪行为的认识,对他人、社会的态度。

第三,罪犯的悔改态度。罪犯是否真诚悔改,是考量罪犯是否有可能再实施犯罪的重要因素。在衡量罪犯是否真诚悔改时,既要全面审查其服刑期间的一贯表现,又要考察其犯罪后的态度。

第四,罪犯假释后的监管条件和生活出路。具体而言,应当考察罪犯假释后的家庭情况、可能就业情况、社区矫正开展情况、拟居住社区情况等,特别是其家庭生活背景状况及其家庭人员的素质、经济状况、对罪犯的态度以及社区的防范措施是否健全、齐备。

(二) 法定的刑罚执行时间条件

依照《刑法》第 81 条的规定,被假释的犯罪分子除具备上述条件外,还须已实际执行一部分刑罚。被判处有期徒刑的罪犯假释时,须执行原判刑期 1/2 以上,时间应当从判决执行之日起计算,判决执行以前先行羁押的,羁押 1 日折抵刑期 1 日。

被判处无期徒刑的罪犯假释时,实际执行刑期不得少于 13 年,应当从判决生效之日起计算。判决生效以前先行羁押的时间不予折抵。被判处死刑缓期二年执行的罪犯减为无期徒刑或者有期徒刑后,实际执行 15 年以上,方可假释,该实际执行时间应当从死刑缓期执行期满之日起计算。死刑缓期执行期间不包括在内,判决确定以前先行羁押的时间不予折抵。

罪犯减刑后又假释的,间隔时间不得少于 1 年;对一次减去 1 年以上有期徒刑后,决定假释的,间隔时间不得少于 1 年 6 个月。

罪犯减刑后余刑不足两年,决定假释的,可以适当缩短间隔时间。

三、假释的撤销

罪犯在假释考验期内违反法律、行政法规或者国务院有关部门关于假释的监督管理规定的,作出假释裁定的人民法院,应当在收到报请机关或者检察机关撤销假释建议书后及时审查,作出是否撤销假释的裁定,并送达报请机关,同时抄送人民检察院、公安机关和原刑罚执行机关。

第三节 暂予监外执行检察

暂予监外执行是指对于被判处有期徒刑或者拘役的罪犯,由于符合法定情形,决定暂不收监或者收监以后又决定改为暂时监外服刑,由社区矫正机构负责执行的刑罚执行制度。这一制度的设立体现了我国惩罚罪犯与改造罪犯相结合和人道主义的刑事政策,有利于对罪犯的教育、感化、挽救。暂予监外执行制度是一项重要的刑罚执行制度。我国《刑事诉讼法》第 265 条规定,对被判处有期徒刑或者拘役的罪犯,有下列情形之一的,可以暂予监外执行:(1)有严重疾病需要保外就医的;(2)怀孕或者正在哺乳自己婴儿的妇女;(3)生活不能自理,适用暂予监外执行不致危害社会的。对被判处无期徒刑的罪犯,有上述第二项规定情形的,可以暂予监外执行。

一、暂予监外执行的对象

暂予监外执行的对象为被判处有期徒刑或者拘役的罪犯,但是被判处无期徒刑的怀孕或者正在哺乳自己婴儿的妇女,也可以适用暂予监外执行。

二、暂予监外执行的实质条件

(一)患有严重疾病需要保外就医的

"严重疾病"应属于最高人民法院、最高人民检察院、公安部、司法部、国家卫生计生委《暂予监外执行规定》所附的《保外就医严重疾病范围》规定的十九类严重疾病。

(二)怀孕或者正在哺乳自己婴儿的妇女

怀孕妇女是指刑事判决、裁定生效时或交付执行后正在怀孕的,正在哺乳是指哺乳自己不满一周岁的婴儿。

对罪犯的病情诊断或者妊娠检查,应当委托省级人民政府指定的医院进行。医院出具的病情诊断或者检查证明文件,应当由两名具有副高以上专业技术职称的医师共同作出,经主管业务院长审核签名,加盖公章,并附化验单、影像学资料和病历等有关医疗文书复印件。

(三)生活不能自理,适用暂予监外执行不致危害社会的

生活不能自理,是指罪犯因患病、身体残疾或者年老体弱,日常生活行为需要他人协助才能完成的情形。

生活不能自理的鉴别参照《劳动能力鉴定 职工工伤与职业病致残等级》分级执行。进食、翻身、大小便、穿衣洗漱、自主行动等五项日常生活行为中有三项需要他人协助才能完成,且经过6个月以上治疗、护理和观察,自理能力不能恢复的,可以认定为生活不能自理。65周岁以上的罪犯,上述五项日常生活行为有一项需要他人协助才能完成即可视为生活不能自理。对罪犯生活不能自理情况的鉴别,由监狱、看守所组织有医疗专业人员参加的鉴别小组进行。鉴别意见由组织鉴别的监狱、看守所出具,参与鉴别的人员应当签名,监狱、看守所的负责人应当签名并加盖公章。

三、暂予监外执行从严、从宽的规定

第一，对需要保外就医或者属于生活不能自理，但适用暂予监外执行可能有社会危险性，或者自伤自残，或者不配合治疗的罪犯，不得暂予监外执行。

第二，对职务犯罪、破坏金融管理秩序和金融诈骗犯罪、组织（领导、参加、包庇、纵容）黑社会性质组织犯罪的罪犯适用保外就医应当从严审批，对患有高血压、糖尿病、心脏病等严重疾病，但经诊断短期内没有生命危险的，不得暂予监外执行。

第三，对在暂予监外执行期间因违法违规被收监执行或者因重新犯罪被判刑的罪犯，需要再次适用暂予监外执行的，应当从严审批。

第四，对需要保外就医或者属于生活不能自理的累犯以及故意杀人、强奸、抢劫、绑架、放火、爆炸、投放危险物质或者有组织的暴力性犯罪的罪犯，原被判处死刑缓期二年执行或者无期徒刑的，应当在减为有期徒刑后执行有期徒刑7年以上方可适用暂予监外执行；原被判处10年以上有期徒刑的，应当执行原判刑期1/3以上方可适用暂予监外执行。

第五，对未成年罪犯、65周岁以上的罪犯、残疾人罪犯，适用上述规定可以适度从宽。

第六，患有《保外就医严重疾病范围》规定的严重疾病，短期内有生命危险的罪犯，可以不受前述关于执行刑期的限制。

四、暂予监外执行收监及刑期计算

（一）收监的条件

《刑事诉讼法》第268条第1款规定，对暂予监外执行的罪犯，有下列情形之一的，应当及时收监：（1）发现不符合暂予监外执行条件的；（2）严重违反有关暂予监外执行监督管理规定的；（3）暂予监外执行的情形消失后，罪犯刑期未满的。

（二）刑期计算

一般情况下，监外执行时间是可以抵刑期的，监外执行1日即相当于在监狱服刑1日。但是出现以下特殊情况，监外执行时间不能抵用刑期。我国《刑事诉讼法》第268条第3款规定，不符合暂予监外执行条件的罪犯通过贿赂等非法手段被暂予监外执行的，在监外执行的期间不计入执行刑期；罪犯在暂予监外执行期间脱逃的，脱逃的期间不计入执行刑期。

第四章　罪犯死亡检察

罪犯死亡检察，是指人民检察院监狱检察部门根据法律、法规和其他规范性文件的规定，对有关监管场所发生的罪犯死亡事件依法予以受理，进行审查和调查，并根据审查和调查情况作出相应处理等一系列检察监督活动的统称。罪犯死亡检察，既是人民检察院监狱检察部门的法定职责，也是监狱检察部门的重点工作之一。依法履行好罪犯死亡检察职责，对保障罪犯合法权益，维护监管场所安全和社会和谐稳定，保障刑事诉讼活动顺利进行，都有着重要的意义。

罪犯死亡检察的范围是在检察机关依法承担派驻检察或者巡回检察任务的监管场所内发生的罪犯死亡事件，均属于罪犯死亡检察的范围。对行政拘留所、强制戒毒所等场所发生的被监管人死亡事件，由于法律、法规没有赋予监狱检察部门对这些场所实行法律监督的职责。因此，对这些场所发生的被监管人死亡事件，监狱检察部门一般不予受理。

第一节　罪犯正常死亡检察

罪犯死亡分为正常死亡和非正常死亡。正常死亡是指因人体衰老或者疾病等原因导致的自然死亡。非正常死亡是指自杀死亡，或者由于自然灾害、意外事故、他杀、体罚虐待、击毙等外部原因作用于人体造成的死亡。一般认为，生老病死是人生命的自然规律，凡是因患病或器官衰竭而引起的死亡，都认为是正常死亡，它是由内在的健康原因或生命正常发展规律导致的死亡，是人自身内部机体作用的结果。

一、因疾病死亡

因疾病死亡主要是罪犯本身患有慢性疾病或重大疾病，在羁押的过程中发作，经过治疗抢救无效死亡。主要有两种情形：一是监所外已知病症，经治疗确诊救治无效死亡，监管场所和罪犯及其家属对罪犯病症和病情发展明确知晓，有的经过长期治疗，罪犯及其家属有充分的心理准备，因此罪犯正常死亡情况比较容易处置。二是监所内突然发病，经治疗确诊救治无效死亡，在医疗诊断上，它经常表现为罪犯猝死。据山东省某地检察机关对罪犯死亡事件分析因疾病死亡的案件有以下特点：（1）发病突然，死亡急骤，多数在72小时内死亡。（2）疾病原因相对集中，集中在心脏及大血管原发性疾病、脑血管原发性疾病、心脑血管疾病并发肺部疾病。（3）心脑血管疾病死亡的案例多伴有高血压病史，应属于高血压疾病的并发症。一些罪犯在入所（狱）进行身体检查时，罪犯自述或狱医发现其有糖尿病、高血压、肝炎或癌症等病症，或因罪犯涉及案情重大、刑期较长，不符合取保候审、监视居住和保外就医的条件，或因罪犯的家庭害怕承担巨额的医疗费用而不予接受，监管场所和办案机关难以作出取保候审、监视居住和保外就医的决定。这些罪犯在监管场所羁押期间，往往承受着巨大的心理压力，情绪不稳定，加之监管场所财力有限，治疗设施不完备，也会造成罪犯在监管场所因疾病死亡的发生。

二、自然死亡

一些罪犯因羁押时间较长，在监管场所因年老力衰、器官机能衰竭而自然死亡，大多是监狱中年龄在60岁以上因严重刑事犯罪被判死缓、无期徒刑而长期服刑的罪犯。

罪犯正常死亡检察的关键在于对罪犯死因的认定，如认定罪犯死亡原因系因病死亡，应按照《监狱法》、最高人民检察院《关于监管场所被监管人死亡检察程序的规定（试行）》以及《人民检察院监狱检察办法》等由监管场所负责对罪犯死因进行鉴定，担负派驻或者巡回检察任务的人民检察院接到监管场所发生罪犯死亡报告后，应当立即受理，并开展审查、调查和相关处理工作。县级人民检察院担负派驻或者巡回检察任务的监管场所发生罪犯死亡事件的，由地市级人民检察院负责审查、调查和相关处理工作，或者组织、指导县级人民检察院开展审查、调查和相关处理工作。地市级以上人民检察院担负派驻或者巡回检察任务的监管场所发生罪犯死亡事件的,由本院负责审查、调查和相关处理工作。专门担负监管场所检察任务的派出检察院负责本辖区监管场所罪犯死亡事件的审查、调查和相关处理工作。重大、敏感、社会关注的罪犯死亡事件,由省级人民检察院负责审查、调查处理或者组织办理。

第二节 罪犯非正常死亡检察

根据现行法律法规和司法实践,罪犯死亡分为正常死亡和非正常死亡。非正常死亡多数是由外部作用或部分内部因素相互作用导致的死亡,是外力引起的结果,例如火灾、溺水、传染性疫情等自然灾难,或工伤、医疗事故、交通事故、自杀、他杀、受伤害等人为事故致死。对于原因不明的死亡,应先作为非正常死亡对待和处理,待查明死亡原因后再结合具体案情,判断是正常死亡还是非正常死亡。非正常死亡由于是外界作用的结果,多是突发事件或意外事故,时间上比较急骤、短促。

1962年4月11日公安部十一局《关于如何划分正常死亡与非正常死亡界限问题的答复》指出,应当根据死亡原因,逐个作具体分析,例如:自杀、逃跑击毙、工伤致死、自然灾害致死、医疗事故致死、虐待折磨致死,患浮肿、干瘦病致死,以及由于不顾体力消耗与体力恢复的平衡,强制过度劳动,甚至强制病号出工,以致发生成批死亡等,都应视作非正常死亡。2011年12月29日,最高人民检察院、公安部、民政部共同出台的《看守所在押人员死亡处理规定》第2条规定:"在押人员死亡分为正常死亡和非正常死亡。正常死亡是指因人体衰老或者疾病等原因导致的自然死亡。非正常死亡是指自杀死亡,或者由于自然灾害、意外事故、他杀、体罚虐待、击毙等外部原因作用于人体造成的死亡。"

一、自杀

自杀是罪犯通过各种手段自我结束生命。主要有用毛巾、布条自缢死亡,用锐器(刀片、玻璃、针类等)割刺心脏、颈部和手腕动脉等身体要害部位死亡,绝食死亡,吞食过量药品、牙刷和劳动材料(香蕉水、锡纸、模板等）死亡等。

二、被殴打致死

监管场所是一个封闭的场所，罪犯也是鱼龙混杂，一些罪犯在监室里拉帮结派，称王称霸，为非作歹，为争夺狱内资源或对不服从自己控制的罪犯进行欺压、殴打，严重的导致罪犯死亡。

三、体罚虐待致死

监管干警在执法监管过程中对罪犯体罚虐待也是造成罪犯死亡的主要因素。体罚虐待不仅限于殴打等暴力手段，还应包括采用冻、热、饿等不人道方式进行折磨的变相肉刑。

四、生产事故致死

这类死亡在监狱劳动改造现场发生频率较高。主要表现形式有触电、坠落、机械伤害、火灾、塌压等。

五、其他

除上述四种死亡形式外，罪犯在监管场所羁押过程中，也可能因其他原因死亡。如罪犯在羁押期间患病，因监管场所不具备医疗条件造成诊治延误甚至医疗事故而死亡。一些监管场所监管干警为了加强监管，对不服从管教的罪犯滥施戒具、禁闭措施，触发罪犯原发性疾病或造成动脉栓塞，致其死亡。

第三节 罪犯死亡的检察处理

一、确定罪犯死亡的原因

司法实践中，罪犯死亡有正常死亡和非正常死亡两种情形，正常与非正常多数需要从死亡的原因上来区别。而罪犯的死亡原因是多方面的，有时甚至是很复杂的。按世界卫生组织在《国际疾病分类》的定义，所有直接导致或间接促进死亡的疾病、病情和损伤，以及任何造成这类损伤的事故或暴力的情况称为死因。监管场所发生罪犯死亡的，监狱检察人员接报后，应立即赶赴死亡现场，进行现场检察，查明死亡原因，这是死亡案件检察监督最重要的环节。对罪犯死亡原因的确定直接关系到对死亡性质的认定。

（一）尸体检查

监狱检察人员会同本院技术部门法医对死亡罪犯的尸表进行检验，仔细查看尸体的位置、姿态、尸体周围的环境和情况，注意发现尸体周围痕迹和物品的情况，对尸体的衣着、身长、体格状况、皮肤颜色等特征进行观察测量；观察尸体是否已出现尸斑、尸僵现象，尸体是否开始腐败，腐败的程度如何。需要查看尸体各部位是否有损伤，损伤的具体位置、形状、大小、深浅和方向等。在尸体检查过程中，对整个检查情况进行照相或摄像固定，制作尸表检查笔录。

（二）现场勘验

罪犯死亡现场首先要解决的是判断死因和死亡性质，而死因及死亡性质的判断，特别是死亡性质的判断，除对尸体进行检验外，不可或缺的工作就是现场勘验。至于分析死者身上损伤的形成以及临终前的活动状况等问题，也主要依赖于现场勘验。现场勘验是指检察人员对案发现场及其他留有犯罪物品、痕迹的场所进行的专门调查。现场勘验的主要任务是运用照相、摄像等技术手段客观、全面地记录现场原始状况，运用科学技术手段发现、固定、提取与案件有关的痕迹物证，如罪犯使用的工具和现场遗留物（衣物、毛发、血迹、书信、烟头等可见物），在现场勘验后及时绘制现场图，制作现场勘验笔录，依法调查罪犯、监管人员、狱医等相关人员。其目的是准确判断罪犯死亡原因和相关人员的责任，依法作出妥善处理。监狱检察人员重点对罪犯死亡现场的位置、概况、尸体在现场的位置、姿势、衣着，现场遗留的血迹、凶器，以及现场是否具备罪犯死亡等客观条件进行全面、细致、客观的勘验，对于与罪犯死亡有关的各种物品、痕迹、文件、材料，应当细心观察，十分留意，需要时可以反复多次进行勘验和检查，不放过任何蛛丝马迹。

（三）司法鉴定

现行法律法规规定，监管场所发生罪犯死亡的，监狱检察人员通过尸体检查和现场勘验，综合医院抢救资料、基本案情和罪犯家属的表述，对能直接判定罪犯死亡原因的，确定自然死亡的，宜认定监管场所的医疗意见。对罪犯因病死亡，检察机关或罪犯家属对监管场所的医疗鉴定有（疑义）异议，以及非因病老等自然原因死亡的，监狱检察人员可请检察技术部门对罪犯死亡原因进行审查和司法鉴定。检察技术部门法医进行全面、细致、系统的尸体解剖工作，并取材进行病理组织学检验，以确定罪犯死亡原因。特别是对罪犯猝死和非正常死亡的，应格外注意某些细节，确定罪犯猝死、非正常死亡的各种类型和内外作用力的参与情况，以便准确区分罪犯死亡的性质。

二、检察监管执法情况

监狱检察人员在对死亡罪犯进行尸体检查、现场勘验和邀请检察技术部门法医进行司法鉴定的同时，必须对监管场所的监管执法情况和罪犯案情进行外围调查。监狱检察人员有权对近一时期监管场所的监管执法情况进行调查取证，固定、封存监控录像，查封监管人员执法登记账簿，对监管干警、罪犯、医生、死者家属等了解死亡事件的人进行调查讯问，听取相关陈述，提取、收集与罪犯死亡事件有关的如凶器、血衣、呕吐物、痕迹等物证、书证等各种证据材料。要重点审查监管干警管理执法情况，是否存在不认真履行职责，不按时巡视监室，作风粗暴简单，滥用职权，稍不如意就殴打虐待罪犯；对牢头狱霸殴打罪犯的事件不进行制止或熟视无睹，或采取措施不当，致使事态进一步恶化、扩散；对新入所、死缓犯罪犯等重点人员，没有进行思想疏导，致使罪犯因心理压力过大发生自杀；不按规定要求进行面对面管理，安全防范管理措施不到位；对患有疾病的罪犯不关心、不照顾，甚至认为罪犯不服从管教，从而加大管理力度，恶意加戴戒具或关禁闭室，导致罪犯致伤、致死事件的发生。监狱检察人员通过对案情和监管执法情况的调查，发现监管干警有渎职侵权等违法犯罪情形的，应立即启动对职务犯罪案件的调查。

三、确定死亡性质

罪犯死亡原因查明后，最关键也是最重要的就是对死亡性质的认定。罪犯死亡性质需由监狱检察人员综合案情调查、现场勘验和法医学（或医学）鉴定三个方面的情况分析才能确定。死亡性质是从法律属性上讲的，它是指罪犯是正常死亡还是非正常死亡。一般来说罪犯正常死亡还是非正常死亡所引发的后续法律程序和后果是不一样的。前者的后续程序主要由监管机关处理，如果是后者，即意味着检察监督的后续工作将大量开展，包括将鉴定意见告知家属，对监管民警涉嫌职务犯罪的进行责任追究，对其他监管人员殴打、体罚虐待等行为追究刑事责任。但在司法实践中，监狱检察人员对死亡检察工作的开展情况并不完全依据罪犯死亡性质。由于罪犯死亡情形的复杂性，一些在法医学上可以认定为正常死亡的，也不当然排除监管场所的执法责任，这是由罪犯死亡的诸多因素叠加促成的。现有法律法规的基本规定是对监管人员非正常死亡或非正常死亡可能的，应当进行法医鉴定。要求在短时间内（48 小时内）未经医学鉴定之前对死亡原因作出清楚判断是不现实的。实践中，监狱检察人员接到通知后，经过勘验和初步调查，除因自杀、自伤、劳动事故、较明显暴力侵害等造成的死亡外，对一些无法确定属于正常死亡还是非正常死亡的案件，确定为正常死亡担心失职，又不能仓促确定为非正常死亡，这往往使检察监督工作陷入被动。因此，必须扭转在第一时间必须判断出罪犯是否正常死亡的观念，而应将重点放在死亡原因的调查核实上，凡经过调查仍然对死者的死因有疑问的，必须进行法医鉴定，只有在死因明确后才能区分是否为正常死亡。换言之，猝死或死因不明的死亡非经法医鉴定不能认为正常死亡，即使罪犯非正常死亡的其他证据非常明确，也不能简单认为不用再进行司法鉴定，而应等待检察机关司法鉴定人员对罪犯尸体解剖检验的意见，确定罪犯死亡原因，作为检察机关调查的内容。

四、监督监管场所处置情况

监管场所发生罪犯死亡的，首先由监管场所立即通知人民检察院和罪犯家属，同时进行现场保护，形成罪犯死亡原因的初步鉴定意见。监狱检察人员到达现场后，认真听取监管场所对罪犯死亡原因的初步意见，并且对死亡原因、医疗抢救处置行动等进行法律监督。监管场所应向罪犯家属说明罪犯死亡原因、死亡经过，解答家属提出的问题，安排家属查看尸体。监管场所根据死亡的不同原因，依法作出不同处理。对罪犯正常死亡，且监管场所没有监管执法过错的，协助罪犯家属领取罪犯遗物，对尸体进行火化和骨灰处理。对非正常死亡的，监管场所应当区分不同情况处理。如果监管场所监管干警涉嫌殴打体罚虐待罪犯致死或罪犯不堪虐待而自杀的，检察机关应依法进行立案侦查，并由监管场所依照国家规定予以赔偿。对罪犯工伤死亡或交通事故等发生死亡的，监管场所应给予其家属劳动补偿金、安抚金或发放一次性死亡补助金。监管场所对罪犯死亡的处理情况，检察机关应全程、全面进行检察监督，保护罪犯家属的知情权、参与权、申请司法鉴定权及获得经济赔偿和救助的民事权利，严厉查处监管场所的渎职侵权行为，维护罪犯及其家属的合法权益和司法公正。[①]

第四节 罪犯死亡检察难点问题

一、猝死

罪犯死亡中比较复杂的是猝死，既具备正常死亡的特征，也具有非正常死亡的一些特性，且有的罪犯在入监体检时没有发现任何外伤和身体不适，在短期内死亡，容易引起罪犯亲属的质疑，这时就应坚持按照非正常死亡检察程序处理，由法医进行法医学鉴定，以确定罪犯的最终死因。

在司法实践中，罪犯猝死往往是由于罪犯长期处于高度紧张或躁动状态，或者在其他因素诸如轻微外伤或冷热刺激、罪犯自身的生理情况、特定的强制性体位等的作用下发生的罪犯死亡。[②] 猝死具有疾病的潜在性、死亡的意外性和死亡的急骤性等特点。医学界普遍认为猝死最根本的属性是疾病死，是正常死亡。但由于监管场所的特殊性、监管环境的封闭性和罪犯的复杂性，罪犯发生猝死的，除非经由医学诊断和法医学鉴定，否则很难让罪犯家属信服和接受。如果死亡罪犯身上有外伤或生前与其他罪犯有交恶的情况，更不能仓促认定猝死属正常死亡。对死亡罪犯既有外力作用的痕迹或中毒、电击等迹象，又身患疾病的，监狱检察人员必须在依靠法医鉴定的基础上，确定损伤在猝死中的参与度，结合现场勘验和案情，进行综合分析判断。

一般来讲，如果死亡完全由疾病造成，则外伤与死亡不存在因果关

[①] 袁其国主编：《刑事执行检察业务培训教程》，中国检察出版社2015年版，第287—301页。
[②] 李晓钟、刘德斌编著：《监管场所死亡案件的鉴定与审查》，中国检察出版社2011年版，第220页。

系，不涉及监管干警的法律责任承担，但不能排除监管场所在监管执法过程中存在管理不到位、执法不规范的问题。如果外伤是诱因，疾病是死因，外伤与疾病死亡之间存在间接因果关系，这可能存在监管场所违规执法的问题。在猝死案例中，不应存在外伤是主因，而疾病是诱因的情况，如果有，则死亡原因和死亡性质已经发生转换，从正常死亡转变为非正常死亡，监狱检察人员必须按照罪犯非正常死亡检察程序进行处理。

二、死亡性质

长期以来司法实践中对"正常死亡"和"非正常死亡"的内涵和外延不明确，给罪犯死亡事件的处理与检察工作造成了障碍。一是因为概念不清楚，而带来处理程序的不明确。实践中往往为等待"正常死亡"和"非正常死亡"的医学鉴定，司法机关会拖延案件处理时间，造成当事人家属严重不满。二是仅仅根据鉴定意见"因病死亡"就认定为正常死亡，而不进一步审查，导致监督不到位的问题产生。因病死亡的可能性并不能得出正常死亡的确定性，并以此推论死亡性质的唯一性。实践中，有两种情况需要引起格外重视：一是有病不给治疗或延误治疗，死亡的表象往往是因患疾病正常死亡，但究其真正原因，监管人员存在执法过失应负法律责任。二是因饥饿、寒冷等造成的死亡。此类案件在医院诊治或抢救无效死亡后，诊断书一般是以"猝死""器官功能衰竭"等形式表现出来，而尸体表面又无明显伤痕，不能简单地归为因疾病导致的正常死亡。一些学者和检察人员认为，罪犯正常死亡和非正常死亡的分类不适合监狱检察工作的实践，从监管部门及其工作人员对罪犯的死亡是否应当承担法律责任出发，将罪犯死亡的性质区分为"有责任死亡"与"无责任死亡"，比较符合罪犯死亡检察工作的实际。①

监狱检察部门调查罪犯死因，确定死亡性质，要注意两个方面的问题：一是在委托法医鉴定的同时，必须抓紧时间收集其他证据，如书证、物证、证人证言等。二是要与监管场所的调查有机结合起来，与监管场所及其上级主管部门加强沟通配合。对监管机关收集的证据，应当全面审查和复核，对没有问题的证据予以采纳，对存在问题的证据则要进一步分析与调查。

---

① 袁其国主编：《刑事执行检察业务培训教程》，中国检察出版社2015年版，第287—301页。

三、医疗鉴定

《监狱法》第 55 条规定:"罪犯在服刑期间死亡的,监狱应当立即通知罪犯家属和人民检察院、人民法院。罪犯因病死亡的,由监狱作出医疗鉴定。"

医疗鉴定是指具有卫生行政部门颁发的合法具有医疗资质的医疗机构和具有执业资格的医务人员在医疗活动中为患者生前或死后出具的各类检验报告、病情诊断书或死亡证明书等医疗资料活动。医疗鉴定的责任主体必须是卫生行政部门颁发的具有医疗资质的医疗机构及其医务人员。这里说的"医疗机构"是指按照国务院 1994 年发布的《医疗机构管理条例》取得《医疗机构执业许可证》的机构,"医务人员"是指依法取得执业资格的各类医疗卫生专业技术人员。[①]

医疗鉴定对患者的病情及死亡有证明作用,实践工作中监狱对罪犯死亡多采取了医疗鉴定的方法,在开展罪犯死亡检察时应着重审查进行医疗鉴定的机构及人员是否具备相应资质。

---

① 李晓钟、刘德斌编著:《监管场所死亡案件的鉴定与审查》,中国检察出版社 2011 年版。

第五章 监管场所事故检察

第一节 概 述

一、监管场所事故检察的概念

监狱检察是检察机关依法对刑罚执行和监管活动是否合法实行的法律监督，事故检察是其中之一。监管场所事故检察是检察机关根据法律授权、依法履行法律监督职责进行审理、调查和督促等一系列检察活动的统称，包括对监管场所处理事故活动的监督，受理、报告、审查调查、追究过错责任，协助监管单位建章立制、堵塞漏洞等内容。1992年《人民检察院看守所检察工作规范（试行）》第12条最早出现了监管场所事故检察的内容。2008年最高人民检察院出台的监所检察"四个办法"中"事故检察"正式出现，其相关规定散见于《监狱法》《看守所条例》和《关于监管场所被监管人死亡检察程序的规定（试行）》等规范中。

二、监管场所事故检察的工作原则

（一）客观执法原则

事故检察要"以事实为根据，以法律为准绳"。个别暴露出来的监管场所事故，就是因不能依法监督依法处置，而严重影响了社会公平公正和执法公信力。检察人员一定要认识到监管场所事故原因的复杂性、社会关注的高度敏感性和各方利益的纠缠，尊重客观事实，依法查明事实真相，依法作出处理，妥善处理好监管场所事故。

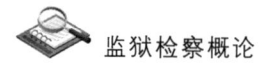

（二）全程监督原则

监管场所事故检察要规范到位，在发生事故后，监狱检察人员应严格依法履行职权，确保全方位全过程监督，及时查明事故真相，依法追究行为人责任，保障罪犯合法权益，维护监管秩序安全。

（三）有限检察原则

事故检察要"法无授权不可为"，一切监督行为必须在法律框架下进行，就是要根据法律的授权开展工作。事故发生后，被监管单位习惯邀请检察机关介入处理全过程，分担责任、分担风险，检察人员必须要认清形势，做到有所为、有所不为。所有的检察活动必须按照法律规定行使，不该管的坚决不管。

第二节 监管场所事故检察的内容及类型

《人民检察院监狱检察办法》"事故检察"一节，专门规定了事故检察的内容：（1）被监管人脱逃、逃跑；（2）被监管人破坏监管秩序；（3）被监管人群体病疫；（4）被监管人伤残；（5）被监管人非正常死亡；（6）其他事故。2018年最高人民检察院《人民检察院监狱检察工作目录》也规定了此类内容：（1）罪犯脱逃；（2）突发公共卫生事件；（3）罪犯伤残；（4）罪犯非正常死亡；（5）其他事故。前述几类监管场所事故，涵盖了监管场所事件的基本类型，对于监狱多发的安全生产事故，例如罪犯非正常死亡和伤残情况，则没有进行详细区分，而是根据监管场所事故的损害形式加以明确。下面根据实践中常见的类型，对监狱事故检察的内容进行阐述。

一、罪犯脱逃事故检察

罪犯脱逃事故是监狱事故的主要表现形式，也是较多发生的事故，是监管工作中难以绝对避免的现象。罪犯脱逃的表现形式有多种，有的利用监管设施的漏洞逃脱；有的在外出提审、辨认现场或劳动时趁监管干警不备逃脱，更有甚者杀害监管干警、抢夺警服和警车、冲击狱门强行脱逃，有的攀爬狱墙、劳动时隐藏在生产现场脱逃。无论是哪种形式的罪犯脱逃,都是监管干警没有认真履行法定职责的表现,是监管干警最严重的玩忽职守行为之一。例如,2009年10月17日下午14点30分左右,呼和浩特第二监狱三监区罪犯董某某、高某、李某某、乔某某用自制凶器将监管民警兰某某杀害,并捆绑控制民警徐某某,罪犯李某某身着抢来的警服,其余罪犯身穿普通便服,从监狱大门干部通道脱逃,在狱外先后劫持两辆出租车潜逃。该案就是因监管场所有多个不履行职责和不正确履行职责的行为,这些行为导致的漏洞和隐患累积到一定程度,最终在他人玩忽职守行为的引发下,发生了罪犯杀警越狱的严重后果。派驻检察人员接到监管场所罪犯脱逃的报告后,除了立即向本院领导和上级院监狱检察部门上报外,应及时赶赴监管场所的脱逃现场,进行现场检察。罪犯脱逃事故检察的内容主要有:

(一)检察监管场所是否根据罪犯脱逃抓捕预案开展追逃工作

发现罪犯脱逃、逃跑后,监管场所应进行以下工作:(1)立即启动追逃应急预案,主要内容包括立即成立追捕工作领导小组,指挥相关部门开展相应工作;立即组织得力干警成立若干抓捕小组。(2)立即勘查脱逃现场。监管干警应当立即赶赴罪犯脱逃现场进行勘查工作,了解罪犯脱逃的具体情况,发现可供追逃工作使用的有用线索。(3)立即开展抓捕工作。如监管场所追逃小组应在监管场所周围、附近道路、车站等地设卡堵截,通知驻狱武警部队、公安机关,启动联防网络开展追逃工作。(4)立案侦查。

(二)检察监管场所的安全警戒设施是否符合标准要求

监管场所的大门、门墙、金属隔离网墙、蛇腹型刀刺网、岗楼、电网、照明、通信、智能监控报警系统,红外线、雷达、泄露电缆等报警装置,狱门值班室、隔离带等,是否符合公安部、司法部颁发的监狱的建设标准,特别是电网老化、断电问题,以及监管场所监室的门窗、放风场、禁闭室、会见室、提审走廊大门的设置管理情况是否符合要求。

(三)检察监管场所规章制度落实情况

罪犯脱逃,大多数是因为没有很好地落实监管制度,使监管规章制度流于形式。要重点检察监管干警摸排危险分子的情况,如对有危险迹象的罪犯是否采取包控等措施;监管干警对违禁、危险物品的管理情况,特别是对"四大危害",即手机、毒品、现金、酒的管理是否到位;监管干警的直接管理是否落实到位。监管实践中,经常出现监管干警利用牢头狱

霸、监狱耳目和勤杂人员进行二次管理，形成对罪犯监管的隔离层，甚至违规使用重刑犯作事务犯，在很多环节上不能实现直接管理，造成信息失真、监管失灵、事故失控。

二、破坏监管秩序事故检察

罪犯破坏监管秩序事故，是监狱事故中比较常见的类型。它是罪犯在集中关押、封闭管理的监管场所中，由于失去人身自由、心情极度烦躁、不安心待在监所，以侵害他人和社会为目的制造危机事件。罪犯在监所内故意制造和实施破坏监管秩序行为，以组织暴狱、哄监闹狱、聚众斗殴、强行冲监、行凶破坏、自伤自残等形式制造混乱，发泄不满，逃避惩罚。罪犯破坏监管秩序事故，严重威胁监管秩序乃至社会秩序的稳定。对监管场所发生破坏监管秩序事故的，检察机关接到监管场所报告后，应首先与监管场所密切配合，控制事态发展，保障生命、财产安全和监管秩序稳定，同时，检察监管场所处置情况是否得力、有效、合法。检察机关要重点对监管场所应对破坏监管秩序事故（含罪犯伤残事故）的措施和善后处置情况进行检察。

（一）检察是否制定了恰当科学的应急预案

监管场所应急预案一般应包括完善的应急组织管理指挥系统，强有力的应急工程救援保障体系，综合协调、应对自如地相互支持系统，充分备灾的保障供应体系，体现综合救援的应急队伍等。监管场所破坏监管秩序应急预案要包括组织领导机构和组成人员，参与处置事故的部门、人员的职责、任务分工和具体应对措施，应急保障和应急处置演练等内容。

（二）检察监管场所处置活动是否科学、合法

重点检察以下方面：监管场所工作人员能否及时赶赴现场，了解情况，评估事故发展趋向，作出科学判断；是否启动相关应急预案，及时有效处置，控制事态发展；是否组织人员快速控制现场，采取措施制服破坏监管秩序的罪犯，同时采取措施维持现场秩序，保障必要设施正常运行，保证监所内危险品处于安全管理之下；对事态逐渐失去控制时，监管场所是否及时启动相关预案，并根据不同情况迅速采取行动；是否恰当发布事故信息。

（三）检察监管场所善后工作是否恰当

破坏监管秩序事故得到妥善处置后，监管场所应进行一系列善后工

作。主要包括分析事故原因,堵塞可能再次引发事故的漏洞(包括设施和管理漏洞),评估事故造成的损失,处理引发事故的监管责任人员,恢复破坏的财物、设施和遭到破坏的监管设施等。

(四)检察监管场所是否落实预防事故规章制度

通过调查询问,查阅档案,检察狱情排查机制是否得到执行和落实;监管人员是否对罪犯进行排查,了解罪犯思想动态和心理情绪,是否存在危险苗头,确定重点,以便进一步加强监管;是否对监管设施的重点部位如门禁、电网、窗户、电子监控设施、安检系统等进行排查,设施是否完好,运行是否正常,有无破坏情况等。对危险物品进行排查,主要针对容易被罪犯用来进行破坏活动的有毒物品、易燃易爆物品,容易形成凶器的生产工具等物品。在重点时段进行排查,主要针对监管干警交接班、就餐、劳动和节假日等监管干警较少的时段。

(五)检察监管干警对罪犯思想教育工作是否到位

加强对罪犯的政治思想改造,提高教育改造质量是确保监管场所安全、减少监管场所事故的基础。罪犯从一入监起,监管干警就应对罪犯进行入监教育,使罪犯转变思想,认识身份,遵守监规,适应监狱生活。监管人员应对罪犯的思想动态经常进行分析排查,对危险、顽固犯和累犯、惯犯以及事务犯、监督岗,监管干警是否按照规定要求进行个别谈话教育,严格控制,以便摸清情况,发现问题,心理干预,制定有针对性的措施。

三、突发公共卫生事件检察

由于监管场所的特殊性,监管场所发生罪犯群体性病疫、中毒、中暑等突发公共卫生事件的概率比外界更大。监管场所生活卫生环境相比外界存在一定的差距,大多数监狱罪犯居住过度拥挤,监室采光和通风条件不足,容易滋生细菌,特别是春季和夏季,更要做好季节性防疫工作,避免罪犯食物中毒和中暑事故的发生。罪犯失去人身自由,缺乏运动,情绪压抑,心理压力大,对未来不确定性的负性心理因素加重了人身机体免疫力下降。监管环境和罪犯因素的叠加,容易导致多种疾病流行,所以监所卫生防疫工作也是监所安全的重点。检察机关对罪犯群体性病疫、中毒、中暑事故检察是保证监所安全健康的重要举措之一,检察人员需要对以下监管场所重要领域和工作进行检察:

（一）监管场所是否把好罪犯收押时的健康检查关

监管场所新收押人员是否由医生进行健康和体表检查，罪犯有无外伤（新伤还是陈旧伤），是否患有严重疾病（精神病和传染病），应如实记录和拍照固定。对罪犯自述有传染病、慢性病或某种家族病史的，要格外注意。检察监管场所是否如实做好健康记录，狱医是否定期加强观察和身体检查，能否与负责巡视管教的监管人员相互通报信息，作出快速反应。

（二）监管场所是否做好食品和饮用水源卫生关

监管场所是否执行上级机关核定的罪犯伙食实物量标准，保证罪犯吃足定量和摄取一定营养，罪犯食品是否新鲜、安全，罪犯厨房和食品加工环节清洁卫生，是否保证罪犯吃熟、吃热，是否向罪犯提供充足的饮用开水。罪犯伙房是否设置食品检验室，并实行饭菜留样备检制度，检验结果记录是否完整。是否将罪犯伙食标准和每周食谱在监室内张贴公示，是否每月结算一次伙食账目并向罪犯公布，接受监督。

（三）是否按要求建立医疗卫生制度

监管场所医生是否每日到监室进行医疗巡视，及时给予患病罪犯治疗并加强跟踪管理；是否建立罪犯患病通报制度，并有书面记录，每天24小时都有医生值班。监管场所医生是否能与监所领导、管教、巡控干部等积极沟通和衔接，加强对罪犯病情发展的掌握，保证安全。

（四）建立卫生防疫制度情况

在春冬和季节交替时节，监管场所是否按要求做好季节性疫情预防工作。是否对监室、监区、办公区、伙房、厕所等公共区域定期消毒；在换季或者病疫流行期间，是否增加消毒次数，并适时发放避暑、防寒、防病药品。

（五）对发生群体性病疫、中毒、中暑的罪犯是否做到早发现、早报告、早隔离和早治疗

监管场所是否建立疾病、传染病疫情处理联动机制，与国家卫生部门制定疾病、传染病处置应急预案，发现疫情苗头，及时处理，防止疫情在监所扩散蔓延。

四、安全生产事故检察

这类事故在监狱的发生频率较高，主要原因是罪犯违章作业或干警监管不力。安全生产事故检察，既要考虑监管场所的自然生产条件，又要考

虑人为因素。派驻检察人员对监管场所安全生产的监督，应集中力量，加大力度，有针对性地进行监督。

（一）加强对监管干警生产现场管理的监督

罪犯的现场劳动，如果始终在监管干警的直接管理之下，监管干警能够认真负责，没有出现管理不善或不到位，就不会出现事故。

（二）加强对生产设备运行状况的日常检察

派驻检察人员与监管场所工作人员应对生产设备定期联合检察，必要时请专业人员配合检察，包括检察罪犯在作业前对自己使用的工具和设备的重要性、危险性、易损部位、安全装置等是否清楚，是否认真进行了检查。并要求他们对所有设备的使用管理，分部位、分阶段负责，落实到人头，形成处处有人管的格局。同时全面检察硬件安全生产设施，发现隐患立即采取措施解决，杜绝带病上岗。

（三）处理事故严格执法，客观公正

监管场所一旦发生安全生产事故，派驻检察人员应立即赶赴现场，会同监管场所和有关部门认真处理。在处理过程中，坚持"三不放过"的原则，即对发生事故的原因分析不清不放过，事故责任者和其他罪犯没有受到教育不放过，没有落实防范措施不放过。

（四）强化法律监督职能，严厉打击生产劳动过程中的各类破坏活动

有的罪犯逃避劳动，出于报复、反抗，出工不出力，故意破坏机器仪板和生产工具，企图制造事故。检察监管场所对顶撞警察、抗拒劳动改造、不服管理的危险分子和重刑犯以及家中出现危难之事或有其他思想波动的重点人员是否强制出工，是否有选择性地安排劳动岗位，并重点管理、跟踪。驻狱检察机关应在查清事实的基础上，依法作出处理，并在罪犯中以案释法，加强教育，扩大影响，有效地遏制潜在的破坏活动。

（五）检察安全教育培训工作是否到位

安全教育培训是监管安全管理工作中的重要组成部分，对监管人员、罪犯进行安全教育培训是防止安全生产事故发生、保障安全生产的重要手段。检察新入监或调换工种的罪犯上岗前是否进行安全教育培训，特殊工种能否持证上岗，监管人员、罪犯是否有未经培训合格就指挥生产、带班跟班和上岗作业的情况。检察监管场所是否组织罪犯每年进行安全技术知识考核和技能比赛，并将安全培训作为罪犯"三课"教育的重要内容。

五、其他造成人员伤亡、财产损失和恶劣影响的事故检察

对监管场所与周边居民因土地边界、产权、劳动等发生冲突以及监管场所外面的人冲撞监所引发的突发性群体事件,检察监管场所能否作出快速反应,第一时间到达现场处置,处置是否文明、合法,措施是否适当,监督监管场所使用警力、警械和强制措施是否合法。同时,协助监管场所做好劝慰、疏散聚集群众工作,进行说服教育和宣传、解释,督促监管场所及时公开信息,加强社会舆论引导,积极化解矛盾,防止事态扩大和升级。与监管场所共同查清引发事件的具体原因和存在的问题,吸取教训,认真抓好整改落实。

罪犯非正常死亡事故检察参见本编第四章的内容。

第三节 监管场所事故检察的方法

根据《人民检察院监狱检察办法》第31条的规定,检察机关对监管场所事故检察的方法包括:(1)派驻检察机构接到监狱关于罪犯脱逃、破坏监管秩序、群体病疫、伤残、死亡等事故报告,应当立即派员赴现场了解情况,并及时报告本院检察长;(2)认为可能存在违法犯罪问题的,派驻检察人员应当深入事故现场,调查取证;(3)派驻检察机构与监狱共同剖析事故原因,研究对策,完善监管措施。《人民检察院监狱检察工作目录》规定的检察方法有:(1)接到监狱发生监管事故报告后,人民检察院应当立即派员赴现场了解情况,并及时报告本院检察长和上一级人民检察院。(2)监督监狱妥善保护现场,或者根据需要自行对现场进行勘验、检查。(3)调取或者固定原始监控录像,封存相关物证;收集监狱民警值班记录及其他有关材料;对当事罪犯或当班监狱民警进行调查。(4)审查和调查工作结束后,应当对事故原因、过程以及危害结果作出综合分析,依法认定监管执法责任,形成调查报告。并与监狱共同剖析事故原因,研究对策,完善监管措施。(5)检察监狱对罪犯死亡是否通知、层报;对于初步判断正常死亡的罪犯,监狱是否按规定立即开展调查工作。(6)接到监狱罪犯死亡报告后,人民检察院应当立即派员赶赴现场,开展相关工作。

（7）罪犯非正常死亡，或者死亡罪犯家属对监狱的调查结论有疑义向人民检察院提出并经人民检察院审查认为需要调查的，或者人民检察院对监狱调查结论有异议的，应当按照规定依法开展调查，并将调查结论书面通知监狱和死亡罪犯的近亲属。（8）监狱或者死亡罪犯近亲属对人民检察院作出的调查结论有异议，3日内提出复议申请，人民检察院应当进行复议；对复议结论仍有异议、疑义提出复核的，上一级人民检察院应当进行复核。复议、复核的结论应通知监狱和死亡罪犯的近亲属。（9）对于监狱发生重大事故、罪犯非正常死亡事故，经人民检察院调查发现监狱民警存在执法过错、需要追究刑事责任的，应当由检察机关立案侦查；发现监狱民警涉嫌其他职务违法或者犯罪线索的，依法移送监察委员会处理。

一、报告

根据2006年最高人民检察院《关于报告监管场所发生重大事件的规定》，凡是属于监管场所发生的重大事件，都应逐级呈报到最高人民检察院。派驻监管场所的刑事执行派出检察院、派驻检察室应立即将有关情况报告派出的人民检察院监狱检察部门，并于48小时内层报至最高人民检察院第五检察厅，详情和查处情况应随时续报。未实行派驻检察的监管场所发生上述重大事件的，由负责检察监督的人民检察院监狱检察部门或有关部门将有关情况立即报告上一级人民检察院监狱检察部门，并于48小时内层报至最高人民检察院第五检察厅。

参考国务院对安全生产事故的分类标准，根据监管场所事故的严重程度，将监管场所事故分为四类：特别重大、重大、较大和一般。按照公安部、司法部和最高人民检察院关于监管场所事故的有关规定，一般事故应由监管场所向上级主管机关和人民检察院报告和处理。对于其他级别的监管场所事故，必须按照最高人民检察院《关于报告监管场所发生重大事件的规定》执行。

监管场所重大事件主要包括以下情况：监管民警殴打、体罚虐待被监管人造成死亡的；监管民警玩忽职守，造成被监管人集体（3人以上）脱逃，或者造成可能判处或已经被判处无期徒刑、死刑（含死刑缓期2年执行）、犯有危害国家安全罪、从事非法宗教、非法组织和非法刊物活动，外国籍、无国籍、华侨、港澳台籍、原省部级被监管人脱逃的；监管民警徇私枉法，私放在押人员的；监管场所发生安全生产事故，造成1人以上死亡、3人以上重伤或者直接经济损失50万元以上的；监管场所发生重大疫情、食物中毒、交通事故及其他原因，造成1人以上死亡或3人以上重伤的；监管场所与周围群众发生纠纷不当，造成严重经济损失、人员伤亡或重大政治社会影响的，被监管人暴狱（所）、骚乱的；被监管人聚众闹事、斗殴，造成1人以上死亡或3人以上重伤的；被监管人行凶，造成被监管人1人以上死亡或3人以上重伤的；被监管人行凶，杀害警察、武警、职工、群众的；可能判处或已经被判处无期徒刑、死刑（含死刑缓期2年执行）、犯有危害国家安全罪、从事非法宗教、非法组织和非法刊物活动，外国籍、无国籍、华侨、港澳台籍、原省部级被监管人自杀的；违反规定使用武器、警械具，造成严重后果的；其他重大事件，造成人员伤亡、经济损失和恶劣影响。

省级人民检察院监狱检察部门报告监管场所发生的重大事件，应当指定专人负责，统一填写监管场所发生重大事件报告表，通过机要通道报告最高人民检察院第五检察厅。

省级以下人民检察院、刑事执行派出检察院和派驻检察室报告监管场所发生的重大事件方式，由各省级人民检察院根据实际情况自行规定。各级人民检察院监狱检察部门要高度重视监管场所发生重大事件的报告工作。省级人民检察院监狱检察部门要加强督促检查，对于基层人民检察院监狱检察部门对本规定第3条所列重大事件，未按规定上报的，要提出批评，并视情况追究责任。最高人民检察院第五检察厅，对各省级人民检察院监狱检察部门报告监管场所发生重大事件的情况，实行定期通报制度。

二、调查

监管场所对罪犯进行日常监管的职能，既要保证罪犯处于一个安全的场所，享有一定的合法权益，也要确保监管场所的监管秩序不被破坏。但是监管场所事故的发生，大部分是人为原因造成的。这一点在安全生产事故中表现特别突出，人为错误包括行为人直接操作错误和安全隐患。而安全隐患大多是由于设备不良、人员培训不足、监督不力、职责不明等形成的。监管场所事故往往都与监管场所的监管执法工作失职或渎职密不可分，这就要求检察人员对监管场所事故进行认真调查，找出原因，分清责任。

事故调查一般应按下列程序和方法进行：一是现场勘查、拍照、摄像、收集物证；二是调查询问有关人员，查阅有关监管执法业务文件资料；三是进行技术鉴定或模拟试验；四是分析研究，确定事故经过，找出事故发生的直接原因和间接原因；五是确定事故性质，分析认定事故责任；六是形成事故调查报告，提供对事故责任单位和责任人的处理建议和防范整改措施。

（一）现场勘查、检查

派驻监管场所的检察人员接到监管场所的事故报告后，除立即向上一级监狱检察部门和本院分管领导报告外，应在第一时间赶赴事故现场，进行及时检察。对罪犯死亡的，应按照罪犯死亡检察方法进行。对发生罪犯脱逃、暴狱、突发公共卫生事件以及安全生产事故的，应首先协助监管场所控制事态发展，采取措施制止事故蔓延、扩大。同时，要求监管场所，凡与事故有关的物体、痕迹、状态尽量不要破坏，保护好事故现场；情况紧急或为抢救受害者，确属改变现场原状或移动某些物体时，必须做好标记或进行摄影、录像，展示事故现场原貌，以提供较完善的信息内容和原始资料。

（二）收集证据

收集证据是检察机关调查取证的重要环节，也是查清监管场所事故原因、确定事故性质和监管场所责任的基础工作。检察人员对监管场所收集的所有物证均应进行复制、固定，同时要求监管场所对所有物体保持原样，并采取不损坏原始证据的安全防护措施。加强对证人材料的收集，要尽快找被调查者收集材料，以保证证人证言的真实性，防止罪犯或监管干警订立攻守同盟，掩盖事实真相，逃避法律惩罚。要及时询问事故发生时的当事人和事故目击证人，了解掌握事故发生经过；询问事发时监管场所值班干警，了解事发前后的值班干警工作情况；调取监管场所干警值班记录，查看并封存监控监视记录。对监管场所监室、事故现场、犯罪工具等进行拍照、摄像，提取监管场所监控、巡视、值班记录和监管工作规章制度等。制作现场勘查记录。现场勘查是一个动态连续的过程，不仅包括通常的现场检验、固定收集现场内有关事故的证据、现场照相和现场保护等内容，还应包括现场访问、现场分析以及制作事故图、案情发展预测。

（三）审查

检察机关对监管场所先期进行的调查处置工作情况进行审查。对与监管场所事故有关的事实材料的审查，更应审慎。要具体了解监管场所事故

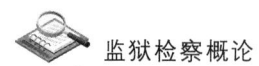

发生前后监管场所依法履行监管职责的情况，如对安全生产事故应检察监管场所是否发现罪犯存在违章生产、冒险作业等情况，或存在重大安全隐患，但对罪犯不进行安全教育和技能培训，对这些人为错误没有进行纠正，因怠于履职而最终导致监管场所事故发生。审查监管场所从事生产、医疗等资质是否齐全、合法有效。例如，一些监管场所狱医不具备行医资格，对患病罪犯的治疗给药，就属于非法行医。又如，一些监管场所不注重保护罪犯的休息权、健康权和基本生活水平，就难免不出现罪犯集体绝食或突发公共卫生的问题。

三、检察处置

《人民检察院监狱检察办法》和《人民检察院监狱检察工作目录》对监管场所事故检察的方法都作了规定，派驻检察机关在监管场所事故进行现场检查和调查取证的基础上，要会同监管场所，共同剖析事故原因，研究对策，完善监管措施。派驻检察机关要结合监管场所事故检察的情况，充分发挥检察建议和纠正意见的作用，实现监督工作的"软着陆"，协同监管场所做好监管场所事故预防工作。

检察机关要以监管场所事故反映出来的监管工作存在的共性和个性问题为依据，抓住突出问题，帮助监管场所解决难点问题，指明整改方向，制定整改措施，督促监管场所堵塞管理漏洞，健全工作制度，补齐监管场所在监管设施、管理规范和制度落实方面的短板。同时，对监管场所的整改措施要具有针对性、可行性，要符合实际情况，属于监管场所经过努力能够改正的，避免大而化之的检察建议，防止一些监管场所收到建议意见后束之高阁，无法研究落实。对于监管场所没有采纳建议意见、进行落实整改的，应报上一级检察机关向发生监管场所事故的上一级监管部门反映，由其上一级监管机关督促整改。

第四节 监管场所事故检察难点问题

一、关于事故检察的职责

监管场所事故发生后，监管场所及其主管机关都会组成事故调查组，进行事故调查和分析。按照国务院《生产安全事故报告和调查处理条例》的规定，事故调查组的职责是：查明事故经过、人员伤亡情况及经济损失情况；查明事故原因，确定事故性质，分析认定事故责任；提出对事故责任者的处理建议；总结事故教训，提出防范和整改措施；形成并提交事故调查报告。还可参照适用《安全生产行政执法与刑事司法衔接工作办法》的相关规定。依据《监察法》的规定，公职人员在行使公权力过程中发生的涉嫌安全生产犯罪案件，应当依法移送监察机关处理。

除了监管场所系统自身的事故调查外，作为重要的司法力量，检察机关也会在第一时间赶赴监管场所事故现场，进行监管场所事故检察，解开事故真相，深挖事故背后的渎职侵权犯罪。检察院是国家法律监督机关，所以在事故处理中，理应担当重要的监督角色，应对监狱处理事故的程序和鉴定机构的鉴定程序进行法律监督，做好对实物证据的封存、调查、取证等工作。检察人员应当"到位而不越位"，应限于检察原因、监管场所执法是否规范、有无违法、有无侵犯罪犯合法权益、事故处理程序是否规范等。同时，对监狱是否存在执法过错责任进行检察，并对事故中凸显的倾向性、苗头性问题，及时向监狱提出检察建议。检察人员对监管场所事故的检察主要目的是查清事实、查明原因、明确责任，而不是主导或者替代监管场所调查事故。与监管部门事故调查组的职责不同，监管场所事故检察是以第三者的立场查看，如果发现监督对象应该做而未做，或不应该做而做了，应该提醒、督促其改正或纠正。监督者和监管执法者的法律界限，就在于监督者通过查看，对不合法的行为予以提示，督促监管场所改正，监管执法者接受监督者的意见，认真纠正。监督者和监管执法者实际是"我要你做"的关系。

监管场所事故检察需要明确检察机关在事故检察中的法律定位和职责范围，检察机关负责查清事故的原因、后果和相关人员的责任等，收集相关证据，在配合监管场所查清刑事犯罪和妥善控制事故的同时，重点调查事故背后有无相关监管人员玩忽职守、滥用职权等职务犯罪。检察机关在监督检察的同时，也应结合监管场所事故发生的原因，特别是监管执法和管理教育活动中存在的问题和安全隐患、监管漏洞，有针对性地开展法制宣传工作，帮助监管场所堵塞漏洞、建章立制，开展打防并举，进行深层次综合治理，如发现监管人员玩忽职守、滥用职权等职务犯罪的情况，应当依法立案查办或移送监察机关处理。

二、关于事故检察的定位

2006年2月23日,最高人民检察院、监察部和国家安全生产监督管理总局,联合出台了《关于加强行政机关与检察机关在重大责任事故调查处理中的联系和配合的暂行规定》。2007年11月5日,最高人民检察院公布了相应的实施办法。检察机关对安全责任事故的调查,不仅要同步介入,更要自始至终参与事故调查的全过程。同时,检察机关对监管场所事故的检察,不仅应适用上述规定,还应遵循监管场所自身的发展规律,根据监管场所事故的特性,将检察的最主要目标放在查清真相和明晰责任上。通过以果溯因,收集证据,责任倒查,实现检察追诉职能,调查监管场所事故所涉的职务犯罪,同时加大对监管场所等部门对事故调查处理行为的监督,以防损害罪犯权益行为的发生。检察机关依法独立行使职权,不受任何机关、单位和个人干预,保持司法调查的客观中立性和独立性。监管场所事故检察本质上是司法调查,而不是技术调查,它与监管部门自身的事故调查是不一样的。监管部门的事故调查主要是恢复真相,查处问题,查明原因。监管场所事故检察的重点是在查明事实的基础上,理清监管场所事故与监管场所管理和监管人员失职渎职的关系和参与度,并以此判断该由监察机关或是检察机关负责处理,以及应负哪种法律责任,指导监管场所堵塞漏洞、补齐短板。

检察机关开展事故检察工作,要对事故结论独立作出判断,对事故处理独立作出决定。云南"躲猫猫"事件由一般普通的罪犯行凶案件,发酵为全国轰动的重大事件,其暴露出的问题说明了检察机关独立行使检察权的重要性。不同于一般社会安全事故,监管场所事故具有自身的特点。事故检察更具复杂性、敏感性和急迫性,由于罪犯成分复杂、心理脆弱、心情敏感压抑,随时可能蠢蠢欲动,罪犯之间的传染性和影响力更为明显。因此,检察机关对监管场所事故的提前介入,对于稳定监管场所秩序和罪犯情绪有更大的作用。一般而言,应建立以基层检察院日常检察工作、现场检察为主体、省市县院三级联合调查为重点的监管场所事故检察体制。

三、监管场所事故的归责问题

监管场所对罪犯负有监管责任,监管人员则是具体管理行为的直接责任人员,监管人员的监管执法行为直接关系到罪犯在监管场所的权利义务、待遇，行为不当或玩忽职守，会侵害罪犯的人身自由、身体健康和基本生活水平，甚至可能导致罪犯发生脱逃、暴力事件和意外伤害情况。由于监管人员职责与执法行为的一致性，监管场所发生事故的，无论事故是否为重大事故，行为人必须为其监管执法行为承担责任，包括民事、经济责任和行政党纪责任，后果严重涉嫌犯罪的，还应承担刑事责任。

罪犯在监管场所受到伤害，一般来说，监管场所负有责任，这是因为罪犯始终处于监管场所的监管之中，后者负有保障罪犯免受伤害的职责。对于罪犯因营养不良或患有疾病得不到有效医治，造成后果的，监管场所也应承担相应责任。

对罪犯自伤自残的，监管场所应否承担责任，不能一概而论，具体问题应作具体分析。如果是罪犯因对生活绝望、心理压力大或抗拒改造，甚至企图通过自伤自残逃避法律制裁，监管人员不应承担责任。但如果是因为监管人员滥用职权，采取殴打虐待或指使其他罪犯殴打或虐待罪犯造成其难以忍受而自伤自残的；或因监管人员玩忽职守、怠于履职，使罪犯不堪忍受其他罪犯的殴打和虐待而自伤或自残，监管人员应承担不作为的责任。

对罪犯在生产劳动过程中发生伤残甚至死亡的，监管场所应当按照工伤给予合理补偿。按照司法部于2001年11月2日发布的《罪犯工伤补偿办法（试行）》的规定，监狱对罪犯在劳动过程中发生伤残或者死亡事故的，监狱应进行调查取证，作出是否为工伤的决定，并通知罪犯本人或者家属，同时及时抢救治疗，根据罪犯伤残或死亡情况，发放一次性伤残补助金或死亡补助金。

第六章　查办职务犯罪案件

第一节　职务犯罪案件的管辖

《监察法》规定监察委员会是国家的监察机关，对所有行使公权力的公职人员进行监察，调查职务违法和职务犯罪，开展廉政建设和反腐败工作。中央纪委国家监委印发《国家监察委员会管辖规定（试行）》（以下简称《监察委管辖规定》），明确了国家监察委员会管辖案件的范围。其中，第21条第1款规定："在诉讼监督活动中发现的司法工作人员利用职权实施的侵犯公民权利、损害司法公正的犯罪，由人民检察院管辖更为适宜的可以由人民检察院管辖。"2018年修改后的《刑事诉讼法》第19条第2款规定："人民检察院在对诉讼活动实行法律监督中发现的司法工作人员利用职权实施的非法拘禁、刑讯逼供、非法搜查等侵犯公民权利、损害司法公正的犯罪，可以由人民检察院立案侦查。"为做好人民检察院与监察委员会案件管辖范围的衔接，对在诉讼监督中发现的司法工作人员利用职权实施的侵犯公民权利、损害司法公正的犯罪依法履行侦查职责，2018年最高人民检察院印发《关于人民检察院立案侦查司法工作人员相关职务犯罪案件若干问题的规定》，对检察机关依法查办司法工作人员相关职务犯罪案件作出了规定。

一、案件管辖范围

《刑事诉讼法》第19条第2款的规定为检察机关就部分罪名行使自行侦查权和机动侦查权提供了法律依据。从刑事诉讼法的规定看，检察机关立案侦查的司法工作人员职务犯罪主要有三个特点：

其一，犯罪主体限于司法工作人员。根据《刑法》第 94 条的规定，司法工作人员是指有侦查、检察、审判、监管职责的工作人员。具体包括四类人员：（1）有侦查职责的人员，包括公安机关、国家安全机关、检察机关、军队保卫部门、监狱等部门中负责对犯罪行为进行侦查的人员；（2）有检察职责的人员，是指检察机关负责审查逮捕、审查起诉、出庭支持公诉、诉讼监督、公益诉讼等工作的人员；（3）有审判职责的人员，是指人民法院负责审判工作的人员；（4）有监管职责的人员，包括公安机关、国家安全机关以及监狱中负责监管犯罪嫌疑人、被告人、罪犯的人员。

其二，犯罪行为限于发生在司法活动中，这是对犯罪行为方式的限定，即有关人员利用职权实施的侵犯公民权利、损害司法公正的犯罪。

其三，发现途径限定在对诉讼活动进行监督的过程中。人民检察院在对诉讼活动实行法律监督中，发现司法工作人员涉嫌利用职权实施的下列侵犯公民权利、损害司法公正的犯罪案件，可以立案侦查：（1）非法拘禁罪（《刑法》第 238 条）（非司法工作人员除外）；（2）非法搜查罪（《刑法》第 245 条）（非司法工作人员除外）；（3）刑讯逼供罪（《刑法》第 247 条）；（4）暴力取证罪（《刑法》第 247 条）；（5）虐待被监管人罪（《刑法》第 248 条）；（6）滥用职权罪（《刑法》第 397 条）（非司法工作人员滥用职权侵犯公民权利、损害司法公正的情形除外）；（7）玩忽职守罪（《刑法》第 397 条）（非司法工作人员玩忽职守侵犯公民权利、损害司法公正的情形除外）；（8）徇私枉法罪（《刑法》第 399 条第 1 款）；（9）民事、行政枉法裁判罪（《刑法》第 399 条第 2 款）；（10）执行判决、裁定失职罪（《刑法》第 399 条第 3 款）；（11）执行判决、裁定滥用职权罪（《刑法》第 399 条第 3 款）；（12）私放在押人员罪（《刑法》第 400 条第 1 款）；（13）失职致使在押人员脱逃罪（《刑法》第 400 条第 2 款）；（14）徇私舞弊减刑、假释、暂予监外执行罪（《刑法》第 401 条）。

二、级别管辖和侦查部门

刑事诉讼法明确了检察机关对十四类案件的侦查权后，最高人民检察院《关于人民检察院立案侦查司法工作人员相关职务犯罪案件若干问题的规定》根据《刑法》《刑事诉讼法》的规定，明确了前述案件的级别管辖和侦查部门。

第一，检察机关管辖的司法工作人员职务犯罪案件，由设区的市级人民检察院立案侦查。基层人民检察院发现犯罪线索的，应当报设区的市级人民检察院决定立案侦查。设区的市级人民检察院也可以将案件交由基层人民检察院立案侦查，或者由基层人民检察院协助侦查。最高人民检察院、省级人民检察院发现犯罪线索的，可以自行决定立案侦查，也可以将案件线索交由指定的省级人民检察院、设区的市级人民检察院立案侦查。

之所以规定由市级院管辖，主要是基于三点考虑：一是由上一级人民检察院管辖便于办案资源优化配置，更有利于确保案件侦查工作质量；二是总体上检察院立案侦查司法工作人员相关职务犯罪案件的数量不大，从前几年的平均案件量来说，全国也就1000件左右，完全可以胜任；三是在刑事诉讼中，侦查机关、审判机关和检察机关互相制约，由上一级人民检察院立案侦查，可以排除可能发生的干扰。

第二，检察机关管辖的司法工作人员职务犯罪案件，由人民检察院负责刑事检察工作的专门部门负责侦查。设区的市级以上人民检察院侦查终结的案件，可以交有管辖权的基层人民法院相对应的基层人民检察院提起公诉；需要指定其他基层人民检察院提起公诉的，应当与同级人民法院协商指定管辖；依法应当由中级人民法院管辖的案件，应当由设区的市级人民检察院提起公诉。

三、办案程序

第一，人民检察院办理《刑事诉讼法》所列犯罪案件，不再适用对直接受理立案侦查案件决定立案报上一级人民检察院备案，逮捕犯罪嫌疑人报上一级人民检察院审查决定的规定。

第二，对《关于人民检察院立案侦查司法工作人员相关职务犯罪案件若干问题的规定》所列犯罪案件，人民检察院拟作撤销案件、不起诉决定的，应当报上一级人民检察院审查批准。

第三，人民检察院负责刑事检察工作的专门部门办理《关于人民检察院立案侦查司法工作人员相关职务犯罪案件若干问题的规定》所列犯罪案件，认为需要逮捕犯罪嫌疑人的，应当由相应的刑事检察部门审查，报检察长或者检察委员会决定。此处的"刑事检察工作的专门部门"，一般是指检察院内负责职务犯罪侦查的刑事执行检察部门。"由相应的刑事检察部门审查",是指由负责审查逮捕工作的部门审查批准逮捕。

第四,人民检察院办理《关于人民检察院立案侦查司法工作人员相关职务犯罪案件若干问题的规定》所列犯罪案件,应当依法接受人民监督员的监督。

第二节　司法工作人员相关职务犯罪线索及互涉线索的处理

一、司法工作人员相关职务犯罪线索的处理

根据《刑事诉讼法》、最高人民检察院《关于人民检察院立案侦查司法工作人员相关职务犯罪案件若干问题的规定》等,人民检察院管辖司法工作人员相关职务犯罪案件线索,是指人民检察院在对诉讼活动实行法律监督中,发现司法工作人员涉嫌利用职权实施的侵犯公民权利、损害司法公正的相关职务犯罪案件线索。同时,《刑事诉讼法》确定人民检察院对于公安机关管辖的国家机关工作人员利用职权实施的"重大"犯罪案件可以立案侦查。

司法工作人员相关职务犯罪案件线索包括涉嫌《关于人民检察院立案侦查司法工作人员相关职务犯罪案件若干问题的规定》所列案件的线索。依照法律规定,其他职务犯罪案件线索不归检察机关管辖,应当按照管辖权限,移送有权机关处理。

司法工作人员相关职务犯罪案件线索的来源包括:(1)犯罪嫌疑人、被告人、罪犯及其法定代理人、近亲属、律师或者其他单位和人员举报、控告、报案;(2)犯罪嫌疑人自首;(3)人民检察院在对诉讼活动实行法律监督中发现案件线索;(4)纪检监察机关及其他单位、组织等移送;(5)上级人民检察院交办;(6)其他人民检察院移送;(7)其他来源。

二、与公安机关、监察委员会互涉线索的处理

人民检察院对公安机关管辖的国家机关工作人员利用职权实施的"重大"犯罪案件拥有立案侦查权。《刑事诉讼法》规定,对于公安机关管辖

的国家机关工作人员利用职权实施的"重大"犯罪案件，需要由人民检察院直接受理的时候，经省级以上人民检察院决定，可以由人民检察院立案侦查。

同时，检察机关依据《关于人民检察院立案侦查司法工作人员相关职务犯罪案件若干问题的规定》立案侦查所列犯罪时，发现犯罪嫌疑人同时涉嫌公安机关管辖的犯罪线索的，应当依照现行有关法律和司法解释的规定办理。

需要注意的是，检察机关可以侦查的职务犯罪案件，仅是司法工作人员职务犯罪的一部分，更是整个职务犯罪中的一部分，包括司法工作人员在内的所有公职人员仍然都在国家监察机关的统一监督之下。

《刑事诉讼法》对人民检察院立案侦查犯罪的表述也是"可以由检察机关立案侦查"，这意味着对这部分罪名，监察机关也可以进行调查。对此，检察机关应当按照《刑事诉讼法》和《监察法》的规定，处理好与监察机关调查案件的关系。

检察机关立案侦查相关犯罪时，发现犯罪嫌疑人同时涉嫌监察委员会管辖的职务犯罪线索的，应当及时与同级监察委员会沟通，一般应当由监察委员会为主调查，人民检察院予以协助。经沟通，认为全案由监察委员会管辖更为适宜的，人民检察院应当撤销案件，将案件和相应职务犯罪线索一并移送监察委员会；认为由监察委员会和人民检察院分别管辖更为适宜的，人民检察院应当将监察委员会管辖的相应职务犯罪线索移送监察委员会，对依法由人民检察院管辖的犯罪案件继续侦查。人民检察院应当及时将沟通情况报告上一级人民检察院。沟通期间，人民检察院不得停止对案件的侦查。

监察委员会和人民检察院分别管辖的案件，调查（侦查）终结前，人民检察院应当就移送审查起诉有关事宜与监察委员会加强沟通，协调一致，由人民检察院依法对全案审查起诉。

第三节　司法工作人员相关职务犯罪罪名解析

在监狱检察过程中常见的司法工作人员利用职权实施的侵犯公民权

利、损害司法公正的案件涉嫌的罪名包括：虐待被监管人罪，滥用职权罪，玩忽职守罪，徇私舞弊减刑、假释、暂予监外执行罪，失职致使在押人员脱逃罪，私放在押人员罪。

一、虐待被监管人罪

虐待被监管人罪，是指监管机构的监管人员违反国家监管法规，对被监管人进行殴打或者体罚虐待，情节严重的行为。

《刑法》第248条规定，监狱、拘留所、看守所等监管机构的监管人员对被监管人进行殴打或者体罚虐待，情节严重的，处3年以下有期徒刑或者拘役；情节特别严重的，处3年以上10年以下有期徒刑。致人伤残、死亡的，依照《刑法》第234条、第232条的规定定罪从重处罚。监管人员指使被监管人殴打或者体罚虐待其他被监管人的，依照上述规定处罚。

（一）虐待被监管人罪的构成要件

1. 本罪侵犯的客体是复杂客体

侵犯的主要是被监管人的人身权利，同时也侵犯了监管机构的正常活动。2012年《监狱法》第2条第1款和第4条明确规定，监狱是国家的刑罚执行机关，监狱对罪犯应当依法监管；第7条第1款规定，罪犯的人格不受侮辱，其人身安全、合法财产和辩护、申诉、控告、检举以及其他未被依法剥夺或者限制的权利不受侵犯。因此，本罪在性质上属于侵犯公民人身权利方面的犯罪。犯罪对象是被监管人。被监管人是指依法被限制人身自由的人，包括：已经判决的在押罪犯；已被羁押尚未判决的犯罪嫌疑人或者被告人；受到行政拘留或者司法拘留的人员；其他依法被监管的人员。监管机构，是指依法监管罪犯、犯罪嫌疑人、被告人的机构，包括监狱、未成年犯管教所、看守所和拘留所。

2. 客观方面表现为违反国家监管法规，对被监管人进行殴打或者体罚虐待的行为

违反国家监管法规，是指违反监狱法和其他有关的监管规定。"体罚虐待"，是指对被监管人实行肉体上的摧残和精神上的折磨，如捆绑、滥用戒具、任意禁闭、冻饿、罚跪、强迫从事长时间超负荷体力劳动、凌辱人格等。《监狱法》第3条规定，监狱对罪犯实行惩罚和改造相结合、教育和劳动相结合的原则，将罪犯改造成为守法公民。第14条明确规定，监狱的人民警察不得体罚、虐待罪犯；侮辱罪犯的人格；殴打或者纵容他

人殴打罪犯。应当指出，监管人员对被监管人依法进行监管，包括对违反监管法规的被监管人正常使用戒具或者禁闭，是依法执行职务的正常行为，不属体罚虐待的行为。

3. 犯罪主体为特殊主体，即监管人员

"监管人员"是指在监狱、未成年犯管教所、拘留所、看守所等监管机构中行使监管职责的工作人员。其他不负有监管职责的司法工作人员不能构成本罪的主体。监管人员指使被监管人殴打或者体罚虐待其他被监管人，构成犯罪的，监管人员和被指使人员构成共同犯罪。

4. 主观方面由直接故意构成

主观上，行为人明知其殴打或者体罚虐待被监管人的行为违反监管法规，出于各种动机依然为之。间接故意和过失不构成本罪。

(二) 认定虐待被监管人罪应当注意的问题

按照《刑法》的规定，体罚虐待被监管人的行为，除需符合以上构成要件外，还必须达到"情节严重"的程度，才构成犯罪。所谓情节严重，参照最高人民检察院《关于渎职侵权犯罪案件立案标准的规定》，包括：(1) 以殴打、捆绑、违法使用戒具等恶劣手段虐待被监管人的；(2) 以较长时间冻、饿、晒、烤等手段虐待被监管人，严重损害其身体健康的；(3) 虐待造成被监管人轻伤、重伤、死亡的；(4) 虐待被监管人情节严重，导致被监管人自杀、自残造成重伤、死亡，或者精神失常的；(5) 殴打或者体罚虐待3人次以上的；(6) 指使被监管人殴打、体罚虐待其他被监管人、具有上述情形之一的；(7) 其他情节严重的情形。

二、滥用职权罪

滥用职权罪，是指国家机关工作人员违反法律规定的权限和程序，滥用职权，致使公共财产、国家和人民利益遭受重大损失的行为。

《刑法》第397条规定，国家机关工作人员滥用职权或者玩忽职守，致使公共财产、国家和人民利益遭受重大损失的，处3年以下有期徒刑或者拘役；情节特别严重的，处3年以上7年以下有期徒刑。本法另有规定的，依照规定。国家机关工作人员徇私舞弊，犯前款罪的，处5年以下有期徒刑或者拘役；情节特别严重的，处5年以上10年以下有期徒刑。《刑法》另有规定的，依照规定。

(一) 滥用职权罪的构成要件

1. 本罪侵犯的客体是国家机关的正常活动

为了保证国家机关工作人员正当、合理地行使职权，国家有关机关制定、颁布了一系列法律、法规和规章来规范、约束其工作人员的职务行为。这些规定既是国家机关工作人员行使和运用各自职权的法律依据和保障，也是其职务行为的界限、范围和行动的准则。职权的不正当运用尤其是滥用，不仅违反了这些规定中关于正当、合理运用职权的基本要求，妨害国家机关的正常管理活动和秩序，而且会给公共财产、国家和人民利益造成不可估量或者无法弥补的损害。

2. 客观方面表现为违反法律规定的权限和程序，滥用职权，致使公共财产、国家和人民利益遭受重大损失的行为

"职权"，是指职务范围以内的权力。职务的范围和权力一般由法律、法规和规章作出具体的规定。"滥用"，则是指超越限定的范围或者胡乱、随意地使用（权力）。刑法中"滥用职权"的行为在客观上有两种情形：一是不认真地运用权力，即在履行职务的过程中，未尽到注意义务，在其职务范围内随便、随意或者马虎地行使权力；二是过度地运用权力，即在履行职务的过程中，超越职务范围去行使权力，或者在职务范围内超越权力运用的前提、条件（如时间、地点、对象等）、程序、内容等要求而行使权力。至于滥用职权行为的表现形式，需结合具体案件确定。

3. 犯罪主体为特殊主体，即国家机关工作人员

需要注意的是，检察机关可以行使侦查权的滥用职权犯罪案件仅限于在诉讼监督过程中发现的，司法工作人员滥用职权侵犯公民权利、损害司法公正的犯罪行为，其他滥用职权的犯罪情形均不属检察机关管辖。

根据《宪法》的规定，国家机关包括各级国家权力机关、行政机关、审判机关、检察机关、军事机关等。国家机关工作人员应是在上述机关中从事公务的人员。近年来，在司法实践中遇到一些新情况：一些法律授权规定的某些非国家机关的组织，在某些领域行使国家行政管理职权。为此，全国人民代表大会常务委员会《关于〈中华人民共和国刑法〉第九章渎职罪主体适用问题的解释》规定："在依照法律、法规规定行使国家行政管理职权的组织中从事公务的人员，或者在受国家机关委托代表国家机关行使职权的组织中从事公务的人员，或者虽未列入国家机关人员编制但在国家机关中从事公务的人员，在代表国家机关行使职权时，有渎职行

为，构成犯罪的，依照刑法关于渎职罪的规定追究刑事责任。"2012年12月7日，最高人民法院、最高人民检察院《关于办理渎职刑事案件适用法律若干问题的解释（一）》（以下简称《渎职司法解释（一）》）第5条除规定"国家机关负责人员违法决定，或者指使、授意、强令其他国家机关工作人员违法履行职务或者不履行职务，构成刑法分则第九章规定的渎职犯罪的，应当依法追究刑事责任"外，还首次明确规定，"以'集体研究'形式实施的渎职犯罪，应当依照刑法分则第九章的规定追究国家机关负有责任的人员的刑事责任。对于具体执行人员，应当在综合认定其行为性质、是否提出反对意见、危害结果大小等情节的基础上决定是否追究刑事责任和应当判处的刑罚"。

4. 本罪在主观方面表现为故意

主观上，行为人明知自己滥用职权的行为会发生致使公共财产、国家和人民利益遭受重大损失的结果，并且希望或者放任这种结果发生。

（二）认定滥用职权罪应当注意的问题

1. "致使公共财产、国家和人民利益遭受重大损失"，是本罪的结果要件，也是区别罪与非罪的重要标准

行为人虽然滥用职权，但没有引起危害后果，或者虽然致使公共财产、国家和人民利益遭受了损失，但损失尚未达到"重大"的程度，均不构成犯罪。另外，有些行为虽然在客观上引起了这一危害后果，但不是因为滥用职权而是因工作失误造成的，也不能以犯罪论处。

《渎职司法解释（一）》针对司法实践中存在的定罪量刑标准不明确，导致处罚"就低不就高"的现象，在第1条第1款对"致使公共财产、国家和人民利益遭受重大损失"的情形作了规定，包括：（1）造成死亡1人以上，或者重伤3人以上，或者轻伤9人以上，或者重伤2人、轻伤3人以上，或者重伤1人、轻伤6人以上的；（2）造成经济损失30万元以上的；（3）造成恶劣社会影响的；（4）其他致使公共财产、国家和人民利益遭受重大损失的情形。第8条还对"经济损失"的含义作了明确界定："本解释规定的'经济损失'，是指渎职犯罪或者与渎职犯罪相关联的犯罪立案时已经实际造成的财产损失，包括为挽回渎职犯罪所造成损失而支付的各种开支、费用等。"

《渎职司法解释（一）》第1条第2款对本罪"情节特别严重"的情形作了具体规定，包括：（1）造成伤亡达到该解释第1条第1款第1项规定

人数3倍以上的；（2）造成经济损失150万元以上的；（3）造成该解释第1条第1款规定的损失后果，不报、迟报、谎报或者授意、指使、强令他人不报、迟报、谎报事故情况，致使损失后果持续、扩大或者抢救工作延误的；（4）造成特别恶劣社会影响的；（5）其他特别严重的情节。

2. "另有规定"的处理

《刑法》第397条第1款和第2款均有"本法另有规定的，依照规定"的表述。这表明该条是对滥用职权罪的概括性规定，属于普通法。而《刑法》分则另外规定的滥用职权犯罪，则属于特别法。本罪与这些犯罪之间存在法条竞合关系。根据《渎职司法解释（一）》第2条的规定，一是国家机关工作人员实施滥用职权行为，触犯《刑法》第九章第398条至第419条的规定的，依照该规定定罪处罚；二是国家机关工作人员滥用职权，因不具备徇私舞弊等情形不符合《刑法》第九章第398条至第419条的规定，但依法构成第397条规定的犯罪的，以滥用职权罪定罪处罚。

3. 关于共犯的处理

《渎职司法解释（一）》第4条第2—3款规定，国家机关工作人员与他人共谋，利用其职务行为帮助他人实施其他犯罪行为，同时构成渎职犯罪和共谋实施的其他犯罪共犯的，依照处罚较重的规定定罪处罚。国家机关工作人员与他人共谋，既利用其职务行为帮助他人实施其他犯罪，又以非职务行为与他人共同实施该其他犯罪行为，同时构成渎职犯罪和其他犯罪的共犯的，依照数罪并罚的规定定罪处罚。

4. 关于追诉时效的规定

《渎职司法解释（一）》第6条规定，以危害结果为条件的渎职犯罪的追诉期限，从危害结果发生之日起计算；有数个危害结果的，从最后一个危害结果发生之日起计算。

5. 在监狱检察过程中，关于监狱工作人员滥用职权造成恶劣社会影响的认定问题

所谓恶劣社会影响是一种摸不着看不见的主观判断，同一件事情发生了后果，每个人可能都有不同的认识。现实中，人们对恶劣社会影响的认识标准不一给案件的查办工作带来了一定的困难。在具体案件办理中，特别是查办监狱工作人员滥用职权案件过程中，侦查人员要用朴素的群众意识判断"恶劣社会影响"的存在。

三、玩忽职守罪

玩忽职守罪，是指国家机关工作人员玩忽职守，致使公共财产、国家和人民利益遭受重大损失的行为。

《刑法》第397条规定，国家机关工作人员滥用职权或者玩忽职守，致使公共财产、国家和人民利益遭受重大损失的，处3年以下有期徒刑或者拘役；情节特别严重的，处3年以上7年以下有期徒刑。《刑法》另有规定的，依照规定。国家机关工作人员徇私舞弊，犯此罪的，处5年以下有期徒刑或者拘役；情节特别严重的，处5年以上10年以下有期徒刑。《刑法》另有规定的，依照规定。

（一）玩忽职守罪的构成要件

1. 本罪侵犯的客体是国家机关的正常管理活动

为了保证国家机关的正常活动和秩序，需要用法律、法规和规章来规范和约束国家机关工作人员的职务行为。如果国家机关工作人员违背职务上的注意义务，不履行或者不正确履行其职责，不仅会损害国家机关工作人员职务的严肃性，而且还可能给公共财产、国家和人民利益造成损失。因此，对于玩忽职守的行为人，应当给予行政处分，情节严重的，还应当追究其刑事责任。

2. 客观方面表现为不履行或者不正确履行职责，致使公共财产、国家和人民利益遭受重大损失的行为

玩忽职守行为在客观上有两种类型：一是不履行职务型，即行为人应该履行且能够履行，但没有履行其职务。这种类型一般表现为不作为，具体包括以下几种情形：（1）擅离职守，即违反职守中关于时间和空间的明确要求，在特定时间里擅自离开特定场所，以致没有能够履行其职务，如在抢险、救灾中擅自离开现场。（2）未履行职守，即虽然在工作岗位上，但没有按照法律、法规和规章所规定的职守要求行事，以致没有履行其职务，如拒绝履行职守、放弃履行职守或者不及时履行职守。二是不正确履行职务型，即行为人应该履行且能够履行，但不严肃认真地对待其职务，以致错误地履行了职务，主要表现为履行职务不尽心、不得力。至于玩忽职守行为的表现形式，需结合具体案件确定。

按照法律规定，玩忽职守罪在客观方面还必须具有"致使公共财产、国家和人民利益遭受重大损失"的危害后果，且玩忽职守行为与这一危害

后果之间必须具有刑法上的因果关系。

3. 犯罪主体为特殊主体

犯罪主体为国家机关工作人员。

4. 主观方面表现为过失

本罪的主观方面只能由过失构成，即行为人应当预见自己玩忽职守的行为会致使公共财产、国家和人民利益遭受重大损失，因为疏忽大意而没有预见，或者已经预见而轻信能够避免。

（二）认定玩忽职守罪应当注意的问题

1. 划清罪与非罪的界限

首先，要区别工作失误、一般官僚主义与本罪的界限。工作失误与玩忽职守罪在客观上都可能给公共财产、国家和人民利益造成一定的损失，二者的区别主要在于对待职守的心理态度。工作失误者并没有违反其职责义务，相反，甚至是认真、严肃地履行了职务，只是由于客观条件变化而致使判断失误，结果造成了损失。一般官僚主义与玩忽职守罪的共同点在于都违反了职责义务，不履行或者不正确地履行职务，二者的区别主要在于所造成的危害后果在程度上不同。实际上，玩忽职守罪是一种严重的官僚主义，成立犯罪必须在客观上给公共财产、国家和人民利益造成了重大损失。如果损失不重大，则属于一般官僚主义的错误。

此外，意外事件也可能造成"重大损失"的后果，但意外事件中的损害结果是由于行为人不能抗拒或者不能预见的原因造成的；而玩忽职守的犯罪人对于危害后果是能够预见，但因为疏忽大意而没有预见，或者已经预见而轻信能够避免造成的。

2. 正确认定责任的主体

玩忽职守案件中，有时牵涉多人，危害后果也往往是由多人或者数人的行为综合作用所造成的，即"一果多因"。在确定本罪的责任主体时，应当准确区分直接责任人员和间接责任人员，要根据玩忽职守行为与重大损失后果之间有无内在、必然的因果关系进行区分。对于前者，应依照《刑法》第397条的规定追究刑事责任；对于后者，一般不追究刑事责任，可以根据情节由有关部门给予行政处分。

3. 划清本罪与法律规定的其他玩忽职守犯罪的界限

《刑法》第397条第1款中有"本法另有规定的，依照规定"的表述，这表明本条是对玩忽职守罪的概括性规定，《刑法》有特别规定的，适用

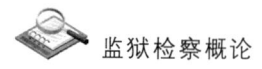

特别规定。

四、徇私舞弊减刑、假释、暂予监外执行罪

徇私舞弊减刑、假释、暂予监外执行罪，是指司法工作人员徇私舞弊，对不符合减刑、假释、暂予监外执行条件的罪犯，予以减刑、假释或者暂予监外执行的行为。

《刑法》第401条规定，司法工作人员徇私舞弊，对不符合减刑、假释、暂予监外执行条件的罪犯，予以减刑、假释或者暂予监外执行的，处3年以下有期徒刑或者拘役；情节严重的，处3年以上7年以下有期徒刑。

（一）徇私舞弊减刑、假释、暂予监外执行罪的构成要件

1. 本罪侵犯的客体是国家对罪犯的正常监管活动

犯罪对象是罪犯，即被人民法院依法判处刑罚，正在监狱或者其他场所服刑的人。对罪犯进行监管，是我国司法工作的重要任务之一。国家设立罪犯监管制度，目的在于通过执行刑罚，教育改造罪犯，使之不致再危害社会，成为社会的有用之人。减刑、假释和暂予监外执行等制度，作为监管制度的重要内容，有利于刑罚教育功能的发挥和预防目的的实现，有利于刑罚人道主义精神的贯彻，有利于推动监管工作的顺利开展。在现实生活中，审判机关、监管机关的极少数司法工作人员受社会不良风气影响，徇私徇情，置国家法律于不顾，对一些不符合法定条件的罪犯予以减刑、假释或者暂予监外执行，不仅破坏了法律和人民法院判决的严肃性，而且挫伤了一些罪犯悔过自新、接受教育改造的信心；另外，一些罪犯因被非法减刑、假释或者暂予监外执行，在社会上继续作恶，为害一方。因此，对这种犯罪有必要予以惩处。

2. 客观方面表现为徇私舞弊，对不符合减刑、假释、暂予监外执行条件的罪犯，予以减刑、假释或者暂予监外执行的行为

根据《刑法》第50条、第78条的规定，"减刑"在这里应作广义的理解，包括对被判处管制、拘役、有期徒刑、无期徒刑的犯罪分子的减刑，及对判处死刑缓期执行的罪犯，缓期二年内没有故意犯罪减为无期徒刑的减刑。"假释"根据《刑法》第81条的规定，是指罪犯服刑尚未期满，因其能够认真遵守监规，接受教育改造，确有悔改表现，没有再犯罪的危险性，对其暂予释放的一种制度。根据《刑事诉讼法》第265条的规定，"暂予监外执行"是指被判处有期徒刑或者拘役的罪犯，有严重疾病

需要保外就医，怀孕或者正在哺乳自己婴儿的妇女，生活不能自理，适用暂予监外执行不致危害社会的，暂时让其在监外服刑的刑罚执行制度。本罪的客观方面集中表现为无中生有、虚构、夸大或者隐瞒事实真相，伪造有关材料，将不符合法定条件的罪犯予以减刑、假释或者暂予监外执行。"徇私舞弊"是构成本罪的前提条件。

3. 犯罪主体为特殊主体，即司法工作人员

在实践中，具体指刑罚执行机关和审判机关中有权决定减刑、假释、暂予监外执行的司法工作人员，包括刑罚执行机关的工作人员、审判人员和监狱管理机关、公安机关的工作人员。另外，根据《关于渎职侵权犯罪案件立案标准的规定》"徇私舞弊减刑、假释、暂予监外执行案"的规定，不具有报请、裁定、决定或者批准减刑、假释、暂予监外执行权的司法工作人员，利用职务上的便利，伪造有关材料，导致不符合减刑、假释、暂予监外执行条件的罪犯被减刑、假释、暂予监外执行的，亦可成为本罪的主体。

4. 主观方面表现为故意

本罪的主观方面由故意构成，即明知不符合法定条件而予以减刑、假释或者暂予监外执行。过失不构成本罪。行为人多出于贪利、徇私情等动机。

(二) 认定徇私舞弊减刑、假释、暂予监外执行罪应当注意的问题

1. 划清罪与非罪的界限

行为人出于徇私的动机，对不符合法定条件的罪犯予以减刑、假释或者暂予监外执行的，即成立本罪。如果行为的情节显著轻微、危害不大，根据《刑法》第13条的规定，可不以犯罪论处。实践中，对于因工作失误或者法律业务素质不高而错误作出减刑、假释或暂予监外执行的裁定或决定的，不以本罪论处。根据《关于渎职侵权犯罪案件立案标准的规定》，涉嫌下列情形之一的，应予立案：（1）刑罚执行机关的工作人员对不符合减刑、假释、暂予监外执行条件的罪犯，捏造事实，伪造材料，违法报请减刑、假释、暂予监外执行的；（2）审判人员对不符合减刑、假释、暂予监外执行条件的罪犯，徇私舞弊，违法裁定减刑、假释或者违法决定暂予监外执行的；（3）监狱管理机关、公安机关的工作人员对不符合暂予监外执行条件的罪犯，徇私舞弊，违法批准暂予监外执行的；（4）不具有报请、裁定、决定或者批准减刑、假释、暂予监外执行权的司法工作人员利用职务上的便利，伪造有关材料，导致不符合减刑、假释、暂予监外执行条件的

罪犯被减刑、假释、暂予监外执行的；（5）其他徇私舞弊减刑、假释、暂予监外执行应予追究刑事责任的情形。

2. 罪名的适用

本罪为选择性罪名，按照法律规定，行为人徇私舞弊，具有对不符合减刑、假释或者暂予监外执行条件的罪犯予以减刑、假释、暂予监外执行其中一种行为的，就成立本罪；实施了两种以上行为的，仍为一罪，不实行并罚，量刑时可作参考。

3. 划清本罪既遂与未遂的界限

区别本罪既遂与未遂的标准为是否作出了不符合法定条件的减刑、假释或暂予监外执行的裁定或者决定。对于有权直接作出裁定或者决定的司法工作人员，自该裁定或决定一经作出，即为既遂。司法工作人员只有权建议作出裁定或决定的，则在该裁定或决定被批准作出后，即构成既遂；尚未批准的，构成未遂。另外，在既遂状态下，罪犯正式离开狱所可作为情节在量刑时予以考虑。

4. 徇私舞弊减刑、假释、暂予监外执行案件常伴随受贿行为一起发生

如果行为人收受罪犯或者其亲友的贿赂后对罪犯减刑、假释、暂予监外执行，受贿行为构成犯罪，应以徇私舞弊减刑、假释、暂予监外执行罪和受贿罪数罪并罚。如小黑河院2016年查办的呼和浩特第二监狱民警曲某某受贿、徇私舞弊减刑案，犯罪嫌疑人曲某某为赚取好处费，帮助罪犯捎带现金及物品，在罪犯呈报减刑时，明知罪犯私藏现金、使用违禁品在呈报减刑时不予说明，同意呈报减刑，构成受贿罪和徇私舞弊减刑罪。

五、失职致使在押人员脱逃罪

失职致使在押人员脱逃罪，是指司法工作人员严重不负责任，致使在押的犯罪嫌疑人、被告人或者罪犯脱逃，造成严重后果的行为。

《刑法》第400条第2款规定，司法工作人员由于严重不负责任，致使在押的犯罪嫌疑人、被告人或者罪犯脱逃，造成严重后果的，处3年以下有期徒刑或者拘役；造成特别严重后果的，处3年以上10年以下有期徒刑。

（一）失职致使在押人员脱逃罪的构成要件

失职致使在押人员脱逃罪的犯罪对象是犯罪嫌疑人、被告人和罪犯。客观方面表现为严重不负责任，致使在押的犯罪嫌疑人、被告人或者罪犯

脱逃,造成严重后果的行为。首先,必须是严重不负责任,即不履行或者不正确履行其职务,包括不作为和作为;其次,致使在押人员脱逃,即致使在押人员逃出、摆脱司法机关及其工作人员的实际控制范围;最后,必须造成了严重后果。主观方面是过失,即应当预见自己严重不负责任会致使在押人员脱逃,由于疏忽大意而没有预见,或者已经预见到而轻信能够避免。故意不构成本罪。

(二)认定失职致使在押人员脱逃罪应当注意的问题

"造成严重后果",是本罪的结果要件,缺少此要件则不构成本罪。"造成严重后果",在司法实践中主要是指致使在押人员多人、多次脱逃的;在押人员脱逃后行凶报复或者犯罪的;因在押人员脱逃致使刑事诉讼活动受到严重干扰的;在押人员脱逃中杀伤军警人员、司法工作人员或者群众的;造成恶劣社会影响的等情形。根据《关于渎职侵权犯罪案件立案标准的规定》,涉嫌下列情形之一的,应予立案:(1)致使依法可能判处或者已经判处10年以上有期徒刑、无期徒刑、死刑的犯罪嫌疑人、被告人、罪犯脱逃的;(2)致使犯罪嫌疑人、被告人、罪犯脱逃3人次以上的;(3)犯罪嫌疑人、被告人、罪犯脱逃以后,打击报复报案人、控告人、举报人、被害人、证人和司法工作人员等,或者继续犯罪的;(4)其他致使在押的犯罪嫌疑人、被告人、罪犯脱逃,造成严重后果的情形。

司法机关在适用《刑法》第400条第2款规定处罚时应当注意,"造成特别严重后果"是本罪的加重处罚情节,司法实践中,一般是指在押人员逃脱后实行严重暴力犯罪的,造成极为恶劣的社会影响的,在押人员脱逃中杀死、伤害多人的,致使被判处死刑、无期徒刑、10年以上有期徒刑等重刑的罪犯以及可能被判处死刑、无期徒刑的犯嫌疑人、被告人脱逃的等情形。

六、私放在押人员罪

私放在押人员罪,是指司法工作人员私放在押的犯罪嫌疑人、被告人或者罪犯的行为。

《刑法》第400条第1款规定,司法工作人员私放在押的犯罪嫌疑人、被告人或者罪犯的,处5年以下有期徒刑或者拘役;情节严重的,处5年以上10年以下有期徒刑,情节特别严重的,处10年以上有期徒刑。

(一) 私放在押人员罪的构成要件

1. 本罪侵犯的客体是国家对在押人员的监管制度

犯罪对象是在押的犯罪嫌疑人、被告人和罪犯。对在押人员依法实行监管,是国家司法制度的一项重要内容,是保证刑事诉讼的顺利进行确保刑罚得以执行的重要措施和手段。负有监管在押人员职责的司法工作人员应当忠实地执行法律和有关法规,认真、切实地履行其职责,因为稍有不慎就可能给监管工作带来损害,并会对社会的安定产生威胁。私放在押人员不仅会严重妨碍刑事诉讼、刑罚执行的顺利进行,在押人员的脱逃还可能给国家、公共利益和公民的合法权益造成极大的破坏。因此,对于私放在押人员的犯罪,必须运用刑罚予以惩治,以维护国家监管制度的严肃性。

2. 客观方面表现为利用监管职务的便利,私放在押的犯罪嫌疑人、被告人或者罪犯的行为

利用监管职务的便利,是指利用本人监管在押人员的职权或者地位形成的便利条件,如利用看守、押解、关押在押人员等职务的便利。"私放",是指擅自、非法地将在押人员释放使其逃出监管机关的监控范围的行为。监控范围既包括看守、关押在押人犯的固定场所,也包括押解的途中,还包括监管场所以外劳动、作业的地方。总之,监管机关依法监管在押人员的经常或者临时性的场所,均可视为"监控范围",私放的行为方式是多种多样的,概括起来有两类:一是作为方式,如打开监门,押解途中打开戒具、让在押人员逃走;伪造、变造、涂改法律文书或者擅自、非法制作释放证书,将其放走;利用监管职务的便利,为在押人员的脱逃创造条件或者提供工具、服装、化装用品使其脱逃等。二是不作为方式,如在押解途中或者在狱外劳动、作业时故意视而不见,使其脱逃;发现在押人员脱逃时,能够追赶上而有意不追赶,让其逃走等。

3. 犯罪主体为特殊主体

犯罪主体为即负有监管职责的司法工作人员。在监管机关工作但不具有监管职责的司法工作人员不构成本罪的主体。不在监管机关工作,但负有看管、押解、决定拘留或者批准、决定逮捕的司法工作人员也可以构成本罪的主体。

4. 主观方面表现为直接故意

主观方面由直接故意构成,即明知自己的行为会使在押人员脱逃,并且希望这种结果的发生。行为人多出于徇私、徇情、贪利等动机。间接故意和过失不构成本罪。

（二）认定私放在押人员罪应当注意的问题

在司法实践中，对于司法工作人员出于贪利等个人动机，与在押人员尤其是罪犯私下约定其保证按期返回狱所而秘密将在押人员释放的行为的定罪，应当分别情况处理：被私放的罪犯没有按约如期返回狱所而逃跑的，对司法工作人员应以私放在押人员罪论处；在被私放的罪犯按约如期返回狱所的情况下，司法工作人员私放罪犯的行为已成立犯罪，罪犯如期返回可以作为一个酌定情节在量刑时予以考虑。

根据《关于渎职侵权犯罪案件立案标准的规定》，涉嫌下列情形之一的，应予立案：（1）私自将在押的犯罪嫌疑人、被告人、罪犯放走，或者授意、指使、强迫他人将在押的犯罪嫌疑人、被告人、罪犯放走的；（2）伪造、变造有关法律文书、证明材料，以使在押的犯罪嫌疑人、被告人、罪犯逃跑或者被释放的；（3）为私放在押的犯罪嫌疑人、被告人、罪犯，故意向其通风报信、提供条件，致使该在押的犯罪嫌疑人、被告人、罪犯脱逃的；（4）其他私放在押的犯罪嫌疑人、被告人、罪犯应予追究刑事责任的情形。

本罪应以在押人员是否摆脱司法机关及其工作人员的实际控制范围作为区分本罪既遂与未遂的标准。

（三）私放在押人员罪的刑事责任

司法机关在适用《刑法》第400条第1款规定处罚时，应当注意把握"情节严重"和"情节特别严重"。司法实践中，"情节严重"，一般是指私放罪行严重的危害国家安全、公共安全和社会治安的罪犯，包括：私放被判处死刑、无期徒刑、10年以上有期徒刑等重刑的罪犯以及可能被判处死刑、无期徒刑的犯罪嫌疑人、被告人；私放在押人员多人、多次的；在押人员被私放后实施犯罪，危害社会的；在押人员被私放后，对检举人、控告人、证人或者司法工作人员行凶报复的；造成其他严重后果的等情形。"情节特别严重"一般是指在押人员被私放后实施严重暴力犯罪，致人死亡、重伤，或者报复社会，严重危害公共安全的，或造成其他特别严重后果的等情形。

在司法实践中，有的司法工作人员出于贪利的动机，接受在押人员或者其家属的贿赂而私放在押人员。对这种情况，如果受贿行为构成犯罪的，根据《渎职司法解释（一）》第3条的规定，应当以私放在押人员罪和受贿罪数罪并罚。

第七章　办理罪犯又犯罪案件

罪犯又犯罪是指在监管场所服刑的罪犯,在服刑期间再次实施刑法规定的应受刑罚处罚的行为。其犯罪主体为特殊主体,专指正在服刑的罪犯。罪犯又犯罪检察,是指检察机关对服刑人员又犯罪案件的审查批准逮捕以及审查决定批捕、审查起诉、出庭公诉、对判决裁定审查等检察工作。罪犯又犯罪案件的侦查机关是监狱,犯罪主体是服刑人员,也包括犯罪行为发生在狱内,但是刑期届满后才发现的案件。《刑事诉讼法》第273条规定,罪犯在服刑期间又犯罪的,由执行机关移送人民检察院处理。这是检察机关对狱内又犯罪案件行使管辖权的法律依据。

第一节　常见罪名解析

一、故意伤害罪

《刑法》第234条规定,故意伤害他人身体的,处3年以下有期徒刑、拘役或者管制。犯前款罪,致人重伤的,处3年以上10年以下有期徒刑;致人死亡或者以特别残忍手段致人重伤造成严重残疾的,处10年以上有期徒刑、无期徒刑或者死刑。

(一) 犯罪构成要件

1. 客体要件

本罪侵犯的客体是他人的身体权。所谓身体权,是指自然人以保持其肢体、器官和其他组织的完整性为内容的人格权。

2. 客观要件

本罪在客观方面表现为实施了非法损害他人身体的行为。主要表现为积极的作为,也可表现为消极的不作为。行为必须是非法行为,正当防卫、正当的履行职务行为不能认定为非法伤害行为。同时,故意伤害行为必须造成他人人身的损害,即必须有损害结果。损害结果一般以《人体损伤程度鉴定标准》来认定,分为重伤一级和二级、轻伤一级和二级、轻微伤。具体标准参见《人体损伤程度鉴定标准》的规定。

3. 主体要件

本罪的主体为一般主体。达到刑事责任年龄,并具备刑事责任能力的自然人均能构成本罪。其中,已满14周岁未满18周岁的自然人有故意伤害他人行为的,应当负刑事责任,但不得适用死刑。

4. 主观要件

故意伤害行为的行为人主观状态要求是故意,包括直接故意和间接故意,即明知自己的行为会造成他人身体健康的损害,而希望或放任这种结果的发生。动机不影响定罪,但对量刑有影响。

(二) 办案中的常见问题

1. 单方伤害行为与互殴

单方伤害行为是指一方直接殴打另一方并导致另一方受伤的情形。互殴是一种互相伤害对方的行为,主观上都是为了伤害对方,双方都是伤害行为的施害者。在认定上,如果双方都因互殴造成对方轻伤以上的结果,双方均构成故意伤害罪。狱内罪犯之间的故意伤害常常表现为互殴。

2. 故意伤害与正当防卫

《刑法》第20条规定了正当防卫。正当防卫是法律赋予公民同违法犯罪行为作斗争的手段,是为了使国家、公共利益、本人或他人的人身、财产和其他权利免受正在进行的不法侵害,而对实施不法侵害的人所采取的必要防卫行为。防卫行为虽然有暴力性,但行为人在实施防卫时的主观状态是为了保卫国家、社会、本人或他人的合法利益,因此其行为具有了正当性。在认定行为是否为正当防卫时,要看行为是否具备以下五个条件:(1) 防卫行为要针对危害社会的不法侵害行为。一般认为不法侵害行为主要是指侵害性质严重、程度激烈、危险性较大的进攻性侵害行为,暴力性、破坏性、损害性是必须具备的。(2) 不法侵害行为正在进行,如果不存在或行为已经进行完毕,不能实行防卫行为,或者说行为不能认定为正当防卫行为。(3) 必须是为了保护国家、公共利益、本人或他人的人身财产和其他权利免受不法侵害。(4) 防卫行为必须是对不法侵害者本人实行。(5) 防卫行为不能明显超过必要限度。

3. 故意伤害与过失致人重伤

在故意伤害犯罪中，行为人对出现伤害结果主观心态上是出于故意；而在过失致人重伤罪中，行为人应当预见自己的行为可能会发生被害人重伤的结果，由于疏忽大意而没有预见，或者已经预见而轻信能够避免，以致发生被害人重伤的结果。

4. 共同犯罪时的责任认定

多人实行的故意伤害案件，根据实行者在事先是否有预谋，可以分为事先有预谋的共同犯罪和事先无预谋的共同犯罪。伤害行为的多个实行者事先有共同的伤害故意，客观上共同实行了伤害被害人的行为，如果被害人的伤情达到轻伤以上的程度，各参与者均应当以故意伤害罪的共犯论处。此时责任认定适用的是"部分实行，全部责任"原则。事先无预谋的共同犯罪在监狱内常常表现为实行者之间事先无谋划，共同针对受害人进行伤害。事先无预谋的共同犯罪又称事中共犯，此时责任认定适用的也是"部分实行，全部责任"原则。

二、破坏监管秩序罪

《刑法》第315条规定了破坏监管秩序罪，即依法被关押的罪犯，有下列破坏监管秩序行为之一，情节严重的，处3年以下有期徒刑：（1）殴打监管人员的；（2）组织其他被监管人破坏监管秩序的；（3）聚众闹事，扰乱正常监管秩序的；（4）殴打、体罚或者指使他人殴打、体罚其他被监管人的。

（一）犯罪构成要件

1. 犯罪客体

本罪侵害的是监管机关的管理秩序。监管秩序即监管机关的管理秩序，是指在监管场所中监管机关或监管人与被监管人之间形成的一种秩序。这种秩序包含有多种内容，有管理秩序、教育秩序、生活秩序、劳动秩序、会见秩序等。

2. 犯罪客观方面

本罪的犯罪行为，表现为《刑法》第315条规定的四种具体行为，同时该行为必须达到情节严重的程度，才能构罪。

3. 犯罪主体

根据我国《刑法》的规定，本罪的主体是依法被关押的罪犯，包括监狱和未成年犯管教所内的服刑罪犯，以及看守所内留所服刑的罪犯。但不包括未决犯和假释犯、保外犯、缓刑犯。

4. 犯罪主观方面

本罪的主观方面必然为故意，而且是直接故意。

（二）办案中的常见问题

1. 罪名的竞合问题

破坏监管秩序的特定客观行为，如殴打监管人员或殴打其他被监管人员，此时就可能同时构成破坏监管秩序罪和故意伤害罪。关于适用哪个罪名，笔者认为，主要看行为人的主观认识，同时结合犯罪结果。如果犯罪结果超出破坏监管秩序罪的应有范畴，如故意伤害造成他人重伤、死亡的，此时按照重罪优先于轻罪的处断原则，定性为故意伤害罪或故意杀人罪。

2. 此罪是行为犯且要求情节严重

破坏监管秩序罪体现为法条规定的四种具体行为，同时也要求实施行为的情节严重才能构成犯罪。需要注意的是，此处的情节，既包括行为的严重程度，还包括行为所造成结果的严重程度。情节严重的情形一般包括多次殴打监管人员，或者为抗拒改造而殴打监管人员；多次组织他犯扰乱监管秩序，或者组织的人员众多，或者已经建立了较严密的组织；多次聚众闹事，或者聚众绝食，或者聚众冲击办公场所毁坏财物；多次殴打、体罚或指使他犯殴打体罚其他被监管人，或造成轻伤以上伤害的。情节严重属于构成本罪不可或缺的条件，也是区别本罪和普通扰乱监管秩序行为的界限。

3. 情节严重的判断

实际操作中判定情节是否严重时，不能只看有形的后果是否严重，尤其是采用殴打监管人员或其他被监管人员的情形，办案人必须遵循主观与客观一致的原则，看是否对监管改造秩序造成恶劣的破坏，综合判断是否达到情节严重的程度：其一，要全面考察行为人主观上是否存在抵抗劳动改造和对抗监管民警管理的心理，如故意挑衅监管民警、多次与其他罪犯发生打架斗殴等；其二，判定行为人作出的扰乱监管秩序的举动有没有导致严重后果出现，对于不应定性为犯罪的情况，监管工作者应以违反监管秩序为依据对其展开管教、行政处罚；其三，要结合具体的事实与行为，充分考虑目前的刑事政策和法律效果、社会效果。

三、过失致人重伤罪

《刑法》第235条规定,过失伤害他人致人重伤的,处3年以下有期徒刑或者拘役。《刑法》另有规定的,依照规定。

（一）犯罪客体

犯罪行为侵犯的客体是他人的身体健康权,包括躯体、四肢、五官等的健康完整。

（二）犯罪客观方面

犯罪行为在客观上表现为非法损害他人身体健康。过失致人重伤的行为必须造成重伤的结果,否则不能构成犯罪。同时,行为与结果之间要有直接的因果关系。

（三）犯罪主体

凡年满16周岁,具备刑事责任能力的自然人均可成为本罪的犯罪主体。

（四）犯罪主观方面

本罪的主观要件是过失,包括疏忽大意的过失和过于自信的过失。疏忽大意的过失要求行为人负有某些特定的义务,如注意的义务、遵守规定的义务等,但行为人没有履行好这个义务,最后导致结果的发生。过于自信的过失则是行为人已经预见自己的行为可能发生危险社会的结果,但轻信能够避免,以致发生这种结果的心理态度。对客观上不能预见的情况,则可能构成意外事件。行为人能不能预见,需结合行为人具体的身份、当时的环境、行为人的智力状况等因素来判断。

致人重伤的意外事件中,行为人对致人重伤的结果是不能预见的,虽然伤害行为是行为人实施的,但结合案件的实际情况,行为人对结果无法预见,行为人主观上没有刑法意义上的过错,因此不构成犯罪。

四、故意杀人罪

《刑法》第232条规定,故意杀人的,处死刑、无期徒刑或者10年以上有期徒刑;情节较轻的,处3年以上10年以下有期徒刑。

（一）犯罪客体

本罪侵犯的客体是他人的生命权。法律上的生命是指能够独立呼吸并能进行新陈代谢的活的有机体,是人赖以存在的前提。

(二) 犯罪客观方面

一是必须有剥夺他人生命的行为,作为和不作为均可。在监狱内犯故意杀人罪的,行为主要以积极的作为为主。对于以不作为方式实施的杀人,只有那些对防止他人死亡结果发生负有特定义务的人才能构成。

二是剥夺他人生命的行为必须是非法的,即违反了国家的法律。而执行死刑、正当防卫等行为导致他人死亡的,均不构成故意杀人罪。经受害人同意而剥夺其生命的行为,也构成故意杀人罪。

三是直接故意杀人罪的既遂和间接故意杀人罪以被害人死亡为要件,而且行为人的危害行为需与被害人死亡的结果之间具有因果关系。

(三) 犯罪主体

故意杀人罪的主体是一般主体。已满14周岁不满18周岁的人犯故意杀人罪,应当从轻或者减轻处罚。

(四) 犯罪主观方面

行为人在主观上须有非法剥夺他人生命的故意,包括直接故意和间接故意,即明知自己的行为会发生他人死亡的危害后果,并且希望或者放任这种结果的发生。故意杀人的动机是多种多样和错综复杂的。常见的如报复、图财、奸情、拒捕、义愤、气愤、失恋、耍流氓等。动机可以反映杀人者主观恶性的不同程度,对正确量刑有重要意义。

五、脱逃罪

《刑法》第316条规定,依法被关押的罪犯、被告人、犯罪嫌疑人脱逃的,处5年以下有期徒刑或者拘役。

(一) 构成要件

1. 犯罪客体

本罪侵犯的客体是司法机关的正常管理秩序。对犯罪嫌疑人、被告人、罪犯进行拘留、逮捕、羁押、监管是司法机关依照法定条件和程序施加于犯罪嫌疑人、被告人、罪犯的强制措施,是保护人民,维护社会秩序,同犯罪作斗争的重要手段,也是保障司法机关司法活动正常进行的必要环节。接受司法机关依法对其所采取羁押、监管,是犯罪嫌疑人、被告人、罪犯必须遵守的义务。

2. 犯罪客观方面

本罪在客观方面表现为逃离羁押、改造场所。羁押场所主要是指看守所。改造场所主要指监狱、未成年犯管教所等。另外，押解犯罪分子的路途中也应视为监管场所范围。行为人的逃跑方法有使用暴力脱逃与未使用暴力脱逃两种。未使用暴力脱逃，是指行为人寻找机会，创造条件，趁司法工作人员不备而逃跑。使用暴力脱逃，是指行为人通过对司法工作人员施以殴打、捆绑等暴力行为，从而摆脱其监管控制。从人数上看，有单人逃跑的，也有数人共同逃跑的。无论采取什么形式脱逃，都不影响本罪的成立。但是，如果脱逃过程中有重伤害或者故意杀人行为的，应按处理牵连犯的原则，从一重罪处罚。对于多数人集体脱逃的，应按共同犯罪论处。

3. 犯罪主体

本罪的主体是特殊主体，即必须是依法被关押的罪犯、被告人、犯罪嫌疑人。一是依法被拘留、被逮捕的未决犯；二是已被判处拘役以上刑罚，正在刑罚执行机关服刑的已决犯。只有上述两种人才能成为本罪主体。被行政拘留或劳动教养的人逃跑的，不构成本罪。被错抓、错判的人，独立实施脱逃行为的，不构成本罪。

4. 犯罪主观方面

本罪在主观方面表现为直接故意。行为人脱逃的目的是逃避羁押与刑罚的处罚。如果不以逃避羁押或刑罚处罚的目的，则不构成犯罪。例如，罪犯获准回家办理丧葬事宜，因故未能按时返回监狱，就不能视为脱逃罪。

（二）既遂与未遂的认定

行为人实施脱逃的目的在于逃离羁押或者改造场所，因此，脱逃行为是否得逞，犯罪是否既遂，主要应看行为人是否逃出了羁押、改造场所，是否摆脱了看管人员的控制。已经逃离羁押或改造场所的范围，摆脱了看守人员监视控制的，就是脱逃犯罪既遂；实施脱逃，如果在羁押改造场所内被发现，或者虽然逃出了羁押改造场所的范围，但在看守人员直接监视下被抓回的，是脱逃犯罪未遂。区别既遂与未遂，是裁量刑罚的一个依据。

六、组织越狱罪

组织越狱罪，是指在押罪犯3人以上秘密勾结，有组织有计划地使用暴力或使用其他手段，逃到狱外的行为。

《刑法》第317条第1款规定，组织越狱的首要分子和积极参加的，处5年以上有期徒刑；其他参加的，处5年以下有期徒刑或者拘役。

（一）犯罪构成要件

1. 犯罪客体

本罪侵犯的客体是司法机关的监管秩序。监狱、看守所等监管场所的任务是看管、教育、改造罪犯。为了保证监管场所的正常秩序，国家对罪犯的出狱作了严格的规定。组织越狱使监管场所的正常监管秩序受到侵扰。

2. 犯罪客观方面

本罪在客观方面表现为被关押的罪犯在首要分子的组织和秘密策划下有组织、有计划地逃往狱外的行为。这里所说的"狱"，是指包括监狱、未成年犯管教所、看守所等场所。在押解罪犯的路途中，罪犯有组织、有计划地逃跑的，也属于组织越狱的行为。越狱的方式是多种多样的，如冲闯狱门、翻越狱墙、挖掘地道等。只要是多名在押罪犯有组织越狱行为，无论采取什么方式，都不影响本罪的构成。在越狱的过程中可能出现抢劫、抢夺看守人员枪支弹药、绑架或杀害监管人员等其他犯罪行为，对此一般不按数罪并罚处理，而视为本罪从重处罚的情节。但对于越狱后实施的其他犯罪行为，仍应按数罪并罚的原则处理。

3. 犯罪主体

本罪的主体是特殊主体，即只能由在监狱等刑罚执行机关关押的罪犯构成。对于个别监管人员为越狱的罪犯提供帮助或方便条件的，应按组织越狱罪的共犯处理。

4. 犯罪主观方面

本罪在主观方面必须出于故意，并且具有通过组织越狱的行为以达到逃避法律制裁的目的。本罪为必要共同犯罪，但不要求行为人都出于相同的动机，行为人只要认识到自己正在与他人一起共同实行有组织、有预谋、有计划的逃跑越狱行为仍决意实施的，即可构成本罪。

（二）本罪与脱逃罪的区别

本罪与脱逃罪在形式上都表现为在押的犯罪分子逃离监管、羁押场所。但两者有所区别：

一是行为方式不同。本罪在客观方面表现为有计划、有组织地进行，

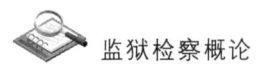

并且一般使用暴力手段,公开与国家专政机关对抗;而脱逃罪在客观方面往往采取秘密逃跑的方式。

二是本罪是多数在押犯勾结在一起,在首要分子的指挥、策划下,有组织、有计划地集体逃跑越狱。本罪必须由两人以上共同实施,所以本罪中有组织者、有首要分子、有积极参加者。本罪是共同犯罪。而脱逃罪一般只是个别犯罪分子单独逃跑,当然也有共同犯罪的情形,但脱逃罪的共同参与人并不存在组织者、参与者之分,一般情况下均为首要分子。

三是本罪的主体只包括在刑罚执行机关关押的服刑人员,而脱逃罪的主体还包括被拘留、逮捕的未决犯。

七、暴动越狱罪

暴动越狱罪是指依法被关押的犯罪分子,以有组织或者聚众的形式,集体使用暴力手段强行越狱的行为。本罪侵犯的客体是监管场所的正常监管秩序;客观方面表现为以有组织或者聚众的形式集体使用暴力手段强行越狱的行为;犯罪主体是特殊主体,即依法被关押的犯罪分子;主观方面是直接故意。

《刑法》第317条第2款规定,暴动越狱或者聚众持械劫狱的首要分子和积极参加的,处10年以上有期徒刑或者无期徒刑;情节特别严重的,处死刑;其他参加的,处3年以上10年以下有期徒刑。

本罪是暴力犯罪,行为体现了暴力性,如行为人有组织、有预谋地制造工具、抢夺枪支,伤害、杀害监管民警。本罪和组织越狱罪一样,也是必要共同犯罪,如果没有两人以上参与实施,则不能按本罪处罚。

第二节 办理罪犯又犯罪案件的特点

一、对犯罪嫌疑人一般不需要采取强制措施

犯罪嫌疑人由于正在监狱内服刑,因此不需要办理取保候审、拘留、逮捕等刑事强制措施,只需继续羁押在监狱。按照目前的规定,监狱会采取隔离审查的措施来代替强制措施。但对于在侦查或审查起诉或审判阶

段,原判刑期即将届满的犯罪嫌疑人,按照监狱办理刑事案件的规定,需要向检察机关提请批准逮捕,在刑满前将逮捕手续办理完毕,并于释放之日送看守所羁押。

二、量刑情节存在从宽和从重的考虑

依照《监狱法》第59条的规定,罪犯在服刑期间故意犯罪的,依法从重处罚。按照《刑事诉讼法》第15条的规定,认罪认罚的,可以依法从宽处理。在办理案件中,应当充分考虑两种量刑情节,两者都是法定的量刑情节,不能只从重考虑不从轻考虑,也不能只从轻考虑不从重考虑。

三、案件来源单一

狱内又犯罪案件只能发生在监狱内,因此狱内又犯罪案件只能由监狱狱侦部门进行侦查。如果发生罪犯脱逃并被地方公安机关抓获的情况,公安机关应当将犯罪嫌疑人移交监狱。

四、对犯罪嫌疑人一般不认定有自首情节

犯罪嫌疑人在狱内再次实施犯罪,即便实施完犯罪行为后主动向监管民警报告,一般也不认定为自首,但可以认定为坦白。狱内又犯罪后,犯罪嫌疑人存在特殊自首。特殊自首指的是被采取强制措施的犯罪嫌疑人、被告人和正在服刑的罪犯,如实供述司法机关还未掌握的本人的其他罪行的,不管是狱内的罪行还是狱外的罪行,只要行为没有被司法机关发现或者没有被查证,就应当认定为自首。

五、原减刑裁定无效

罪犯在狱内又犯罪,按照《刑法》第71条的规定,应当将前罪没有执行的刑罚和后罪所判处的刑罚数罪并罚。同时,按照最高人民法院《关于办理减刑、假释案件具体应用法律的规定》第33条,狱内又故意犯罪的,原减刑裁定减去的刑期不计入已经执行的刑期,但死缓减为无期、有期,或者无期减为有期的裁定继续有效。

六、慎重适用酌定不起诉

酌定不起诉主要是因为犯罪行为情节轻微,依照刑法不需要判处刑罚

或者免除刑罚的情况。只有初次实施轻微犯罪、主观恶性较小的犯罪嫌疑人，检察机关才可以适用酌定不起诉。对于狱内又故意犯罪的罪犯来说，其主观恶性较深，适用酌定不起诉一般不符合法律精神。对于狱内过失犯罪，如果造成严重后果，适用酌定不起诉容易造成不好的社会影响，应当慎用酌定不起诉。

第八章　办理控告、举报和申诉案件

控告、举报和申诉是宪法赋予每个公民的一项基本民主权利，监狱服刑的罪犯同样享有控告、举报、申诉权利。人民检察院在收到监狱移送的控告、举报和申诉材料后，应当认真进行审查，并作出相应的处理。

第一节　监狱检察部门办理控告、举报和申诉案件的制度沿革

我国关于服刑罪犯的控告、举报和申诉的制度在改革开放以前变化不大，基本上和普通案件的控告、举报和申诉没有区别。随着法治的发展，逐步建立和完善了监狱检察部门办理罪犯控告、举报和申诉案件制度。

我国 1978 年《宪法》规定，公民对于任何违法失职的国家机关和企业、事业单位的工作人员，有权向各级国家机关提出控告。公民在权利受到侵害的时候，有权向各级国家机关提出申诉。自此，公民的申诉权利被载入《宪法》，成为我国公民的一项宪法性基本权利。刑事申诉权是宪法申诉权在刑事诉讼中的具体体现，是公民申诉权的重要组成部分。

1978 年检察机关恢复重建时，最高人民检察院信访厅的主要工作是纠正冤假错案。当时没有明确监狱检察部门办理控告、申诉案件。1981 年最高人民检察院制定了《人民检察院监所检察工作试行办法》，规定监所检察部门负责处理罪犯及其家属的申诉和控告，以保障罪犯的权益。1984 年最高人民检察院明确控告申诉检察工作是人民检察院的一项重要业务，是履行法律监督职能的组成部分。1985 年 1 月在北京召开的第二次全国检察机关信访工作会议，研究了控告申诉部门自办的五类案件等具体问题，出台了最高人民检察院《关于加强信访工作的决定》和《人民检察院处理控

告申诉案件的规定》两个文件。1986年11月，在北京召开的第三次全国检察机关信访工作会议，重点研究和讨论了人民检察院控告申诉工作细则。1988年12月26日最高人民检察院公布了《人民检察院举报工作若干规定（试行）》，公开了举报工作办事制度，这是控告申诉检察工作历史上一次具有标志意义的会议。

1994年我国颁布了《监狱法》，明确规定了对罪犯的申诉、控告、举报的处理方式，并对罪犯行使上述权利给予保障，规定监狱检察部门直接对罪犯提出的申诉案件进行办理。

1996年最高人民检察院出台了《人民检察院举报工作规定》，明确了人民检察院直接受理举报案件的范围，对不属于检察机关管辖的举报、控告也应当接受。同年，最高人民检察院办公厅下发了《关于复查刑事申诉案件有关问题的通知》，针对检察机关在办理申诉案件过程中存在不严格执行人民检察院复查刑事申诉案件规定等情况，提出必须严格执行上级人民检察院作出的复查决定，复查刑事申诉案件一律归口管理等要求。

1998年最高人民检察院制定了《人民检察院复查刑事申诉案件规定》，规定监所检察部门管辖被告人及其家属不服人民法院已经发生法律效力且尚在执行中的刑事判决、裁定的申诉。这是最高人民检察院明确规定监所检察部门对服刑罪犯及其家属申诉的案件具有管辖权。

1999年最高人民检察院监所检察厅下发了《关于进一步加强复查被监管人及其家属申诉案件工作的通知》，提出复查被监管人及其家属的申诉案件，是监所检察部门的一项重要职责，是检察机关密切联系群众的纽带和"窗口"。规定监所检察部门对被监管人及其家属提出的法院判决、裁定有错误可能的申诉案件，要严格按照法定程序立案复查；经立案复查，凡判决、裁定确有错误，需要向人民法院提出抗诉的，要按照规定移送刑事检察部门审查，提出抗诉。

2002年最高人民检察院下发了《关于加强和改进控告申诉检察工作的决定》，明确控告申诉检察工作是检察机关联系群众的桥梁和纽带，是获取案件线索的主要渠道，是直接依靠群众实施法律监督的一项业务工作。同时要求各级人民检察院都要按照"谁主管，谁负责"的原则，实行控告申诉首办责任制。

2003年最高人民检察院下发了《关于调整服刑人员刑事申诉案件管辖的通知》，明确原由检察机关监所检察部门负责办理的罪犯及其法定代理人、近亲属的刑事申诉案件，划归刑事申诉检察部门办理；派出检察院仍负责办理其管辖内监狱罪犯及其法定代理人、近亲属的刑事申诉案件。该项规定将监所检察部门办理申诉案件的办理权划归刑事申诉检察部门办理。

2003年最高人民检察院制定了《人民检察院控告、申诉首办责任制实施办法（试行）》，明确控告、申诉案件责任，要求及时办理，提出将控告、申诉解决在首次办理环节上。

2003年最高人民检察院下发了《关于进一步做好服刑人员申诉办理工作的通知》，针对各地办理罪犯申诉案件中存在的重视不够、监督意识薄弱、法律监督的方式单一、监督效果不够明显等问题，从六个方面提出了新的要求。

2007年最高人民检察院下发了《关于办理服刑人员刑事申诉案件有关问题的通知》，规定人民检察院监所检察部门及派出检察院接到罪犯及其法定代理人、近亲属刑事申诉案件后，应当认真审查，提出审查意见，对申诉中提出的问题分情况予以处理。对于反映违法扣押当事人款物不还、刑期折抵有误以及不服刑事执行变更决定的申诉，明确由监所检察部门依法处理。这也是监狱检察部门目前办理罪犯申诉的主要依据。

2012年最高人民检察院制定了《关于办理不服人民法院生效刑事裁判申诉案件若干问题的规定》，规定了对不服人民法院已经发生法律效力的刑事判决、裁定的申诉，经两级人民检察院办理且省级人民检察院已经复查的，如果没有新的事实和理由，人民检察院不再立案复查。但原审被告人可能被宣告无罪的除外。该项制度解决了无休止的申诉问题，为化解无限制的申诉提供了法律依据。

2014年最高人民检察院制定了《人民检察院复查刑事申诉案件规定》，明确规定了刑事申诉的范围，对不属于刑事申诉案件的处理也作出了相应的规定。

2019年3月12日，最高人民检察院检察长张军在十三届全国人大二次会议上作工作报告时，代表全国检察机关庄重承诺：将心比心对待群众信访，做到7日内程序回复，3个月内办理过程或者结果答复信访人。

2019年最高人民检察院机构改革后，针对刑事申诉职能不明确的问题，最高人民检察院第十检察厅明确了机构改革后，控告申诉检察部门除受理向本院的控告和申诉，承办本院管辖的国家赔偿和国家司法救助案件

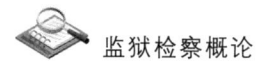

外，还应负责对本院管辖受理的刑事申诉案件进行审查，经审查刑事申诉材料或必要的调查核实，认为原处理决定或者裁判正确的，出具审查结论直接答复申诉人，并做好释法说理工作；对于经审查认为原案存在错误可能，需要调取原案全部案卷进一步审查的，移送其他刑事检察部门办理。

第二节 罪犯控告、举报和申诉的概念

《宪法》第 41 条规定："中华人民共和国公民对于任何国家机关和国家工作人员，有提出批评和建议的权利；对于任何国家机关和国家工作人员的违法失职行为，有向有关国家机关提出申诉、控告和检举的权利，但是不得捏造或者歪曲事实进行诬告陷害。"《宪法》赋予公民控告、举报和申诉的权利，国家应创造一切条件，保障这一权利的实施。我国《刑事诉讼法》规定，当事人及其法定代理人、近亲属对已经发生法律效力的判决、裁定，可以向人民法院或者人民检察院提出申诉。为了保障罪犯的控告、举报和申诉的权利能够实施，《监狱法》明确监狱及时传递罪犯的申诉、控告和检举材料，不得扣压，有关部门要及时处理这些材料。

一、罪犯控告、举报的概念及特点

（一）罪犯控告、举报的概念

罪犯控告，是指罪犯对于监狱人民警察或其他国家工作人员的违法犯罪行为，向有关机关进行揭发、控诉，并要求依法处理的活动。

罪犯举报，是指罪犯对监狱内外的违法犯罪活动向有关机关揭发或者检举的活动。

（二）罪犯控告、举报的特点

控告、举报，是国家赋予罪犯的一项重要权利，是依法维护罪犯合法权益的有效途径，也是化解警囚矛盾的重要渠道。控告和举报均是向有关机关反映情况和问题，反映的都是他人的违法犯罪行为。但是二者又不相同，主要区别在于：一是提出的主体不同。控告是由遭受犯罪行为直接侵害的被害人提出，而举报则一般是由与案件无直接利害关系的单位或个人提出。二是目的不同。控告主要是为了维护被害人自身的合法权益；举报

主要是为了伸张正义,维护法治,保护国家和社会公共利益及他人的合法权益。三是了解案件情况的程度不同。控告人由于其人身或财产权利受到侵犯,一般对案情了解较多,如监管民警对罪犯如何实施虐待行为,给罪犯造成何种程度心理伤害等。举报人对案情的了解较少,大多系间接知道案情,所以其了解案情的程度不如控告人。

二、罪犯申诉的概念及特点

(一) 罪犯申诉的概念

罪犯申诉,是指罪犯认为已经发生法律效力的判决和裁定有错误,向司法机关提出撤销或变更原判刑罚的请求。根据罪犯服刑改造的特殊性,相关规定将对违法扣押罪犯款物不还、刑期折抵有误以及不服刑事变更执行决定的请求也列为罪犯申诉的范围。

(二) 罪犯申诉的特点

1. 申诉的主体是特定的

我国《刑事诉讼法》第252条规定:"当事人及其法定代理人、近亲属,对已经发生法律效力的判决、裁定,可以向人民法院或者人民检察院提出申诉,但是不能停止判决、裁定的执行。"裁定生效后的申诉主体是当事人及其法定代理人、近亲属。我国《监狱法》规定,罪犯对生效的判决不服的,可以提出申诉。监狱学上的罪犯,是指因实施犯罪行为而被人民法院依法判处死刑缓期二年执行、无期徒刑、有期徒刑并在监狱内接受惩罚和改造的犯罪人。从罪犯的定义中可以总结出三个特点:一是已经发生法律效力的裁判文书认定该行为构成犯罪且应当受到刑罚处罚;二是犯罪行为人被投入监狱服刑,监狱以改造罪犯为宗旨;三是犯罪行为人是监狱刑罚法律关系上的主体,也就是说,行为人在监狱刑罚法律关系中需要承担一定的义务,同时享有一定的权利。监狱在依法剥夺或限制罪犯某些权利的同时,必须充分尊重和保护罪犯未被剥夺或者限制的那些公民权利。

2. 刑事申诉的途径较为固定

在刑事诉讼过程中,任何一个诉讼行为都不能孤立存在,单个的诉讼行为不可能构成完整的、连续的诉讼,刑事申诉行为作为诉讼行为的一种同样不能脱离这个规律。当事人单独的刑事申诉行为,如果没有司法机关的受理、审查、作出决定或者裁判行为,就毫无实际意义可言。为保证刑事申诉依法有序进行，法律必须制定严格的程序规范。针对罪犯的申诉途径也是有法律明确的规定。罪犯的申诉途径主要有以下三种方式：第一种途径是罪犯通过向所在监区提出申诉并提供相应的证据材料，由监区移送驻狱检察室，再由检察室移送本院控申部门受理办理；第二种途径是罪犯直接向检察机关递交申诉材料，如预约驻狱检察官或者向巡回检察组递交申诉材料，再由驻狱检察官或者巡回检察组转交控申部门进行办理；第三种途径是罪犯的法定代理人或者近亲属，代罪犯向相关人民法院或者人民检察院递交申诉材料。

3. 刑事申诉不停止原判决、裁定的执行

刑事申诉作为刑事诉讼救济行为，只是一种请求权，反映的是申诉主体一方对生效判决、裁定或处理决定的看法。依法作出的刑事判决、裁定或处理决定一经生效，对当事人和司法机关都具有拘束力，都必须遵守执行，且任何人不得以自己的判断否定其法律效力。这个判决、裁定在没有被法定机关依法定程序改变以前，是不会停止执行的。也就是说，判决、裁定或处理决定不因当事人提出了申诉而影响其既定力，刑事申诉不产生诉讼上的法律约束力。监狱作为国家的刑法执行机关的职责就是对人民法院已经发生法律效力的判决裁定进行强制执行。法律规定申诉期间不能停止判决、裁定的执行，那么提出申诉请求的罪犯身份依然没有改变，因此除了享有相应的权利以外，仍然需要履行一切罪犯应履行的义务，包括遵守监狱的监管改造规定，服从警察的日常管理，参加生产劳动和思想教育学习等。

三、保障罪犯控告、举报和申诉权的意义

（一）化解社会矛盾、维护社会稳定的需要

监狱不稳定则社会不安定，监狱的矛盾得不到有效化解，这些矛盾会流入社会，造成社会的不稳定。因此，切实保障罪犯的控告、举报和申诉的权益，维护其合理诉求，是促进社会和谐的需要。

（二）有利于促进罪犯改造的积极性

通过多年的司法实践证明，依法保护罪犯的控告、举报和申诉权利，对于更准确、有效地执行刑罚，打击犯罪，保护人民，健全社会主义民主和法律具有重要意义。同时，保障罪犯控告、举报和申诉权利，有利于调动罪犯的改造积极性和主动性，让罪犯感受到法律的公平公正，让他们在

希望中自觉改造，也有助于提高监狱对罪犯的教育改造质量，减少重新犯罪率，真正实现教育改造罪犯的首要目标。

（三）有助于充分发挥监狱检察职能

办理罪犯控告、举报和申诉案件，监狱检察部门能够及时掌握在押罪犯及其家属的思想动向和心理状态。同时，将他们的申诉控告内容和查处的情况，按时间、种类、性质等进行综合分析，将带有倾向性和规律性的情况，及时提供给监管改造部门和有关部门，既充分发挥了监狱检察部门的监督职能，也有利于促进监管改造部门有针对性地对罪犯进行教育改造。对监狱来说，可以帮助他们发现问题进行纠正，解决监狱管理隐患；对罪犯来说，通过帮助他们维护合法权益，有利于他们解开心结安心改造，这也是多赢共赢。

（四）有利于提升司法公信力

司法公信力是司法机关依法行使司法权的客观表现，是执法过程和结果得到民众信赖、尊重与认同的高度反映。司法公信力一方面体现为民众对司法的充分信任和尊重，另一方面体现为法律在整个社会的权威和尊严。通过办理罪犯控告、举报、申诉案件，纠正监管改造部门的违法行为，查办公职人员违法犯罪，积极回应罪犯关切，有利于提升司法公信力。如新疆维吾尔自治区石河子市检察院检察官张彪在监狱巡回检察时，收到罪犯张高平不服原判的申诉材料。张彪立即调取了相关证据材料，5次跨省向有关机关反映情况，最终推动了"张氏叔侄强奸杀人案"重审改判。

第三节 办理控告、举报和申诉案件的范围

一、办理控告、举报案件的范围

2014年最高人民检察院《人民检察院举报工作规定》第2条规定，人民检察院依法受理涉嫌贪污贿赂犯罪，国家工作人员的渎职犯罪，国家机关工作人员利用职权实施的非法拘禁、刑讯逼供、报复陷害、非法搜查的侵犯公民人身权利的罪犯以及侵犯公民民主权利的犯罪的举报。

随着监察体制改革和刑事诉讼法的修改，人民检察院职务犯罪侦查职权发生了较大变化。2018年修改后的《刑事诉讼法》第19条第2款规定："人民检察院在对诉讼活动实行法律监督中发现的司法工作人员利用职权实施的非法拘禁、刑讯逼供、非法搜查等侵犯公民权利、损害司法公正的犯罪，可以由人民检察院立案侦查。对于公安机关管辖的国家机关工作人员利用职权实施的重大犯罪案件，需要由人民检察院直接受理的时候，经省级以上人民检察院决定，可以由人民检察院立案侦查。"上述立案侦查的范围也是检察机关目前受理举报的案件范围。除此之外的职务犯罪案件，由监察委员会进行办理。刑事执行检察部门收到罪犯举报、控告的贪污受贿、渎职侵权等案件时，应当按照规定，在7日内将案件线索移送监察委员会。控告案件与举报案件相似，其范围与举报案件范围相同。

二、办理申诉案件的范围

当事人及其法定代理人、近亲属，对已经发生法律效力的判决、裁定不服，可以向人民法院或者人民检察院提出申诉，其中包括不服下级人民检察院审查或者复查处理决定，上级人民检察院认为存在错误可能要求下级院进行复查的，上级人民检察院或者本院检察长交办的，但是申诉人在申诉期间不能停止判决、裁定的执行。

死刑复核期间当事人及其近亲属或者受委托的律师向最高人民检察院提出的不服死刑裁判的申诉，由最高人民检察院死刑复核检察部门审查。

最高人民检察院《关于办理服刑人员刑事申诉案件有关问题的通知》规定，当事人及其法定代理人、近亲属可以对违法扣押当事人款物不还、刑期折抵有误以及不服刑事执行变更决定提出申诉。

第四节 办理申诉案件存在的问题和应对措施

办理罪犯刑事申诉案件是监狱检察的一项重要工作。及时有效地办理罪犯的刑事申诉案件，对于保障罪犯的合法权益，促使罪犯安心改造以及维护监狱的监管秩序都具有重要的意义。但是在办理罪犯申诉案件的实践中，还存在一些问题需要解决。

一、办理申诉案件存在的问题

(一) 监管民警保障罪犯申诉权益的积极性不高

在监狱改造罪犯过程中，监狱民警主要把精力用在管理罪犯上，过度强调罪犯应尽的义务，而忽视了罪犯享有的申诉权利。有部分监狱警察对法律知识掌握得比较肤浅，对法条理解片面，不能认真听取罪犯阐述的申诉理由，就主观臆断下结论，认为罪犯的申诉完全是徒劳的，甚至属于扰乱监管秩序的行为。加之，我国法律对罪犯的申诉与认罪悔罪的规定不明确，我国监狱对罪犯实行百分考核制，考核项目分为思想改造和劳动改造两部分。思想改造方面，就是要认罪悔罪，这是悔罪表现的最低标准。而我国相关法律对罪犯申诉与不认罪悔罪方面的界定又比较模糊，法律和司法解释并没有规定如何区分，这就导致部分监狱干警认为，罪犯申诉就是不承认犯罪事实。这使得在某种程度上，将罪犯申诉与不认罪画上了等号，也就造成了申诉罪犯不能获得奖分、评定奖励，不能被监狱依法提起减刑。还有部分监狱警察处理罪犯申诉等诉求时不主动作为，其主要原因是没有在处理罪犯的申诉上有具体的奖惩机制，《监狱法》规定了监狱民警收到罪犯申诉材料怎样处理的程序，但是没有规定对监狱民警收到申诉材料不处理进行追责的机制。

(二) 监狱检察部门办理申诉案件不主动

《人民检察院监狱检察办法》第43条规定，派驻检察机构应当受理罪犯及其法定代理人、近亲属向检察机关提出的控告举报和申诉。根据罪犯反映的情况，及时审查处理。由上可以看出，人民检察院驻监检察室对罪犯在服刑期间依法应当享有的申诉、控告权利，是否得到保护，对监狱在处理时是否有侵权行为实行监督，发现有违法情况，有权提出纠正意见。但是在工作实践中，法律赋予监狱检察监督的权限大而宽，从罪犯的入监检察到罪犯的日常改造、各项权利的维护，直至出监检察等整个服刑改造的过程。而监狱检察人员的配备与工作量极其不相适应，远远不能适应检察监督工作的需要。而维护罪犯的申诉权益只是监狱检察监督工作的一小部分，而且这项工作程序较为烦琐，从接收罪犯的申诉材料到材料的审查、约谈罪犯，以及做好必要的息诉罢访工作，每一个环节都要牵扯检察人员的大量精力。加之，刑事申诉案件的当事人及其近亲属大多经历了漫长的上访和申诉过程，办理该类案件成效不明显，检察人员一般不情愿主动去办理。

(三)职责不明使罪犯申诉工作难以推进

按照最高人民检察院《关于办理服刑人员刑事申诉案件有关问题的通知》的规定,监狱检察部门没有调查权,没有阅卷权,更没有查证核实权,承办人仅根据起诉书、判决书、裁定书和申诉人员的询问笔录、申诉书、原审裁判文书来撰写审查意见。但是罪犯的申诉材料或谈话笔录可能存在避重就轻的可能性。另外,根据起诉书和判决书,只能从中得到一些基本的犯罪事实和证据列举,由于缺乏具体的证据材料,根本无法全面地还原整个案情,不能全面地提出案件存在的问题及矛盾之处,也就无法作出客观公正的判断。这样的审查意见说服力不强,不能引起办案单位的足够重视。

(四)律师参与刑事申诉案件较少

近年来,司法机关采取多项措施保障犯罪嫌疑人、被告人合法权益,尤其对提起公诉的被告人,在开庭时要求全覆盖,但在罪犯被判处刑罚投入监狱服刑以后,律师参与维护罪犯合法权益的情况较少,律师代理刑事申诉案件的也是屈指可数。

二、应对措施

罪犯的申诉权是宪法和法律赋予公民包括罪犯在内的重要权利。我国相关法律对罪犯的申诉从程序到处理均作了规定,但这些规定在行使过程中还需进一步完善。

(一)提升监管民警对罪犯行使申诉权重要性的认识

我国《监狱法》规定,罪犯的申诉、控告、检举材料,监狱应当及时转递,不得扣押。监狱在执行刑罚过程中,监狱警察对罪犯的申诉材料负有及时转递的义务。从一定程度来讲,由于罪犯的社会地位,他们所享有的权利特别容易受到侵犯,如果让他们再丧失了最后发声的机会,也就失去了人权保障的最后一道屏障。监狱警察应当转变观念,正确认识罪犯的申诉权利。不能把罪犯申诉等同于罪犯没有"认罪悔罪"。罪犯提出申诉是因为对判决认定的事实或者法律条款有疑问,这种疑问是法律允许的。监狱警察应当对罪犯的申诉情况作具体分析,不能一概而论,认定为不认罪悔罪。保障罪犯的申诉权利,是实实在在、严肃认真的执法活动,强化责任是其中必不可少的重要环节,责任到位了,才能保障罪犯的申诉权利的实现,这也是法律赋予监狱警察的一项重要的任务。

(二)发挥检察监督职能,畅通罪犯申诉渠道

驻狱检察室应当主动作为,畅通信访渠道,如设立举报信箱、预约谈话、定期接待等。开展多种形式的宣传,让服刑人员了解自己申诉的权益。针对监狱民警存在扣压罪犯申诉信件、涉法阻碍约见检察官等违规行为,敢于进行监督,并提出相应的检察建议,跟踪督促整改。检察人员要做好约谈工作,对于罪犯的申诉,要抛弃官僚主义作风,换位思考,实事求是地按照相关规定认真办理,还要具备高度的事业心和责任感,具备跟踪监督不达目标不罢休的决心和毅力。要经常与监管一线民警沟通交流,对保障罪犯合法权益进行法制宣传,开展教育讲座,提高民警守法意识,提升人权保障观念,切实维护罪犯申诉权益。

(三)加强各部门的协调配合

罪犯申诉的内容涉及方方面面,对象往往涉及好几个单位或部门,单凭一个单位或部门解决问题存在困难较大,因此应建立公、检、法、司等联合处理罪犯申诉、控告案件办理制度,明确各自的职权和义务,各负其责,相互配合协助,在规定的时间内办理每一件申诉案件并进行答复。

(四)引导律师代理申诉案件

党的十八届四中全会通过的《中共中央关于全面推进依法治国若干重大问题的决定》指出:"对不服司法机关生效裁判、决定的申诉,逐步实行由律师代理制度。"这一决定旨在充分发挥律师的法律专业优势。律师作为司法工作者,应该更多地介入罪犯的权益保护,利用律师职责,增强罪犯的诉讼能力,依法维护罪犯的合法权益,促进社会矛盾得到依法公正地处理。监狱及驻狱检察室应落实入监谈话,明确告知罪犯及其亲属,罪犯享有获得律师法律帮助的权利、获得律师法律帮助的途径、与监狱工作有关的制度、纪律和必要的程序、手续,保障律师依法介入维护罪犯合法权益,提供法律服务。

第九章 死刑执行检察

第一节 死刑执行检察的理念

一、人权保障理念

刑法的存在,尤其是关于死刑的规定,保障了无辜者或者罪不致死者不用遭受死刑的非难,因此刑法不仅是善良人的"大宪章",也是罪犯的"大宪章",在保护被害人人权的同时也保护着犯罪人的人权。① 在刑法法条中,关于死刑的适用有着极其严格的规定。第一,严格限制死刑的适用对象:"死刑只适用于罪行极其严重的犯罪分子。"第二,严格限制适用死刑的主体:"犯罪的时候不满十八周岁的人和审判的时候怀孕的妇女,不适用死刑。审判的时候已满七十五周岁的人,不适用死刑,但以特别残忍手段致人死亡的除外。"第三,严格限制死刑的执行:"对于应当判处死刑的犯罪分子,如果不是必须立即执行的,可以判处死刑同时宣告缓期二年执行。"第四,严格规定死刑的适用程序:"死刑除依法由最高人民法院判决的以外,都应当报请最高人民法院核准。死刑缓期执行的,可以由高级人民法院判决和核准。"

这些严格的规定,一方面体现了死刑是最严厉的刑罚,为了保护被害人的人权,对于罪行极其严重的犯罪分子给予剥夺生命的处罚;另一方面体现了我国对死刑适用的谨慎态度,尽管我国并未废除死刑,但是适用死刑严格坚持着少杀慎杀的政策,尤其是死缓的规定,更是将死刑立即执行

---

① 罗玉中等:《人权与法制》,北京大学出版社2001年版,第292—293页。

的范围降到最小,这些规定无疑是保护了犯罪分子的人权。

在贯穿始终的死刑执行检察的保障下,尚未履行完法定程序并核准开始执行死刑前,既不能提前也不能延后执行;执行前,其身体权、健康权、名誉权、会见权、申诉权、控告权等依法应得到保护,不受侵犯;在监督死刑的执行时,要保障死刑执行方式的人性化,尊重死刑犯的人格尊严,能有尊严和人道地死去;执行死刑后,其尸体、骨灰得到依法处理,其遗物、遗嘱能及时转递至家属,而避免受到破坏、侮辱。

二、注重实现死刑执行的法律价值和社会价值

从程序正义的角度,对死刑执行依法进行监督,就是给死刑执行安装一道严密的"过滤网",形成对死刑执行权的监督和制衡,通过检察机关的具体介入和督促,使法院严格按照法律规定的程序和步骤逐项规范地开展执行工作;从实体正义的角度看,死刑执行监督不仅能有效督促执行法院自我约束,而且增加了外部制约,从而有利于案件疑点的发现、事实情况的查明、冤假错案的防纠,使应该被执行死刑者及时得到执行,不应被执行死刑者得以及时救助,得到公正对待。

死刑执行检察保障死刑得到正确的执行,使犯罪者受到法律最严厉的制裁和惩罚,而守法者得到法律公正的保护和对待,实现一般预防和特殊预防效果,提高公众的法治意识和价值认知,强化国家法律法规的权威性和威慑性,提高司法机关的公信力,维护法律的权威、统一和尊严,并能有力促进良好社会观念的形成、良好社会秩序的建立和健全,间接地提高社会的文明程度和发展能力。[①]

第二节 死刑执行检察的内容和重点

刑法是具有强制效力的。作为一种剥夺他人生命的刑罚,死刑具有严酷性、强大的威慑性和不可回转性,因此死刑既不能被滥用,也不能被误用,否则就是对人权的蔑视,对民主法治的践踏。现在世界上很多国家已

---

① 张加林、姜涛等:《死刑案件检察监督研究》,法律出版社2017年版,第388页。

经在法律上或事实上废止了死刑。我国虽然并不主张废除死刑，但已从实体法和程序法的角度严格限制死刑的适用，坚持贯彻"少杀、慎杀、防止错杀"的死刑政策。

一、死刑执行检察的内容

根据《刑事诉讼法》《人民检察院刑事诉讼规则》等相关规定，死刑执行检察是指检察机关依法到死刑执行现场进行监督，以保证执行工作依法、准确、文明和规范地进行。监督的主要内容包括以下方面：

第一，执行机关的法律文书是否齐备。应当查明负责执行死刑的人民法院是否收到最高人民法院核准死刑的裁定或者作出的死刑判决、裁定和执行死刑的命令。

第二，执行时间是否符合法律规定。负责执行死刑的人民法院是否在接到执行死刑的命令后7日内执行，是否在交付执行3日前通知人民检察院派员临场监督。

第三，执行死刑的方式、场所是否合法。死刑应采用枪决或者注射等方法进行，采用注射方法执行死刑的，应当在指定的刑场或者羁押场所内执行。采用枪决、注射以外的其他方法执行死刑的，应当事先层报最高人民法院批准。

第四，执行死刑前是否确认被执行人身份，是否保障被执行人基本权利与人格尊严。执行死刑前，指挥执行的审判人员对被执行人应当验明正身；询问有无遗言、信札，并制作笔录；执行死刑应当公布，禁止游行示众或者其他有辱被执行人人格的行为。

第五，在执行死刑前，发现有"罪犯正在怀孕的"等法定情形之一的，检察机关应当建议人民法院停止执行。

第六，是否验明罪犯确已死亡。执行死刑完毕，应当由法医验明罪犯确实死亡，由在场书记员制作笔录；人民检察院临场监督人员应当检查罪犯是否确已死亡，并填写死刑临场监督笔录，签名后入卷归档。

第七，负责执行的人民法院是否依照相关的法律法规和司法解释做好善后工作。

二、死刑执行检察的重点

（一）对执行依据和执行结果的监督

我国死刑的执行方式包括两种，即死刑立即执行和死刑缓期执行。

《人民检察院刑事诉讼规则》第 647 条和第 650 条分别对两种执行方式的监督内容作了比较详尽的规定。第 648 条增加了对死刑执行依据的监督,即"人民检察院收到同级人民法院执行死刑临场监督通知后,应当查明同级人民法院是否收到最高人民法院核准死刑的裁定或者作出的死刑判决、裁定和执行死刑的命令"。同时第 647 条还规定了对执行结果的监督,即"执行死刑后,人民检察院临场监督人员应当检查罪犯是否确已死亡,并填写死刑临场监督笔录,签名后入卷归档"。

(二)对被判处死刑立即执行的罪犯人身权、财产权等合法权益保障的监督

被判处死刑立即执行的罪犯的身体权、健康权、名誉权、会见权、申诉权、控告权等依法应得到保护,不受侵犯。《人民检察院刑事诉讼规则》对死刑执行监督的主体作了明确具体的规定,即在执行死刑活动中,发现人民法院有侵犯被执行死刑罪犯的人身权、财产权或者其近亲属、继承人合法权利等违法情形的,人民检察院应当依法提出纠正意见。将对死刑犯的人身权、财产权等合法权益的监督保护拓展到死刑执行阶段,让刑事诉讼程序善始善终,更有利于彰显法律的公平正义和"尊重和保障人权"原则在刑事诉讼中的贯彻。

第三节 死刑缓期执行检察

死刑缓期执行,是指对应当判处死刑,但又不是必须立即执行的犯罪分子,在判处死刑的同时宣告缓期执行,实行劳动改造,以观后效,是我国一项独特的死刑执行制度。

一、死刑缓期执行制度的作用

死缓制度的作用主要体现在:(1)死缓是"少杀慎杀"政策的体现,是限制死刑执行的有力措施。它有效地控制了被执行死刑的人数,使因犯罪被处死的人数降到最低程度。(2)死缓有利于集中力量打击最严重的犯罪分子,分化犯罪分子,是贯彻罪责刑相适应原则的刑罚制度。(3)死缓鼓励罪犯悔罪自新,有利于死缓罪犯加强改造,争取成为自食其力、有益

社会的新人。(4) 死缓制度以罪犯应当判处死刑为前提，也就是说，行为人所犯罪行相当重，国家予以最严厉的否定评价，故具有相当的威慑力，具有一般预防作用，同时死缓制度是附条件的不执行死刑，也即保留了执行死刑的可能性，这就促使犯罪分子必须改恶从善，发挥着特殊预防的作用。

二、死刑缓期执行检察的内容

对判处死刑缓期执行的罪犯，在执行期间，监狱一方面要对其进行管理教育，促使其认罪伏法，积极悔改；另一方面要对其服刑期间的表现、立功等情况进行考察和记录。当两年考验期期满时，监狱根据罪犯的服刑表现分别作出处理。如果缓刑罪犯在考验期内，没有故意犯罪的，两年期满后，向高级人民法院提出减为无期徒刑的建议，高级人民法院依法进行裁定；如果死缓罪犯在服刑期间确有法定重大立功表现的，两年期满后，则向高级人民法院提出减为25年有期徒刑的减刑建议，高级人民法院依法审查后进行裁定；如果罪犯在考验期内故意犯罪的，监狱应当依法侦查和移送起诉，经审判确认为故意犯罪，并情节恶劣的，审判该案的法院应依法层报最高人民法院核准后执行死刑；对故意犯罪未执行死刑的，死刑缓期执行的期间重新计算，减为无期徒刑后，5年内不予减刑，并报请最高人民法院备案。

针对监狱的死缓执行检察包括对监狱的执行活动、提请减刑活动和对死缓罪犯故意犯罪的侦查活动进行检察监督。其中，对监狱的执行活动的监督是由相应的检察机关进行的。监狱对死缓罪犯的管理教育工作，相较于无期徒刑、有期徒刑罪犯管理级别更严格。对于监狱侦查活动和移送起诉的监督，一般由监狱所在地的相应检察院刑事执行检察部门或者专门的刑事执行检察派出院进行。而对监狱提请减刑活动的检察监督，则由省级人民检察院的刑事执行检察部门进行。针对法院的检察监督内容包括对人民法院的减刑裁定、对死缓罪犯故意犯罪的审判和上报核准执行死刑等诉讼活动。对于人民法院对死缓减刑裁定的监督（包括裁定减为无期徒刑和减为25年有期徒刑）均由省级人民检察院负责。对于死缓期间又犯罪的审判和上报核准执行死刑工作的监督（不包括死刑复核监督），则一般是由监狱所在地省辖市检察院或专门的刑事执行检察派出院负责。

第十章　对罪犯权利的保护

罪犯有广义和狭义之分。广义的罪犯，是指实施了危害社会的行为，触犯了刑法的规定，经法院依法审理和裁判，认为其行为已经构成犯罪并给予一定刑罚处罚或免予刑事处罚的人。狭义的罪犯，是指实施了危害社会的行为，触犯了刑法的规定，经法院依法审判，被判处有期徒刑、无期徒刑、死刑缓期二年执行等被剥夺自由的刑罚，并交付监狱执行刑罚的人。① 狭义的罪犯有三个基本特点：第一，罪犯是犯罪行为的实施者，具有较为明显的反社会性。第二，罪犯是经过法院生效刑事判决判处监禁刑罚，并被依法剥夺自由的人。第三，罪犯是监狱实施惩罚和改造措施的指向对象和承受者，即罪犯是交付监狱执行的服刑人。监狱检察工作的专属对象为狭义的罪犯。

第一节　罪犯的权利

罪犯的权利可划分为三种：一是基本权利，是指作为人之为人都需要的最基本的权利。任何人都需要这种基本权利，对于罪犯来说也不例外。这种基本权利是不能因为国家和政治形势的需要而变更或者废除的权利，任何个人、国家和立法机关都不能对之进行侵犯。主要包括生命权、人格权、人身安全权和身体健康权，是其他权利赖以存在的基础和前提。二是普通权利，是指未被国家法律剥夺或限制的公民权利，作为一个公民即可以享受。这种权利通常都受国家和社会的保护，但立法机关可能会因形势需要而通过新的立法改变或废除。主要包括选举权、财产权、继承权、婚

---

① 冯建仓：《中国监狱服刑人员基本权利研究》，中国检察出版社2008年版，第1—5页。

姻家庭权、劳动权、休息娱乐权、宗教信仰自由权、文化教育权。三是特殊权利，是指国家法律和政策专门赋予罪犯的特殊权利。这种权利虽由法律创设，却可以由国家执法机关根据罪犯的表现予以剥夺或限制。主要包括通信会见权、申诉举报控告权、辩护权与获得律师帮助权、获得国家赔偿权、被告知指控罪名与理由权、获得依法减刑假释权、获得依法保外就医权。此外，还有一些权利如罪犯的生育权利、请假权利也开始受到一定程度的关注，有些地方的劳动和社会保障部门能够及时为刑满释放人员提供相关就业指导服务和就业岗位信息等。

一、罪犯的基本权利

（一）生命权

生命权是公民行使各项权利的前提条件，罪犯在监狱服刑期间，其人身自由虽然被依法剥夺，但其生命权仍然受到法律保护。生命是不可替代和不可逆转的，是人得以存在的体现，是自然人的最高人格利益。生命权是自然人的一项根本的权利，它在维护自然人的生命安全的同时，也成为自然人享有其他人格权的前提和基础，是人权中最核心的内容。生命权具有专属性、不可转让性和非经国家依法剥夺的不可处分性，当公民的生命权受到非法侵害时，有权依法自卫和请求司法保护。

《世界人权宣言》第3条规定，人人有权享有生命、自由和人身安全。《公民权利和政治权利国际公约》第6条第1款规定，人人有固有的生命权，这个权利应受到法律保护，不得任意剥夺任何人的生命。我国《刑法》第20条规定的正当防卫和第21条规定的紧急避险均体现了当公民生命权受到不法侵害时公民有权依法自卫；第232条规定的故意杀人罪、第233条规定的过失致人死亡罪、第239条规定的绑架罪等许多条文都与保障公民的生命权直接相关。这些有关侵犯公民人身权利的规定，同样适用于在监狱服刑的罪犯。为了保护监狱服刑人员的生命权，我国《监狱法》第7条规定，罪犯的人身安全不受侵犯；第46条对人民警察和人民武装警察部队的执勤人员使用武器的情形进行了限定。罪犯也是人，他们的生命权受到法律平等的保护，任何机关、任何人不得以任何方式予以剥夺或侵害（依法被判处死刑的罪犯除外）。

（二）人格权

人格是人的尊严和价值的总和，罪犯是否具有人格权反映了一个国家人权状况的基本水平。人格权集中表现为姓名权、肖像权、名誉权、荣誉权、隐私权。罪犯虽然因犯罪被判处刑罚，但其人格权并未被剥夺。罪犯的人格不受侮辱，依然享有人格权所包含的身份权、姓名权、肖像权、名誉权等。尊重罪犯的人权，并与其他人平等看待，是罪犯人格权应有的含义和要求。

《世界人权宣言》第1条规定，人人生而自由，在尊严和权利上一律平等。《公民权利和政治权利国际公约》在序言中指出，对人类家庭所有成员的固有尊严及其平等的和不移的权利的承认，乃是世界自由、正义与和平的基础；第10条第1款规定，所有被剥夺自由的人应给予人道及尊重其固有的人格尊严的待遇。我国《宪法》第38条规定："中华人民共和国公民的人格尊严不受侵犯。禁止用任何方式对公民进行侮辱、诽谤和诬告陷害。"《刑法》规定了侵犯公民人格权的处罚，如第237条规定的强制猥亵、侮辱妇女罪。我国《监狱法》第7条所规定的罪犯的人格不受侮辱，第14条所规定的监狱的人民警察不得侮辱罪犯的人格，都体现了对罪犯人格权的保护。

（三）人身安全权

人身安全是其他一切权利得以实现的前提和基础，是人权中最重要的一项内容。罪犯的人身安全不受侵犯。除了国家审判机关依法判处死刑立即执行之外，其他任何机关、单位和个人都不得用任何手段剥夺他人的生命，也不得用诸如体罚、虐待、刑讯逼供、殴打或者纵容他人殴打等任何形式、任何手段造成他人的肉体痛苦、致人伤残或者损害他人身体健康。为了保障罪犯的生命健康权利，我国《监狱法》第14条规定，监狱的人民警察不得"刑讯逼供或者体罚、虐待罪犯"，不得"殴打或者纵容他人殴打罪犯"。

（四）身体健康权

身体健康权是公民享有的一项最基本人权，是公民享有其他权利的基础之一，包括健康保持权和特定情形下的健康利益支配权。我国监狱保障罪犯的身心健康，提供有利于罪犯身心健康的物质条件。《监狱法》第四章第五节从衣着被服、食物供给、居住条件、医疗保健等方面作了专门规定，对罪犯的饮食营养、实物量、服装被褥配发、生活习惯、居住条件以及医疗卫生保健等生活标准作明确的规定，使其能够维持正常人应有的生活待遇，享受人道主义待遇。

二、罪犯的普通权利

（一）选举权

我国《宪法》第 34 条规定："中华人民共和国年满十八周岁的公民，不分民族、种族、性别、职业、家庭出身、宗教信仰、教育程度、财产状况、居住期限，都有选举权和被选举权；但是依照法律被剥夺政治权利的人除外。"因此，未被剥夺政治权利的罪犯依法享有选举权。相关规定不仅明确被判处有期徒刑、拘役、管制而没有附加剥夺政治权利的，可以行使选举权，而且对罪犯行使选举权的地点和方式作出了详细的规定。

（二）财产权

财产权是指以财产利益为内容，直接体现财产利益的民事权利。财产权包括物权、债权、继承权及知识产权中的财产权利。罪犯的财产权利，既包括未被依法剥夺或者限制的普通公民应当享有的财产权利，也包括法律专门赋予罪犯的财产权利。

首先，罪犯的合法财产不受侵犯。我国《监狱法》第 7 条规定，罪犯的"合法财产"不受侵犯。罪犯在监狱服刑期间，其合法财产受到法律保护，其对合法财产享有收益、处分等权利，但罪犯在监狱服刑期间对财产权的行使受到一定的限制。

其次，保护罪犯服刑前的合法财产。我国《宪法》第 13 条规定公民的合法的私有财产不受侵犯，罪犯虽然因触犯法律而被剥夺人身自由，但其仍是一国之国民，仍然享有该国法律规定的公民权利，如储蓄、房屋、家具等监管前的合法财产，他人不得侵占和使用。

再次，保护罪犯入监时携带的合法财产的所有权。我国《监狱法》第 18 条规定，"罪犯收监，应当严格检查其人身和所携带的物品。非生活必需品，由监狱代为保管或者征得罪犯同意退回其家属，违禁品予以没收"。罪犯在入监时携带的合法财产的所有权受到保护。

最后，罪犯享有其他合法财产权利。如罪犯在服刑期间享有接受他人赠与的合法财产的权利，其合法的债权受法律保护等。

（三）继承权

继承权作为公民民事权利的一种，属于国家法律保护的范围，并不因继承人的人身自由被限制而改变，因此罪犯监管期间仍然依法享有继承权。除非涉及依法被剥夺和限制继承权,否则,任何人不得非法剥夺和限制罪犯的继承权。

(四)劳动权

劳动权,即有劳动能力的公民有获得参与社会劳动和领取相应报酬的权利。劳动权是人权的重要组成部分,劳动权是生存权,也是发展权。我国《宪法》第42条规定,中华人民共和国公民有劳动的权利和义务。对于罪犯而言,劳动权包括劳动选择的权利、获得劳动报酬的权利、劳动保护的权利、劳动休息的权利、从事高危劳动获得保险的权利、接受职业技能培训的权利等。劳动的强度、时间必须科学合理,不能超越正常人劳动所能承受的程度范围。我国《监狱法》第五章第70条至第73条等作了相应规定。

(五)休息娱乐权

罪犯的起居、学习和娱乐活动的时间必须合理安排,必须保证其有足够的睡眠时间和休息时间。参加劳动的罪犯有在法定节假日和休息日休息的权利。罪犯有权利享受社会上绝大多数人正在享受的科技成果,可以阅读报刊书籍,可以看电视、听广播、上网,参加有益于身心健康的文化娱乐体育活动。

(六)婚姻家庭权

婚姻家庭权是指婚姻自主权、配偶权、合法婚姻家庭不受侵犯以及与婚姻家庭有关的其他权利。罪犯的婚姻家庭权,主要包括婚姻自主权、婚姻家庭不受侵犯权等。罪犯监管期间的婚姻家庭权依然受到法律保护。罪犯依法享有结婚和离婚自由的权利,享有婚姻家庭完整且不受非法破坏的权利。当然,这些权利的实现不得影响监狱的正常管理。如当罪犯面临提出离婚时,监管部门应当及时转告罪犯。罪犯服刑期间,如果家庭中的直系亲属死亡、病危或者家庭中发生其他重大事故的,确实需要罪犯回家予以处理的,准许符合条件的罪犯特许离监。

(七)宗教信仰自由权

宗教信仰自由作为公民的一项基本权利,主要有信仰自由、宗教活动自由、宗教仪式自由。我国《宪法》第36条规定,中华人民共和国公民有宗教信仰自由。我国《刑法》第251条还规定了非法剥夺公民宗教信仰自由罪。罪犯在监管期间同样享有宗教信仰自由,不因身份的改变而改变

其合法的宗教信仰,监管机关不得强制罪犯信仰宗教或者不信仰宗教。监管机关保护正常的宗教活动,并在生活上照顾少数民族罪犯的生活习惯。罪犯也不得利用宗教进行破坏监狱安全与秩序、妨碍教育改造的活动。

(八) 文化教育的权利

受教育权是指公民享有的并由国家保障实现的接受文化、科学等方面教育、训练的权利。罪犯的文化教育权利是指罪犯在服刑期间,有获得思想政治教育、文化知识教育和生产技术教育的权利。我国《监狱法》第62条规定:"监狱应当对罪犯进行法制、道德、形势、政策、前途等内容的思想教育。"第63条规定:"监狱应当根据不同情况,对罪犯进行扫盲教育、初等教育和初级中等教育,经考试合格的,由教育部门发给相应的学业证书。"第64条规定:"监狱应当根据监狱生产和罪犯释放后就业的需要,对罪犯进行职业技术教育,经考试合格的,由劳动部门发给相应的技术等级证书。"第65条规定:"监狱鼓励罪犯自学,经考试合格的,由有关部门发给相应的证书。"

三、罪犯的特殊权利

(一) 通信与会见权

我国《宪法》第40条规定,中华人民共和国公民的通信自由和通信秘密受法律的保护。除因国家安全或者追查刑事犯罪的需要,由公安机关或者检察机关依照法律规定的程序对通信进行检查外,任何组织或者个人不得以任何理由侵犯公民的通信自由和通信秘密。我国《监狱法》第47条规定,罪犯在服刑期间可以与他人通信;第48条规定,罪犯在监狱服刑期间,按照规定,可以会见亲属、监护人。2016年12月司法部印发《罪犯会见通信规定》,对罪犯会见的方式、时间等进行了详尽规定。

由此可见,罪犯有权享有一定的通信与会见权利,在监管期间可以和其亲属或其他人通信与会见。当然,这些权利必须受到一定限制,应以不妨碍刑事诉讼活动和监管活动的正常进行为前提。各地监管场所一般都设立专门场所供罪犯会见其亲属,一般是每月一次或两次,每次不超过一小时。

(二) 申诉、举报、控告权

罪犯的申诉可以分为两种,一种是刑事申诉(罪犯对原刑事判决或裁定的申诉),另一种是行政申诉(罪犯认为监管单位依据监规纪律对其作出的处罚有错误,有权向监管单位或其上级主管机关提出申诉,要求重新审查处理)。罪犯的控告权,是指罪犯认为自己的合法权益受到侵害时,向有关机关揭发并要求调查处理的权利。罪犯的检举权,是指罪犯对于没有直接侵害自己权益的有关机关及其工作人员的违法失职行为和其他人员的违法犯罪行为,向有关机关进行揭发的权利。

我国《监狱法》第 7 条规定,罪犯申诉、控告、检举的权利不受侵犯。罪犯对于其人格权、财产权以及法律规定的其他权利受到他人侵害的情况下,可以向检察机关进行控告、检举。罪犯可以对生效判决提出申诉,也可以对监管机关对其作出的纪律处分提出申诉。监管部门应当对罪犯的控告、申诉、揭发、检举材料及时地处理或者转送有关机关处理,不得阻挠、扣留和报复。

(三)辩护权、获得律师帮助权

罪犯在监管期间享有辩护权,对被指控的罪名,既可以自己辩护,也可以委托律师或者其他代理人进行代理辩护;享有与其律师、辩护人通信、会见的权利,可以会见律师,也可以通过相关途径获得法律援助;可以就有关法律问题请求律师帮助或获得法律援助,依法维护其合法权益。

我国《律师法》第 28 条规定,律师可以接受罪犯的委托,以代理人身份参加民事案件、行政案件的诉讼,以辩护人或者代理人身份参加刑事案件的诉讼,代理各类诉讼案件的申诉,参加调解、仲裁活动,提供非诉讼法律服务,解答有关法律的询问、代写诉讼文书和有关法律事务的其他文书。《律师会见监狱在押罪犯规定》明确了律师会见监狱罪犯的具体程序和一些禁止性规定,使罪犯可以通过律师帮助,有效保障自己的合法权益。

(四)获得国家赔偿的权利

《公民权利和政治权利国际公约》第 9 条第 5 款规定,任何遭受非法逮捕或拘禁的受害者,有得到赔偿的权利。我国《宪法》第 41 条第 3 款规定,由于国家机关和国家工作人员侵犯公民权利而受到损失的人,有依照法律规定取得赔偿的权利。《国家赔偿法》第 2 条规定,国家机关和国家机关工作人员行使职权,有本法规定的侵犯公民、法人和其他合法组织权益的情形,造成损害的,受害人有依照本法取得国家赔偿的权利。《国家赔偿法》还规定了国家赔偿的申请、复议、起诉等具体程序,规定了赔偿方式和计算标准。

因刑事错案或者由于国家机关工作人员侵犯公民权利而使其受到损失的，罪犯有依照法律规定获得赔偿的权利。罪犯在被监管期间，其财产受到国家司法机关或者其工作人员的侵害，有权就其遭受的全部直接财产损失取得赔偿。在执行羁押过程中，违法使用武器和警械具造成罪犯身体伤害或死亡的，国家应负相应的损害赔偿责任。

（五）被告知理由和指控罪名的权利

公民的人身自由是受《宪法》保护的。司法机关应当将限制人身自由的理由和指控的罪名及时告知罪犯及其家属。罪犯及其家属或者辩护律师也有权向有关机关了解罪犯所涉嫌的罪名及其理由，有关机关不得随意阻拦和隐瞒。

（六）获得依法减刑、假释的权利

罪犯在经过一段时间改造后，如果符合减刑、假释的法定条件，有关执行机关应当按照法定程序予以报请，人民法院应当依法予以裁定减刑、假释。检察机关发现罪犯减刑、假释不当的，应当提出纠正；发现罪犯应当减刑、假释而没有被提请的，应当建议执行机关予以提请，以确保服刑期间表现好的罪犯能够依法获得减刑、假释。

（七）获得依法监外执行的权利

罪犯有依法获得监外执行的权利。根据我国《刑事诉讼法》第265条的规定，对于被判处有期徒刑或者拘役的罪犯，有严重疾病需要保外就医的或者是怀孕或者正在哺乳自己婴儿的妇女的，可以暂予监外执行。同时还规定，对于罪犯确有严重疾病，必须保外就医的，由省级人民政府指定的医院开具证明文件，依照法律规定的程序审批。

（八）获得依法按期释放的权利

释放，是指监管场所对在押的罪犯，在具备法律规定的释放条件时，依法解除监禁，恢复人身自由，使之回归社会的一种刑罚执行制度。罪犯的按期释放权是指罪犯按照法律规定享有的被及时释放和与此相关的权利。我国《监狱法》第35条规定："罪犯服刑期满，监狱应当按期释放并发给释放证明书。"这说明罪犯享有服刑期满按期得到释放的权利，监管机关必须按期释放罪犯，不得超期关押或者延期释放。

（九）获得安置救济的权利

我国《监狱法》第37条规定："对刑满释放人员，当地人民政府帮助其安置生活。刑满释放人员丧失劳动能力又无法定赡养人、抚养人和基本生活来源的,由当地人民政府予以救济。"第 38 条规定,刑满释放人员依法享有与其他公民平等的权利。国家依法保障刑满释放人员的基本生活问题,以帮助他们能够尽快适应社会,并能自食其力、重新做人,预防再次犯罪。

第二节 对罪犯权利保护的重点

一、依法维护罪犯的休息权、获得劳动报酬权、会见权等法定权利,督促提高监管改造水平

第一,检察机关应着眼于将罪犯改造成为守法公民,监督监狱严格落实惩罚和改造相结合的原则。依法保障服刑罪犯获得公平减刑、假释、暂予监外执行的权利,对符合减刑、假释条件的罪犯,应当监督监狱等执行机关和法院及时提请、裁定减刑、假释。对服刑罪犯不服刑事裁判的申诉,要注意区分情形,防止把刑事申诉简单视为不具有悔改表现,监督和建议监狱、法院依法保障申诉罪犯获得公平减刑、假释。坚决监督纠正违法减刑、假释、暂予监外执行。加大生活卫生检察监督力度,依法保护在押人员的生活、卫生权利。依法保障监狱罪犯的会见权、通信权和其他未被剥夺的合法权利,使他们既感受到法律的权威,又感受到司法人文关怀。

第二,检察机关应着眼于更好改造罪犯,严格监督监狱依法组织在押人员参加劳动,落实劳动报酬。监督监狱严格按照每周"5+1+1"的时间规定组织罪犯从事生产劳动和学习,坚决纠正和有效预防强迫在押人员超时、超体力劳动等违法问题。要监督监狱严格落实《监狱法》第 72 条的规定,按照有关规定给予参加劳动的罪犯合理劳动报酬。监督建议司法行政机关、监狱管理机关、监狱根据各地的经济社会发展水平和财政状况逐步提高罪犯的劳动报酬。

第三,检察机关应着眼于预防和纠正冤假错案,依法监督维护罪犯的会见律师权、控告举报申诉权等诉讼权利。对罪犯的控告举报申诉,必须

做到件件有登记、件件有调查、件件有反馈,并配合控告申诉检察等部门做好相关工作。

二、依法打击"牢头狱霸"和体罚虐待等违法行为,开展被监管人死亡和监管事故检察

检察机关应依法督促有关机关严厉打击罪犯违反监规纪律,拉帮结伙,恃强凌弱,殴打、体罚虐待、强制猥亵、侮辱其他罪犯,抢吃强占,敲诈勒索其他罪犯财物等"牢头狱霸"行为或苗头性问题。应当通过以案说法、警示教育、法制宣传等形式,坚决预防和纠正监管人员殴打、体罚虐待或者变相体罚虐待罪犯的违法行为。依法监督纠正监管人员违法使用禁闭、械具、电警棍、警用约束带、约束衣以及其他侵犯罪犯合法权利的违法行为。依法依规加强监管场所安全防范检察、被监管人死亡和监管事故检察,预防和减少在押人员非正常死亡、伤残等监管事故发生,切实保障罪犯及其家属的合法权益。依法监督办案机关和刑事执行机关规范适用取保候审、保外就医制度,对有严重疾病的罪犯尽可能实现"能保尽保"。

第三编　监狱检察的程序

第一章　监狱检察程序概述

监狱检察程序是指履行监狱检察职能的机关在法律监督活动中在时间上和空间上所遵循的法定的步骤和方式。监狱检察程序具有自身的特点。第一，从监狱检察程序的作用来看，其首先是作为实现监狱检察监督目的的工具和手段，是为实现监狱检察监督实体服务的，是为保障监狱检察活动的顺利进行和正确实施服务的。第二，从监狱检察程序的效力上来看，具有法律上的强制力和权威性。监狱检察程序的基本要求，一是公开性，公开性是现代法律程序的一项基本要求。西方有句谚语："正义不仅应实现，而且要以人们看得见的方式得以实现。"这充分彰显了程序正义的重要性。对监狱检察程序而言，公开性也是保证其正当性的基本要求。监狱检察中的各项检务公开内容正好与程序公开的要求高度契合。二是参与性，从法律监督这个大的层面上讲，参与性是指让那些利益或权利可能会受到裁判或诉讼结果影响的人享有充分的诉讼参与机会，并有机会对对方的陈述和证据进行反驳和评论。监狱检察程序亦然，应当为监狱检察所涉及的各方提供这种参与的空间。

监狱检察业务种类较多，性质差别较大，既有传统意义上的办案，如查办职务犯罪、办理罪犯又犯罪及控告、举报、申诉案件等；也有以"审查处理"为主的检察监督案件，如罪犯的减刑、假释、暂予监外执行案件；也有以"调查处理"为主的检察案件，如罪犯死亡检察案件、事故检察案件。还有一些检察监督，如安全防范检察、生活卫生检察、通信会见检察、罪犯权利义务检察等，没有被视为案件来办理。基于上述分析，监狱检察业务程序也有较大的区别，既有与其他检察业务共有的程序，如查办职务犯罪、办理罪犯又犯罪和控告、举报、申诉案件等；也有自身独特的程序，如被监管人死亡检察程序、事故检察程序等。前者经过多年的发展和完善，形成了比较成熟、科学的制度体系。后者整体上说制度不够健全，有的仅有简单的程序规定，如被监管人死亡检察，最高人民检察院出台了《关于监管场所被监管人死亡检察程序的规定（试行）》，对罪犯死亡情况上报、审查调查、案卷归档等作了初步的规定。有的没有程序规定，如事故检察的程序等。一些以往没有被视为案件的检察监督事项，如安全防范检察、生活卫生检察、通信会见检察、罪犯权利义务检察等，还没有具体的程序规定。2018年11月30日最高人民检察院第十三届检察委员会第十次会议审议通过了《人民检察院监狱巡回检察规定》，对巡回检察组织与人员、巡回检察内容、方式与方法、巡回检察问题的处理与责任追究、巡回检察保障等作了具体规定。该规定对如何开展监狱检察工作，尤其是如何开展对监狱监禁刑执行检察工作具有指导作用。

总的来说，对办案程序有明确规定的，应当按照相关要求开展各项监狱检察业务；对没有规定的，要根据法律规定的原则和精神，结合自身的实际，从规范办案、提升办案质效的角度大胆实践，不断总结经验，形成长效机制，为以后制定相关规定奠定基础。

第二章 监禁刑执行检察程序

如前所述，监禁刑执行检察如入监检察、出监检察、生活卫生检察、通信会见检察、教育改造检察、禁闭检察、安全防范检察，除最高人民检察院制定的《人民检察院监狱巡回检察规定》外，没有其他明确的程序规定，本章主要介绍巡回检察的有关程序规定。派驻检察工作人员开展上述业务，也可以参照巡回检察的有关原则、方式方法等。

第一节 巡回检察程序

一、巡回检察的一般原则和要求

第一，对监狱巡回检察要严格按照刑事诉讼证据规则要求收集和固定各类证据，实现巡回检察的证据化、程序化、卷宗化、责任化、信息化。

第二，对监狱巡回检察实行主办检察官负责制和检察官办案责任制。主办检察官负责指挥巡回检察活动，对巡回检察活动负责，检察官对自己办理的办案件负责。

第三，巡回检察遵循与刑罚执行机关分工负责、互相配合、互相制约，共同维护国家法制的统一和刑罚执行的公正的原则。在对监狱巡回检察中贯彻落实总体国家安全观和治本安全观，注重发现监管安全隐患漏洞和司法工作人员违法犯罪线索。

二、巡回检察前的准备工作

一是巡回检察应由分管检察长或检察长批准，并决定巡回检察的对象、内容和参与巡回检察的人员。

二是巡回检察前，巡回检察组应当制定巡回检察工作方案，明确巡回检察的方式、方法、期限及其他要求。制定巡回检察每日任务清单，详细列明检察时间、负责人员和具体任务等。巡回检察前，应当进行巡回检察动员和业务培训。

三是人民检察院组成巡回检察组对监狱进行巡回检察。巡回检察组人员不得少于3人，进入监狱开展工作不得少于2人。巡回检察组主办检察官一般由本院负责刑事执行检察工作的检察官担任；检察长、副检察长参加巡回检察时，由检察长、副检察长担任。巡回检察组主要由本院负责刑事执行检察工作的检察人员组成，也可以抽调下级人民检察院负责刑事执行检察工作的检察人员或者安排本院其他业务部门的检察人员参加。人民检察院根据巡回检察工作需要可以邀请司法行政、安全生产监督管理、审计等部门具有专门知识的人参加巡回检察。邀请具有专门知识的人参加巡回检察适用最高人民检察院《关于指派、聘请有专门知识的人参与办案若干问题的规定（试行）》等有关规定。

四是一般应于开展巡回检察3日前将巡回检察告知函送达被巡回单位，特殊情况下，当日送达被巡回单位。告知函内容应当包括巡回检察的时间、方式和人员等。应于巡回检察前，在监狱办公楼、会见室、劳动场所、监舍、禁闭室和食堂等重点部位发布巡回检察工作公告，公告内容应当包括巡回检察的依据、时间、人员和联系方式。

三、巡回检察中的程序

一是巡回检察组到达被巡回单位后，一般应与被巡回单位召开工作联席会议，介绍巡回检察基本情况，听取被巡回单位的意见或报告。

二是巡回检察以采取以下工作方法：（1）调阅、复制有关案卷材料、档案资料、有关账表、会议记录、罪犯计分考核、奖励材料等资料，调看监控录像和联网监管信息；（2）实地查看禁闭室、会见室、监区、监舍、医疗场所及罪犯生活、学习、劳动场所；（3）抽取两个以上监室，与罪犯逐个谈话；（4）向有关知情人员询问情况，与即将刑满释放的罪犯谈话；（5）听取监狱工作情况介绍，列席监狱狱情分析会等有关会议，与监狱民警进行谈话，召开座谈会；（6）开展问卷调查；（7）需要采取的其他工作方法和措施。罪犯谈话对象应当包括3个月内刑满释放的罪犯、被关押禁闭或单独关押的罪犯以及其他知情罪犯。每次常规巡回检察与罪犯谈话数应当不低于在押罪犯总数的3%。与罪犯谈话要形成谈话笔录,谈话之前要拟定谈话提纲。

三是巡回检察人员应当总结当日检察情况,填写监狱巡回检察记录并签字,对检察情况负责。巡回检察组应当每日进行工作小结,汇总当日巡回检察情况,部署下一步工作,对发现的重大问题及时报告分管检察长。要及时梳理汇总发现的问题,制作问题清单。巡回检察组要指定专人收集在检察过程中形成的所有材料。

四、巡回检察后的问题处理

巡回检察结束后5个工作日内,巡回检察组要形成巡回检察报告和反馈意见,并报分管检察长审批。针对巡回检察发现的问题,人民检察院进行调查核实后,应当根据情况作出以下处理:(1)发现轻微违法情况和工作漏洞、安全隐患的,应当向监狱提出口头纠正意见或者检察建议,并记录在案。(2)发现严重违法情况或者存在可能导致执法不公和重大事故等苗头性、倾向性问题的,应当依法向监狱发出纠正违法通知书或者检察建议书,并指定专人督促纠正。发出纠正违法通知书或者检察建议书15日后,监狱仍未纠正、采纳或者回复意见的,应当及时向省级人民检察院报告,由省级人民检察院建议同级司法行政机关督促纠正。巡回检察中发现司法工作人员涉嫌利用职权实施非法拘禁、刑讯逼供、非法搜查等侵犯公民权利、损害司法公正犯罪的,应当按照有关规定依法办理;发现司法工作人员涉嫌其他职务犯罪线索的,应当依法移送监察委员会处理。

巡回检察结束后,应当及时制作巡回检察报告。内容包括巡回检察工作基本情况、发现的问题、处理意见及措施、下一步工作意见或者建议等。巡回检察工作开展情况,应当以适当方式向社会公开,接受人民群众监督。应当建立与当地司法行政机关和监狱的情况通报、信息共享、联席会议等制度。巡回检察中发现的问题应当及时反馈,重大问题和事项及时向上一级人民检察院和地方党委请示报告。

第二节 检察建议

检察建议是指人民检察院依法履行法律监督职责,参与社会治理,维护司法公正，促进依法行政，预防和减少违法犯罪，保护国家利益和社会公共利益，维护个人和组织合法权益，保障法律统一正确实施的重要方式。《人民检察院组织法》明确规定，检察建议是人民检察院履行法律监督职责的重要方式，对人民检察院依法提出的检察建议，有关单位应当予以配合，并及时将采纳检察建议的情况书面回复人民检察院。为适应人民检察院组织法赋予检察建议的新功能和新要求，进一步加强和规范检察建议工作，提升检察建议的质量和实效，最高人民检察院发布《人民检察院检察建议工作规定》，自2019年2月26日起施行。

一、检察建议的适用范围

根据《人民检察院检察建议工作规定》第5条，检察建议主要包括以下类型：（1）再审检察建议；（2）纠正违法检察建议；（3）公益诉讼检察建议；（4）社会治理检察建议；（5）其他检察建议。监狱检察中常见的是纠正违法检察建议和社会治理检察建议。纠正违法检察建议主要针对人民法院、监狱等在刑事诉讼活动中或者执行人民法院生效刑事判决、裁定、决定等法律文书过程中存在普遍性、倾向性违法问题，或者有其他重大隐患，需要引起重视予以解决的问题。社会治理检察建议主要针对涉案单位在预防违法犯罪方面制度不健全、不落实，管理不完善，存在违法犯罪隐患，需要及时消除的；一定时期某类违法犯罪案件多发、频发，或者已发生的案件暴露出明显的管理监督漏洞，需要督促行业主管部门加强和改进管理监督工作的；相关单位或者部门不依法及时履行职责，致使个人或者组织合法权益受到损害或者存在损害危险，需要及时整改消除的；需要给予有关涉案人员、责任人员或者组织行政处罚、政务处分、行业惩戒，或者需要追究有关责任人员的司法责任的等。

二、检察建议的制发

首先，检察官在履行职责中发现有应当按规定提出检察建议情形的，应当报经检察长决定，对相关事项进行调查核实，做到事实清楚、准确。调查核实可以采取以下措施：（1）查询、调取、复制相关证据材料；（2）向当事人、有关知情人员或者其他相关人员了解情况；（3）听取被建议单位意见；（4）咨询专业人员、相关部门或者行业协会等对专门问题的意见；（5）委托鉴定、评估、审计；（6）现场走访、查验；（7）查明事实所需要采取的其他措施。进行调查核实，不得采取限制人身自由和查封、扣押、冻结财产等强制性措施。

其次，检察官调查核实完毕，应当制作调查终结报告，写明调查过程和认定的事实与证据，提出处理意见。认为需要提出检察建议的，应当起草检察建议书，一并报送检察长，由检察长或者检察委员会讨论决定是否提出检察建议。经调查核实，查明相关单位不存在需要纠正或者整改的违法事实或者重大隐患，决定不提出检察建议的，检察官应当将调查终结报告连同相关材料订卷存档。

最后，检察建议书要阐明相关的事实和依据，提出的建议应当符合法律、法规及其他有关规定，明确具体、说理充分、论证严谨、语言简洁、有操作性。一般包括以下内容：（1）案件或者问题的来源；（2）依法认定的案件事实或者经调查核实的事实及其证据；（3）存在的违法情形或者应当消除的隐患；（4）建议的具体内容及所依据的法律、法规和有关文件等的规定；（5）被建议单位提出异议的期限；（6）被建议单位书面回复落实情况的期限；（7）其他需要说明的事项。

三、检察建议的送达、回复、抄送和备案

检察建议书应当以人民检察院的名义送达有关单位。检察建议书可以书面送达，也可以现场宣告送达。宣告送达检察建议书应当商被建议单位同意，可以在人民检察院、被建议单位或者其他适宜场所进行，由检察官向被建议单位负责人当面宣读检察建议书并进行示证、说理，听取被建议单位负责人意见。必要时，可以邀请人大代表、政协委员或者特约检察员、人民监督员等第三方人员参加。人民检察院提出检察建议，除另有规定外，应当要求被建议单位自收到检察建议书之日起两个月以内作出相应处理，并书面回复人民检察院。因情况紧急需要被建议单位尽快处理的，可以根据实际情况确定相应的回复期限。涉及事项社会影响大、群众关注度高、违法情形具有典型性、所涉问题应当引起有关部门重视的检察建议书，可以抄送同级党委、人大、政府、纪检监察机关或者被建议单位的上级机关、行政主管部门以及行业自律组织等。发出的检察建议书，应当于5日内报上一级人民检察院对口业务部门和负责法律政策研究的部门备案。

四、检察建议的撤回和异议处理

检察长认为本院发出的检察建议书确有不当的，应当决定变更或者撤

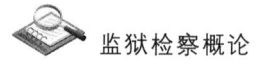

回,并及时通知有关单位,说明理由。上级人民检察院认为下级人民检察院发出的检察建议书确有不当的,应当指令下级人民检察院变更或者撤回,并及时通知有关单位,说明理由。

被建议单位对检察建议提出异议的,检察官应当立即进行复核。经复核,异议成立的,应当报经检察长或者检察委员会讨论决定后,及时对检察建议书作出修改或者撤回检察建议书;异议不成立的,应当报经检察长同意后,向被建议单位说明理由。

五、督促整改落实

人民检察院应当积极督促和支持配合被建议单位落实检察建议。督促落实工作由原承办检察官办理,可以采取询问、走访、不定期会商、召开联席会议等方式,并制作笔录或者工作记录。必要时,可以派员到被建议单位督促其限期整改。被建议单位在规定期限内经督促无正当理由不予整改或者整改不到位的,经检察长决定,可以将相关情况报告上级人民检察院,通报被建议单位的上级机关。

第三章 刑罚变更执行检察程序

刑罚变更执行检察不仅要监督罪犯减刑、假释、暂予监外执行是否符合实体条件,同时要强化对减刑、假释、暂予监外执行案件提请、审理、裁定、决定、执行等各个环节的同步监督。本章具体介绍减刑、假释、暂予监外执行的相关程序和检察监督的方法。

第一节 减刑、假释检察程序

减刑、假释监督,是指检察机关根据我国宪法和法律赋予的职权,依法对刑罚执行机关提请减刑、假释活动以及人民法院审理裁定减刑、假释活动是否合法实施的监督活动。[①] 为了保证减刑、假释的合法性和严肃性,法律对减刑、假释规定了严格的程序,减刑、假释运行程序主要包括刑罚执行机关对罪犯的考察、提出减刑、假释的意见、法院依法裁定减刑、假释和检察机关的法律监督。《刑事诉讼法》《监狱法》均规定了检察机关对减刑、假释实施法律监督的职权。《刑事诉讼法》第273条增加了检察机关对减刑、假释案件裁定前的监督职责,即由执行机关提出建议书,报请人民法院审核裁定并将建议书副本抄送人民检察院,人民检察院可以向人民法院提出书面意见,确立了对减刑、假释同步监督制度,即检察机关依据法律规定,对减刑、假释的启动、提请和裁决活动是否合法实施的包括事前、事中和事后的全程同步监督。

---

① 袁其国主编:《刑事执行检察工作重点与方法》,中国检察出版社2015年版,第141—142页。

一、监督的主体

根据最高人民检察院《人民检察院办理减刑、假释案件规定》第 3 条的规定,人民检察院办理减刑、假释案件,应当按照下列情形分别处理:

1. 对减刑、假释案件提请活动的监督,由对执行机关承担检察职责的人民检察院负责。

2. 对减刑、假释案件审理、裁定活动的监督,由人民法院的同级人民检察院负责;同级人民检察院对执行机关不承担检察职责的,可以根据需要指定对执行机关承担检察职责的人民检察院派员出席法庭;下级人民检察院发现减刑、假释裁定不当的,应当及时向作出减刑、假释裁定的人民法院的同级人民检察院报告。

二、对监狱提请罪犯减刑、假释的相关程序是否符合规定的监督

(一)对计分考核罪犯开展日常检察

对罪犯的计分考核是提请减刑、假释的基础,也是提请减刑、假释的起点。司法部《关于计分考核罪犯的规定》(司发通〔2016〕68 号)对计分考核的程序作了相应规定,以保障公开、公平、公正。在日常检察中应对计分考核的下列程序是否符合规定实施监督:

1. 监狱计分考核领导小组、监区计分考核小组研究计分考核事项时,作出的决定应当经 2/3 以上组成人员同意后通过。

2. 计分考核实行"日记载、周评议、月公示"。监狱人民警察每日记载罪犯的改造表现及加分、扣分情况。监区计分考核小组每周评议罪犯的改造表现,每月审定罪犯的考核得分,除检举违法违纪行为、提供有价值破案线索等不宜公示的情形外,及时在监区内公示。罪犯对考核得分有异议的,可以自公示之日起 3 个工作日内向监区计分考核小组提出书面复查申请;监区计分考核小组应当进行复查,于 5 个工作日内作出书面复查意见。罪犯对监区计分考核小组的复查意见有异议的,可以自收到复查意见之日起 3 个工作日内向监狱计分考核领导小组提出书面复核申请;监狱计分考核领导小组应当进行复核,于 5 个工作日内作出书面复核意见。监狱计分考核领导小组的复核意见为最终决定。

3. 对罪犯加分、扣分,由监狱人民警察提出建议,报监区计分考核小

组决定。分值较大的加分、扣分由监区计分考核小组报监狱计分考核领导小组审批。

对以上程序是否符合规定的监督方法包括查看相关会议、公示等记录，必要时到监区实地调查核实情况。

(二) 对监狱提请过程的监督

在办理减刑、假释案件过程中对监狱提请程序是否符合相关规定进行全面监督。监狱提请减刑、假释，应当由分监区或者未设分监区的监区人民警察集体研究，监区长办公会议审核，监狱刑罚执行部门审查，监狱减刑假释评审委员会评审，监狱长办公会议决定。

1. 监区提请

提请减刑、假释，是否由分监区人民警察集体研究（直属分监区或者未设分监区的监区，由直属分监区或者监区人民警察集体研究），提出提请减刑、假释建议，报经监区长办公会议审核同意后，由监区报送监狱刑罚执行部门审查。会议是否应当有书面记录，并由与会人员签名。监区或者直属分监区提请减刑、假释，应当报送下列材料：罪犯减刑（假释）审核表；监区长办公会议或者直属分监区、监区人民警察集体研究会议的记录；终审法院裁判文书、执行通知书、历次减刑裁定书的复印件；罪犯计分考核明细表、罪犯评审鉴定表、奖惩审批表和其他有关证明材料；罪犯确有悔改表现或者立功、重大立功表现的具体事实的书面证明材料。

2. 刑罚执行部门审核

监狱刑罚执行部门收到监区或者直属分监区对罪犯提请减刑、假释的材料后是否进行审查。对相关材料有疑义的，是否提讯罪犯进行核查；对材料齐全、符合提请条件的，是否出具审查意见，连同监区或者直属分监区报送的材料一并提交监狱减刑假释评审委员会评审。提请罪犯假释的，是否委托县级司法行政机关对罪犯假释后对所居住社区影响进行调查评估，并将调查评估报告一并提交。

3. 评审委员会评审

监狱减刑假释评审委员会是否召开会议，对刑罚执行部门审查提交的提请减刑、假释建议进行评审，提出评审意见。会议是否有书面记录，与会人员是否签名。评审委员会组成是否符合规定。减刑假释评审委员会的组成：省、自治区、直辖市监狱管理局和监狱分别成立减刑假释评审委员会，由分管领导及刑罚执行、狱政管理、教育改造、狱内侦查、生活卫生、劳动改造、政工、监察等有关部门负责人组成，分管领导任主任。监狱管理局、监狱减刑假释评审委员会成员不得少于9人。

4. 公示

监狱减刑假释评审委员会经评审后，是否将提请减刑、假释的罪犯名单以及减刑、假释意见在监狱内公示（公示内容应当包括罪犯的个人情况、原判罪名及刑期、历次减刑情况、提请减刑假释的建议及依据等）。公示期限是否达到5个工作日。公示期内，如有监狱人民警察或者罪犯对公示内容提出异议，监狱减刑假释评审委员会是否进行复核，并告知复核结果。

5. 征求检察机关意见

监狱是否在减刑假释评审委员会完成评审和公示程序后，将提请减刑、假释建议送人民检察院征求意见。征求意见后，监狱减刑假释评审委员会是否将提请减刑、假释建议和评审意见连同人民检察院意见，一并报请监狱长办公会议审议决定。监狱对人民检察院意见未予采纳的，是否予以回复，并说明理由。

6. 监狱长办公会决定

监狱长办公会议决定提请减刑、假释的，是否由监狱长在罪犯减刑（假释）审核表上签署意见，加盖监狱公章，并由监狱刑罚执行部门根据法律规定制作提请减刑建议书或者提请假释建议书，连同有关材料一并提请人民法院裁定。是否将人民检察院对提请减刑、假释提出的检察意见，一并移送受理减刑、假释案件的人民法院。对被判处死刑缓期二年执行的罪犯减刑，被判处无期徒刑的罪犯提请减刑、假释的，监狱是否将罪犯减刑（假释）审核表连同有关材料报送省、自治区、直辖市监狱管理局审核。

7. 向人民法院提请

被判处有期徒刑和被减刑为有期徒刑的罪犯的减刑、假释，由监狱提出建议，提请罪犯服刑地的中级人民法院审理。

监督方法如下：派员列席执行机关提请减刑、假释评审会议，了解案件有关情况，审查罪犯减刑（假释）审核表中监区、刑罚执行部门、评审委员会、监狱长办公会的意见各栏中签署的意见及时间，审查会议记录，审查公示等材料。书面审查后，若发现疑点，立即展开深入调查，逐一核实。通常采取查阅资料、调查走访、与同监舍罪犯和监管民警见面谈话询问等方式深入调查了解。在调查核实的基础上,对发现的问题及时进行纠正。

监督重点包括:是否向对执行机关承担检察职责的人民检察院抄送了提请减刑、假释建议书副本,提请法院是否符合法律规定,是否将人民检察院提出的检察意见一并移送受理案件的人民法院等。

(三) 对监狱裁定执行情况的监督

对法院裁定假释的罪犯,检察机关应当监督监狱是否依法及时释放并发给假释证明书,是否向假释罪犯的执行地社区矫正机构送达有关法律文书。

监督方法有开展假释出监检察,查阅释放文书和送达回执。

负责监督的人民检察院应当在假释罪犯出监后应及时告知执行地人民检察院刑事执行检察部门,在统一业务系统中向执行地检察机关网上"交付"。

三、对法院审理和裁定减刑、假释案件程序是否符合规定的监督

(一) 关于审理法院和审理、裁定期限

1. 对被判处死刑缓期执行的罪犯的减刑,由罪犯服刑地的高级人民法院在收到同级监狱管理机关审核同意的减刑建议书后一个月内作出裁定。

2. 对被判处无期徒刑的罪犯的减刑、假释,由罪犯服刑地的高级人民法院在收到同级监狱管理机关审核同意的减刑、假释建议书后一个月内作出裁定,案情复杂或者情况特殊的,可以延长一个月。

3. 对被判处有期徒刑和被减为有期徒刑的罪犯的减刑、假释,由罪犯服刑地的中级人民法院在收到执行机关提出的减刑、假释建议书后一个月内作出裁定,案情复杂或者情况特殊的,可以延长一个月。

检察机关应审查审理案件法院和审理期限是否符合上述规定。特别注意的是对判处死刑缓期执行的罪犯的减刑应在一个月内作出裁定,不得延长期限。

(二) 关于审理公示

人民法院审理减刑、假释案件,应当在立案后5日内将执行机关报请减刑、假释的建议书等材料依法向社会公示。公示内容应当包括罪犯的个人情况、原判认定的罪名和刑期、罪犯历次减刑情况、执行机关的建议及依据。公示应当写明公示期限和提出意见的方式。公示期限为5日。

(三) 关于审判组织

人民法院审理减刑、假释案件，应当依法由审判员或者由审判员和人民陪审员组成合议庭进行。

(四) 关于开庭审理

1. 应当开庭审理的减刑、假释案件

（1）因罪犯有重大立功表现报请减刑的；

（2）报请减刑的起始时间、间隔时间或者减刑幅度不符合司法解释一般规定的；

（3）公示期间收到不同意见的；

（4）人民检察院有异议的；

（5）被报请减刑、假释的罪犯系职务犯罪罪犯，组织（领导、参加、包庇、纵容）黑社会性质组织犯罪罪犯，破坏金融管理秩序和金融诈骗犯罪罪犯及其他在社会上有重大影响或社会关注度高的；

（6）其他应当开庭审理的案件。

2. 开庭前的准备

人民法院对于决定开庭审理的减刑、假释案件，应当在开庭3日前将开庭的时间、地点通知人民检察院、执行机关及被报请减刑、假释罪犯和有必要参加庭审的其他人员，并于开庭3日前进行公告。人民法院开庭审理减刑、假释案件，应当通知人民检察院、执行机关及被报请减刑、假释罪犯参加庭审。人民法院根据需要，可以通知证明罪犯确有悔改表现或者立功、重大立功表现的证人，公示期间提出不同意见的人，以及鉴定人、翻译人员等其他人员参加庭审。人民法院开庭审理减刑、假释案件的，人民检察院应当指派检察人员出席法庭，发表检察意见，并对法庭审理活动是否合法进行监督。出席法庭的检察人员不得少于2人，其中至少一人具有检察官职务。

检察人员应当在庭审前做好下列准备工作：（1）全面熟悉案情，掌握证据情况，拟定法庭调查提纲和出庭意见；（2）对执行机关提请减刑、假释有异议的案件，应当收集相关证据，可以建议人民法院通知相关证人出庭作证。

3. 庭审程序

开庭审理由审判长主持，应当按照以下程序进行：

（1）审判长宣布开庭，核实被报请减刑、假释罪犯的基本情况；

（2）审判长宣布合议庭组成人员、检察人员、执行机关代表及其他庭审参加人；

（3）执行机关代表宣读减刑、假释建议书，并说明主要理由；

（4）检察人员发表检察意见；

（5）法庭对被报请减刑、假释罪犯确有悔改表现或立功表现、重大立功表现的事实以及其他影响减刑、假释的情况进行调查核实；

（6）被报请减刑、假释罪犯作最后陈述；

（7）审判长对庭审情况进行总结并宣布休庭评议。

庭审过程中，合议庭人员对报请理由有疑问的，可以向被报请减刑、假释罪犯、证人、执行机关代表、检察人员提问。检察人员对报请理由有疑问的，在经审判长许可后，可以出示证据，申请证人到庭，要求执行机关代表出示证据或者作出说明，向被报请减刑、假释罪犯及证人提问并发表意见。被报请减刑、假释罪犯对报请理由有疑问的，在经审判长许可后，可以出示证据，申请证人到庭，向证人提问并发表意见。庭审过程中，合议庭对证据有疑问需要进行调查核实，或者检察人员、执行机关代表提出申请的，可以宣布休庭。法庭调查结束时，在被提请减刑、假释罪犯作最后陈述之前，经审判长许可，检察人员可以发表总结性意见。

4. 对庭审活动监督的主要内容

（1）参与庭审的人员是否合法；

（2）案件的审判程序是否合法，庭审程序参与人的诉讼权利是否得到保障；

（3）刑罚执行机关当庭提交的证据材料与此前呈送检察机关审查的材料是否一致；

（4）刑罚执行机关当庭提交的证据材料是否充分、完备并符合法律规定；

（5）合议庭当庭作出减刑、假释裁定是否正确。

检察人员发现法庭审理活动违反法律规定的，应当在庭审后及时向本院检察长报告，依法向人民法院提出纠正意见。

（五）裁定的送达、审查

人民法院作出减刑、假释裁定后，应当在7日内送达报请减刑、假释的执行机关、同级人民检察院以及罪犯本人。作出假释裁定的，还应当送达社区矫正机构。人民检察院收到人民法院减刑、假释裁定书副本后，应

当及时审查人民法院减刑、假释裁定是否合法;按照有关规定应当开庭审理的减刑、假释案件,人民法院是否开庭审理;人民法院减刑、假释裁定书是否依法送达执行并向社会公布。

监督内容包括:人民法院是否在法定审理期限内审结、是否在法定期限内送达、裁定是否合法等。

（六）对裁定不当提出纠正的程序

根据《刑事诉讼法》的规定,人民检察院认为人民法院减刑、假释裁定不当的,应当在收到裁定书副本后20日以内,向人民法院提出书面纠正意见。人民法院应当在收到纠正意见后一个月以内重新组成合议庭进行审理,作出最终裁定。

第二节 暂予监外执行检察程序

《刑事诉讼法》第266条规定:"监狱、看守所提出暂予监外执行的书面意见的,应当将书面意见的副本抄送人民检察院。人民检察院可以向决定或者批准机关提出书面意见。"暂予监外执行监督的主体是检察机关,监督的对象是人民法院、公安机关（看守所）、监狱、监狱管理机关及司法行政机关。监督的内容包括对监狱、看守所呈报暂予监外执行、交付执行和收监,人民法院、公安机关及监狱管理机关决定、审批暂予监外执行,司法行政机关接收、监督管理和教育暂予监外执行罪犯的执法活动的监督。检察机关对暂予监外执行同步监督,有利于弥补事后监督的不足,提高监督的实效和力度。①

一、对暂予监外执行的诊断、检查、鉴别程序是否合法的监督

（一）诊断、检查或者鉴别的启动

对在监狱服刑的罪犯需要暂予监外执行的,监狱应当组织对罪犯进行病情诊断、妊娠检查或者生活不能自理的鉴别。罪犯本人或者其亲属、监

---

① 袁其国主编:《刑事执行检察业务培训教程》,中国检察出版社2015年版,第176页

护人也可以向监狱提出书面申请。监狱组织诊断、检查或者鉴别，应当由监区提出意见，经监狱刑罚执行部门审查，报分管副监狱长批准后进行。

（二）诊断、检查或者鉴别的有关要求

对于患有严重疾病或者怀孕需要暂予监外执行的罪犯，委托省级人民政府指定的医院进行病情诊断或者妊娠检查。对罪犯的病情诊断或妊娠检查证明文件，应当由两名具有副高以上专业技术职称的医师共同作出，经主管业务院长审核签名，加盖公章，并附化验单、影像学资料和病历等有关医疗文书复印件。对于生活不能自理需要暂予监外执行的罪犯，由监狱罪犯生活不能自理鉴别小组进行鉴别。鉴别意见由组织鉴别的监狱出具，鉴别小组应当及时出具意见并填写罪犯生活不能自理鉴别书，经鉴别小组成员签名以后，报监狱长审核签名，加盖监狱公章。监狱成立罪犯生活不能自理鉴别小组，由监狱长任组长，分管暂予监外执行工作的副监狱长任副组长，刑罚执行、狱政管理、生活卫生等部门负责人及两名以上医疗专业人员为成员，对因生活不能自理需要办理暂予监外执行的罪犯进行鉴别，鉴别小组成员不得少于7人。对罪犯进行病情诊断、妊娠检查或者生活不能自理的鉴别，与罪犯有亲属关系或者其他利害关系的医师、人员应当回避。监狱应当向人民检察院通报对罪犯进行病情诊断、妊娠检查和生活不能自理鉴别工作情况。人民检察院可以派员监督。

二、对暂予监外执行提请程序是否合法的监督

监狱办理暂予监外执行，应当由监区人民警察集体研究，监区长办公会议审核，监狱刑罚执行部门审查，监狱暂予监外执行评审委员会评审，监狱长办公会议决定。

对符合办理暂予监外执行条件的罪犯，监区人民警察应当集体研究，提出提请暂予监外执行建议，经监区长办公会议审核同意后，报送监狱刑罚执行部门审查。监区提出提请暂予监外执行建议的，应当报送暂予监外执行审批表；终审法院裁判文书、执行通知书、历次刑罚变更执行法律文书；罪犯病情诊断书、罪犯妊娠检查书及相关诊断、检查的医疗文书复印件，罪犯生活不能自理鉴别书及有关证明罪犯生活不能自理的治疗、护理和现场考察、询问笔录等材料；监区长办公会议记录；保证人资格审查表、暂予监外执行保证书及相关材料。

监狱刑罚执行部门应当核实暂予监外执行罪犯拟居住地，对需要调查

评估其对所居住社区影响或核实保证人具保条件的，填写《拟暂予监外执行罪犯调查评估委托函》，附带原刑事判决书、减刑裁定书复印件以及罪犯在服刑期间表现情况材料，委托居住地县级司法行政机关进行调查，并出具调查评估意见书。对罪犯或其亲属提出保证人的，监狱刑罚执行部门应当对保证人的资格进行审查，填写保证人资格审查表，并告知保证人在罪犯暂予监外执行期间应当履行的义务，由保证人签署暂予监外执行保证书。经审查，对材料齐全、符合提请条件的，应当出具审查意见，由科室负责人在暂予监外执行审批表上签署意见，连同监区报送的材料一并提交监狱暂予监外执行评审委员会评审。

省、自治区、直辖市监狱管理局和监狱分别成立暂予监外执行评审委员会，由局长和监狱长任主任，分管暂予监外执行工作的副局长和副监狱长任副主任，刑罚执行、狱政管理、教育改造、狱内侦查、生活卫生、劳动改造等有关部门负责人为成员，监狱管理局、监狱暂予监外执行评审委员会成员不得少于9人。监狱暂予监外执行评审委员会应当召开会议，对刑罚执行部门审查提交的提请暂予监外执行意见进行评审，提出评审意见。监狱可以邀请人民检察院派员列席监狱暂予监外执行评审委员会会议。

监狱暂予监外执行评审委员会评审后同意对罪犯提请暂予监外执行的，应当在监狱内进行公示。公示内容应当包括罪犯的姓名、原判罪名及刑期、暂予监外执行依据等。公示期限为3个工作日。公示期内，罪犯对公示内容提出异议的，监狱暂予监外执行评审委员会应当进行复核，并告知其复核结果。对病情严重必须立即保外就医的，可以不公示，但应当在保外就医后3个工作日内在监狱公告。

公示无异议或者经复核异议不成立的，监狱应当将提请暂予监外执行相关材料送人民检察院征求意见。监狱对人民检察院意见未予采纳的，应当予以回复，并说明理由。

征求意见后，监狱刑罚执行部门应当将监狱暂予监外执行评审委员会暂予监外执行建议和评审意见连同人民检察院意见，一并报请监狱长办公会议审议。

监狱长办公会议决定提请暂予监外执行的，由监狱长在暂予监外执行审批表上签署意见，加盖监狱公章，并将有关材料报送省、自治区、直辖市监狱管理局。已委托县级司法行政机关进行核实、调查的，应当将调查评估意见书一并报送。决定提请暂予监外执行的，监狱应当将提请暂予监外执行书面意见的副本和相关材料抄送人民检察院。人民检察院对提请暂予监外执行提出的检察意见，监狱应当一并移送办理暂予监外执行的省、自治区、直辖市监狱管理局。

对以上程序合法性主要审查内容：是否公示，是否经过监区民警集体讨论，是否经经过评审委员会、监狱长办公会审核决定等。

人民检察院应派员列席执行机关暂予监外执行评审会议，了解案件有关情况，审查暂予监外执行审批表中监区、刑罚执行部门、评审委员会、监狱长办公会的意见各栏中签署的意见及时间，审查会议记录，审查公示等材料。书面审查后，若发现疑点，立即展开深入调查，逐一核实。通常采取查阅资料、调查走访、与同监罪犯和监管民警见面谈话询问等方式深入调查了解。在调查核实的基础上，对发现的问题及时进行纠正。

三、对批准暂予监外执行程序是否合法的监督

省、自治区、直辖市监狱管理局刑罚执行部门审查监狱依法定程序提请的暂予监外执行建议并出具意见，报请局长召集暂予监外执行评审委员会审核，必要时可以召开局长办公会议决定。对于病情严重需要立即保外就医的，省、自治区、直辖市监狱管理局收到监狱报送的提请暂予监外执行材料后，应当由刑罚执行部门、生活卫生部门审查，报经分管副局长审核后报局长决定，并在罪犯保外就医后3日内召开暂予监外执行评审委员会予以确认。监狱管理局应当自收到监狱提请暂予监外执行材料之日起15个工作日内作出决定。批准暂予监外执行的，应当在5个工作日内，将暂予监外执行决定书送达监狱，同时抄送同级人民检察院、原判人民法院和罪犯居住地县级司法行政机关社区矫正机构。不予批准暂予监外执行的，应当在5个工作日内将不予批准暂予监外执行决定书送达监狱。决定或批准暂予监外执行的机关应当将暂予监外执行决定抄送人民检察院。人民检察院认为暂予监外执行不当的，应当自接到通知之日起一个月以内将书面意见送交决定或批准暂予监外执行机关，决定或批准暂予监外执行的机关应当在接到书面意见后15日内对决定进行重新核查，并将核查结果书面回复人民检察院。

四、对批准暂予监外执行后的监督

罪犯被批准暂予监外执行后，监狱、看守所应当向罪犯发放暂予监

执行决定书,及时为罪犯办理出监、出所相关手续。

(一) 监狱在交付前应做的工作

省、自治区、直辖市监狱管理局批准暂予监外执行后,监狱应当核实罪犯居住地,书面通知罪犯居住地县级司法行政机关社区矫正机构并协商确定交付时间,对罪犯进行出监教育,书面告知罪犯在暂予监外执行期间应当遵守的法律和有关监督管理规定。罪犯应当在暂予监外执行告知书上签名,如果因特殊原因无法签名的,可由其保证人代为签名。监狱将暂予监外执行告知书连同暂予监外执行决定书交予罪犯本人或保证人。

(二) 交付监外执行

监狱应当派员持暂予监外执行决定书及有关文书材料,将罪犯押送至居住地,与县级司法行政机关社区矫正机构办理交接手续。罪犯因病情严重需要送入居住地的医院救治的,监狱可与居住地县级司法行政机关协商确定在居住地的医院交付并办理交接手续,暂予监外执行罪犯的保证人应当到场。罪犯原服刑地与居住地不在同一省、自治区、直辖市,需要回居住地暂予监外执行的,监狱应当及时办理出监手续并将交接情况通报罪犯居住地的监狱管理局,原服刑地的监狱管理局应当自批准暂予监外执行3个工作日内将罪犯档案转递函、暂予监外执行决定书以及罪犯档案等材料送达罪犯居住地的监狱管理局。罪犯居住地的监狱管理局应当在10个工作日内指定一所监狱接收罪犯档案,负责办理该罪犯的收监、刑满释放等手续,并书面通知罪犯居住地县级司法行政机关社区矫正机构。罪犯交付执行后,监狱应当在5个工作日内将罪犯交接情况通报人民检察院。

(三) 收监执行

对经县级司法行政机关审核同意的社区矫正机构提出的收监建议,批准暂予监外执行的监狱管理局应当进行审查。决定收监执行的,将暂予监外执行收监决定书送达罪犯居住地县级司法行政机关和原服刑或接收其档案的监狱,并抄送同级人民检察院、公安机关和原判人民法院。监狱收到暂予监外执行收监决定书后,应当立即赴羁押地将罪犯收监执行,并将暂予监外执行收监决定书交予罪犯本人。罪犯收监后,监狱应当将收监执行的情况报告批准收监执行的监狱管理局,并告知罪犯居住地县级人民检察院和原判人民法院。

被决定收监执行的罪犯在逃的,由罪犯居住地县级司法行政机关通知罪犯居住地县级公安机关负责追捕。被收监执行的罪犯有法律规定的不计入执行刑期情形的，县级司法行政机关社区矫正机构应当在收监执行建议书中说明情况，并附有关证明材料。

监狱管理局应当审核相关材料，对材料不齐全的，应当通知县级司法行政机关社区矫正机构在5个工作日内补送；对不符合法律规定的不计入执行刑期情形的或者逾期未补送材料的，应当将结果告知县级司法行政机关社区矫正机构；对材料齐全、符合法律规定的不计入执行刑期情形的，应当通知监狱向所在地中级人民法院提出不计入刑期的建议书。人民法院应当自收到建议书之日起一个月以内依法对罪犯的刑期重新计算作出裁定。

（四）罪犯暂予监外执行期间犯新罪、发现漏罪

罪犯在暂予监外执行期间因犯新罪或者发现判决宣告以前还有其他罪没有判决的，侦查机关应当在对罪犯采取强制措施后24小时以内，将有关情况通知罪犯居住地社区矫正机构；人民法院应当在判决、裁定生效后，及时将判决、裁定的结果通知罪犯居住地社区矫正机构和罪犯原服刑或者接收其档案的监狱。

（五）暂予监外执行罪犯刑满释放

暂予监外执行罪犯刑期即将届满的，监狱收到县级司法行政机关社区矫正机构书面通知后，应当按期办理刑满释放手续。

（六）罪犯在暂予监外执行期间死亡

罪犯在暂予监外执行期间死亡的，县级司法行政机关社区矫正机构应当自发现其死亡之日起5日以内，书面通知批准暂予监外执行的监狱管理局，并将有关死亡证明材料送达该罪犯原服刑或者接收其档案的监狱，同时抄送罪犯居住地同级人民检察院。

第四章 罪犯死亡检察程序

第一节 罪犯死亡的受理和报告

一、罪犯死亡的受理

最高人民检察院《关于监管场所被监管人死亡检察程序的规定（试行）》第5条至第7条规定，人民检察院接到监管场所发生罪犯死亡报告后，应当立即受理，并开展审查、调查和相关处理工作。县级人民检察院担负派驻或者巡回检察任务的监管场所发生罪犯死亡事件的，由地市级人民检察院负责审查、调查和相关处理工作，或者组织、指导县级人民检察院开展审查、调查和相关处理工作。地市级以上人民检察院担负派驻或者巡回检察任务的监管场所发生罪犯死亡事件的，由本院负责审查、调查和相关处理工作。专门担负监管场所检察任务的派出检察院负责本辖区监管场所罪犯死亡事件的审查、调查和相关处理工作。遇有重大、敏感、社会关注的罪犯死亡事件，由省级人民检察院负责审查、调查处理或者组织办理。[①]

《关于监管场所被监管人死亡检察程序的规定（试行）》只规定监管场所对罪犯死亡主动向检察机关监狱检察部门报告的情形。司法实践中，有的监管场所出于"面子""政绩"或"保护监管干警"的心态，不主动报告或瞒报罪犯死亡的情况也时有发生。因此，监狱检察人员对罪犯死亡事件的受理就不能仅限于被动接受监管场所的报告，而应积极主动通过日

---

① 李晓钟、刘德斌编著：《监管场所死亡案件的鉴定与审查》，中国检察出版社2011年版，第25—26页。

常监督活动获取有关信息和线索,提高发现监管场所罪犯死亡的能力。检察机关监狱检察部门可以采取多种监督方法获取监管场所罪犯死亡线索:一是派驻检察室接受监管单位有关事故的报告。《监狱法》第55条规定,罪犯死亡的,监管单位应当立即通知人民检察院。二是受理罪犯及其家属的控告、举报,自行调查主动发现罪犯死亡线索。三是在日常检察时,与罪犯、监管干警交谈,注意发现蛛丝马迹,多方调查确认死亡信息。

二、罪犯死亡的报告

现行法律法规规定,报告既包括监管场所向检察机关的报告,也包括基层检察机关逐级向上级检察机关的报告。根据《监狱法》第55条的规定,发生罪犯死亡的,监管场所应当立即向承担监管场所检察监督任务的检察机关报告。这里的报告主要是指监管场所对检察机关的报告,而不包括检察机关内部对罪犯死亡情况的系统上报。

《关于监管场所被监管人死亡检察程序的规定（试行）》第8条至第11条规定了检察机关系统内部上报罪犯死亡的程序、期限和报告方法。监管场所发生罪犯死亡事件的,担负派出、派驻或者巡回检察任务的人民检察院应当立即口头报告上一级人民检察院,并在报告后的24小时内填报罪犯死亡情况登记表。上一级人民检察院收到罪犯死亡情况登记表后,应当在12小时内进行审查并填写审查意见后呈报省级人民检察院。辖区内罪犯非正常死亡的,省级人民检察院应当在接到下级人民检察院报告后的24小时内,在罪犯死亡情况登记表上填写审查意见后呈报最高人民检察院。遇有法定节假日,应当在24小时内口头报告,再书面补充报告。罪犯死亡原因一时难以确定的,应当按照非正常死亡报告程序报告,死因查明后再补充报告。省级人民检察院应当在每月10日前将上月本辖区内监管场所罪犯正常死亡人员名单列表呈报最高人民检察院。①

---

① 袁其国主编:《刑事执行检察业务教程》,中国检察出版社2015年版,第290—292页。

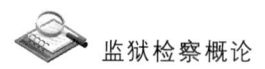

第二节　罪犯死亡的审查和调查

一、罪犯死亡的审查

担负派驻或者巡回检察任务的人民检察院接到监管场所发生被监管人死亡报告后，派驻检察人员应当立即赶赴现场。地市级人民检察院接到县级人民检察院关于罪犯死亡的报告后，应当派员在24小时内到达现场，开展工作；交通十分不便的，应当派员在48小时内到达现场。监狱检察人员到达罪犯死亡现场后，应深入现场，了解罪犯死亡前后的有关情况，并立即进行下列工作：（1）询问了解事故有关情况；（2）监督监管场所妥善保护现场，或者根据需要自行对现场进行拍照录像；（3）协同有关部门调取或者固定原始监控录像，封存死者遗物；（4）收集值班民警值班记录；（5）调取死亡罪犯档案；（6）参与有关部门组织的调查工作，了解调查情况；（7）根据需要对有关材料进行复印、复制；（8）收集其他有关材料。

对监管机关提供的调查材料和调查结论进行审查。审查内容包括：（1）现场勘验资料；（2）原始监控录像、死亡罪犯档案、值班民警值班记录；（3）监管机关提供的讯问笔录、谈话记录等有关材料；（4）死亡证明书、尸表检验报告、法医鉴定书以及损害物品物价鉴定书；（5）其他与事故有关的情况和材料。

二、罪犯死亡的调查

人民检察院经过审查，或者受理死者家属提出异议，认为监管机关作出的调查结论和死亡原因有异议的，应当进行调查，并将调查结果通知监管机关；无异议的，不再进行调查。调查应当进行下列工作：（1）要求监管机关对事故现场进行复验、复查，或者对现场自行进行勘验，并制作勘验笔录；（2）查验尸表，对尸体拍照或者录像，制作尸表查验笔录；（3）检查已封存的死亡的罪犯遗物，对有关物品和文件进行拍照、录像或者复印；（4）向监管民警和狱医调查了解死者生前情况，制作调查笔录；（5）向其他罪犯及知情人调查死者情况；（6）向医院调取抢救记录，向参加抢救的医生调查了解死亡情况；（7）调查和收集其他与事故有关情况和材料。安排人员调取并封存死亡的罪犯档案、值班民警值班记录、死亡诊断书等相关文书；调取并封存死亡前15天的监控录像；检查并封存死者的遗物。询问监管场所管教人员、值班人员、同监室人员，并制作笔录。

三、结论及处理

审查和调查工作结束后应当对事故原因、过程以及危害结果作出综合分析，依法认定监管执法责任，形成调查结论。根据调查结论，分做下列处理：（1）认为监管机关处理意见不当的，提出检察建议并监督整改；（2）对监管执法存在违法问题，提出纠正意见并监督整改；（3）对罪犯涉嫌犯罪而监管单位未立案的，提出立案监督意见；（4）对监管人员渎职侵权尚未构成犯罪的，建议有关部门给予组织处理，涉嫌犯罪的，依法移送有关部门立案侦查；（5）检察人员负有责任的，应当依法依纪作出处理。

四、建立罪犯死亡检察档案

根据最高人民检察院《关于监管场所被监管人死亡检察程序的规定（试行）》第31条的规定，负责审查和调查派驻或者巡回检察任务的人民检察院及担负审查和调查任务的人民检察院应当建立档案。死亡人员档案的主要内容包括：（1）罪犯死亡情况登记表；（2）所有笔录、勘验笔录、监控录像材料；（3）死亡证明书、文证审查意见、尸表检验报告或者法医鉴定书等相关资料的复印件；（4）罪犯死亡情况审查报告和调查报告；（5）相关责任人员处理情况及被追究刑事责任人员立案决定书、起诉书、判决书等相关文书的复印件；（6）纠正违法通知书、检察建议书及监管场所相关回复材料；（7）复议、复核情况材料；（8）调查处理情况综合报告；（9）其他需要归档的材料。①

---

① 袁其国主编：《刑事执行检察业务教程》，中国检察出版社2015年版，第301—305页。

第三节 罪犯死亡检察中的信访问题

罪犯死亡事件是罪犯在监管场所被羁押期间发生的死亡事件,具有死亡场所特定、死亡时间特定、死者身份特定的特点,如果处理和处置不当,不仅容易引发信访问题,而且应对难度也比较大。因此,要充分认识罪犯死亡检察对于维护社会和谐稳定大局的重要意义,增强监督意识和人权保障意识,增强工作的主动性和敏锐性,切实发挥法律监督职能作用。

一、罪犯死亡检察中涉检信访的特点

(一) 信访数量呈增多趋势

一方面,随着人民群众法治意识和维权意识的增强,信访已经被人民群众视为维护自身合法权益的重要途径和手段,许多人甚至希望通过信访引起上级机关和领导对自己所反映、投诉的问题的重视。另一方面,由于监管场所监管执法公开不深入,宣传工作没跟上,监管场所的封闭状态没有得到根本改变,社会各界和人民群众对监管场所的监管执法工作不了解,甚至存在一些偏见和误解,一旦发生罪犯死亡事件,无论是因病正常死亡还是非正常死亡,无论检察机关、监管机关在监管执法及其法律监督中是否存在过错,死者家属也总是会把死亡事件与牢头狱霸、刑讯逼供、殴打虐待等联系在一起,进而提出信访。

(二) 信访环节几乎涉及罪犯死亡处理的全过程

第一,死亡前的救治环节。死者家属有可能因不满监管机关不及时救治或者延误救治而提出信访,质疑监管机关为什么未在第一时间通知死者家属。

第二,审查和调查环节。死者家属会因担心监管机关或者检察机关不认真调查,担心官官相护、掩盖真相而信访。

第三,死因鉴定环节。死者家属会因担心鉴定机构和人员不能保持客观公正的立场,或者担心作出对己不利的鉴定意见而信访。特别是有的死者家属在查看了尸体以后,对一些尸体现象不明确,误以为鉴定意见在确定死因时偏袒监管机关。如有的死者家属见到紫褐色尸斑就认为系打击形成，会将胸外按摩抢救过程形成的肋骨骨折误认为死前受钝器打击形成，将阴囊皮革样化认为是虐待形成等。

第四，善后处理环节。一些家属常常因高额赔偿或者补偿要求得不到满足而提出信访，希望借助信访引起相关部门和领导的重视，尽力获取高额赔偿或者补偿。从媒体披露的情况看，在监管场所发生罪犯死亡事件后，死者家属动辄提出十几万元、几十万元甚至上百万元的赔偿或者补偿要求的不在少数。而一些地方为了使死者家属罢访，也常常给予死者家属高额赔偿或者补偿，即使属于因病正常死亡，一些死者家属往往也能得到一笔不菲的补偿或者补偿金。

第五，责任追究环节。死者家属要求追究相关责任人员的法律责任，或者对有关机关作出的责任追究决定不服而提出信访。

（三）信访经常与媒体炒作结合在一起

在信息化和新媒体时代，特别是随着互联网的普及，通过网上发帖、发微博等形式，人们足不出户就可以通过互联网随时向有关部门反映诉求，提出意见和建议，方便、快捷、省时、省力。在发生罪犯死亡事件后，死者近亲属通过书信、电话、走访等传统形式向有关部门提出信访的同时，也经常将有关罪犯死亡事件通报给报纸、网络等媒体，以寻求对己有利的舆论支持，给有关部门处理罪犯死亡事件施加影响和压力。通过媒体聚焦、炒作，罪犯死亡事件容易演变成为网络事件。

（四）闹访时有发生，容易引发群体性事件

发生罪犯死亡事件后，参与善后处理的死者家属一方往往人数较多，少则三五人，多则一二十人。由于死者家属难以接受罪犯突然死亡的事实，情绪容易激动，对监管场所以及检察机关容易产生种种不满，特别是在有关监管场所存在执法过错或者检察机关存在法律监督不到位的情形下，死者家属一方容易与监管场所以及检察机关产生对立情绪，一些地方曾经引发抢尸、抬尸上街闹访等群体性事件。

二、罪犯死亡检察中信访问题的防范和应对

针对罪犯死亡检察中的信访问题，应采取切实有效的措施，加强源头治理，加强应对工作，加强能力建设，依法解决信访问题。

一是加强监狱入监检察，切实保障罪犯的生命、健康权利，最大限度地预防和减少罪犯因病死亡事件的发生。在监狱入监检察环节发现罪犯患

有严重疾病的,应当督促监管场所给予积极治疗,监管场所内医疗措施和水平有限的,应当建议转送更高水平的医疗机构进行治疗;对患有严重疾病且符合保外就医的,要建议有关部门及时办理保外就医手续。

二是督促监管场所加强与罪犯近亲属的联系。监狱应及时向罪犯的近亲属通报病情及医疗、救治情况,特别是应当保障家属对罪犯病情的知情权,改变"不死不报、死了才报"的做法,尽可能使罪犯家属事先在心理上、精神上有一定的思想准备,避免让罪犯家属产生"突然死亡"的错觉,尽早化解罪犯家属心中的对立和不满。

三是严厉打击"牢头狱霸",严禁刑讯逼供。对"牢头狱霸"和刑讯逼供要采取"零容忍"的态度,特别是通过强化日常检察工作,及时发现和严厉打击"牢头狱霸"现象,坚决遏制"牢头狱霸"、刑讯逼供致人伤亡案件的发生。①

---

① 袁其国主编:《刑事执行检察业务教程》,中国检察出版社2015年版,第298—301页。

第五章　监管场所事故检察程序

第一节　监管场所重大事故的受理和报告

一、监管场所重大事故的受理

监管场所重大事故检察，是指检察机关对发生在监狱的罪犯脱逃、严重破坏监管秩序、突发公共卫生事件、伤残、非正常死亡及其他可能造成人员伤害、财产损失或对监管安全、社会秩序造成严重影响的事件，进行检察监督的法律活动。所谓监管场所重大事故的受理，是指检察机关监狱检察部门在接到监管机关或者通过其他方式获知监管场所发生重大事故后，立即派员赶赴现场了解情况，并将有关情况及时向本院领导汇报的活动。

根据《人民检察院监狱检察办法》《人民检察院监狱检察工作目录》（以下简称《目录》）以及《安全生产行政执法与刑事司法衔接工作办法》的规定，检察机关监狱检察部门接到监狱关于罪犯脱逃、破坏监管秩序、突发公共卫生事件、伤残、死亡等事故报告后，应当立即派员赶赴现场了解情况，并及时报告本院检察长。由于《监狱法》仅规定了在发生罪犯死亡这一种情况时，才要求监管机关立即告知人民检察院，因此司法实践中，如果监管场所发生其他类型的重大事故，监管机关并无向检察机关报告或通知的法律义务，但检察机关监狱检察部门一旦通过其他方式获知监管场所发生重大事故，仍应立即赶赴现场、了解情况、查找问题。这表明，检察机关监狱检察部门对监管场所重大事故的检察监督是具有主动性的，有别于检察机关其他部门介入其他各类重大事故的方式。这是由检察机关派驻检察的工作性质决定的。《监狱法》第6条规定:"人民检察院对监狱执行刑罚的活动是否合法,依法实行监督。"由此可以看出,检察机关监狱检察部门对监狱的法律监督是全面的,并不因监管机关是否履行报告义务而受到限制。

二、监管场所重大事故的报告

（一）监管场所重大事故报告的内容

根据《人民检察院监狱检察办法》和《目录》的规定,对于监管场所发生的重大事故,除向本院检察长报告外,还应当及时填写重大事故报告表,报送上一级人民检察院。向上一级人民检察院报告的内容应当包括:

1. 事故发生监管场所的名称、地址等基本情况。
2. 事故发生的时间、地点以及事故现场情况。
3. 事故的简要经过。
4. 事故已经造成或者可能造成的伤亡人数和初步估计的直接经济损失。
5. 监管机关已经采取的措施。
6. 人民检察院监狱检察部门已经开展的工作。
7. 其他应当报告的情况。

事故具体情况暂时不清楚的,负责事故报告的人民检察院可以先报告事故概况,随后补报事故全面情况。

（二）应当进行重大事故报告的情形

根据2006年最高人民检察院监所检察厅《关于报告监管场所发生重大事件的规定》,发生下列情况,应当进行报告:

1. 监管民警殴打、体罚、虐待罪犯造成死亡的。
2. 监管民警玩忽职守,造成罪犯集体（3人以上）脱逃,或者造成可能判处或已经被判处无期徒刑、死刑（含死刑缓期二年执行）,犯有危害国家安全罪,从事非法宗教、非法组织和非法刊物活动,外国籍、无国籍、华侨、港澳台籍、原省部级罪犯脱逃的。
3. 监管民警徇私枉法、私放在押人员的。
4. 监管场所发生安全生产事故,造成1人以上死亡、3人以上重伤或者直接经济损失50万元以上的。
5. 监管场所发生重大疫情、食物中毒、交通事故及其他原因,造成1

人以上死亡或者3人以上重伤的。

6. 监管场所与周围群众发生纠纷处理不当，造成严重经济损失、人员伤亡或重大政治、社会影响的。

7. 罪犯暴狱、骚乱的。

8. 罪犯聚众闹事、斗殴，造成1人以上死亡或者3人以上重伤的。

9. 罪犯行凶，造成罪犯1人以上死亡或者3人以上重伤的。

10. 罪犯行凶，杀害警察、武警、职工、群众的。

11. 可能判处或已经被判处无期徒刑、死刑（含死刑缓期二年执行）、犯有危害国家安全罪，从事非法宗教、非法组织和非法刊物活动，外国籍、无国籍、华侨、港澳台籍、原省部级罪犯自杀的。

12. 违反规定使用武器、警械具，造成严重后果的。

13. 其他重大事件，造成人员伤亡、经济损失和恶劣影响的。

第二节　监管场所重大事故的检察

一、监管场所重大事故检察的原则

（一）检察机关独立行使调查权原则

从法律地位看，检察机关开展监管场所重大事故检察工作要立足于法律监督的范围，既不能越俎代庖，也不能消极应付。要明确参与事故调查和处理，但又区别于公安司法机关调查组的观念。从监管场所重大事故检察的性质看，监管场所重大事故检察属于人民检察院监管场所检察的组成部分，《人民检察院监狱检察办法》第4条规定："人民检察院在监狱检察工作中，应当依法独立行使检察权，应当以事实为根据、以法律为准绳。"因此，检察机关开展监管场所重大事故检察监督工作，应该谨防两个观念误区。一是认为检察机关如果受邀参加了公安司法机关联合成立的事故调查组，那就成为调查组的成员，就应该服从调查组的一切调派、安排和决定；二是坐等公安司法机关对责任事故作出最后结论，甚至坐等职务犯罪线索的移送。如果检察机关所派人员将自己定位为联合调查组的成员，听从调查组的统一调遣，那么检察机关就完全丧失了独立性和主动性，并且超越了法律监督的职责范围,甚至有可能沦为分担责任的工具。如果检察机关消极、被动地等待调查组的结论和意见,就很难从中发现问题,也就失去了检察机关开展监管场所重大事故检察监督工作的意义。

(二)检察机关同步介入开展监管场所重大事故检察监督原则

惩罚犯罪的刑罚越是迅速和及时,就越是公正和有益。监管场所重大事故调查往往具有较强的时效性,一旦错失相应的时间点,就很难还原事件的真相。例如,在罪犯受到殴打、体罚、虐待而致伤残的监管事故中,如果不能及时对被害人的身体情况进行法医鉴定,事后就很难查清被害人的伤残情况与其所受到的殴打、体罚、虐待是否存在因果关系。因此,检察机关监狱检察部门对监管场所重大事故进行检察监督应当坚持同步介入原则,即事故一旦发生,检察机关监狱检察部门就应介入并开展工作。

(三)全面调查原则

本原则包括三个方面的内容:一是检察机关开展监管场所重大事故检察监督,要全面、准确、客观地收集证据,既要收集证明有关人员可能存在过错责任的证据,又要收集可能排除有关人员相关责任的证据;二是检察机关要全面调取有关部门已经收集到的相关证据材料,为下一步工作创造有利条件;三是检察机关对监管场所重大事故实施全方位、全过程的检察监督。

(四)按照法定程序实施监督原则

检察机关对监管场所重大事故的检察监督,必须按照法定的程序,采用合法的方式,不能单纯为了获取结果而违反法定程序或者采用非法的方式开展监督工作。

(五)坚持实事求是、有案必查、有错必纠的原则

检察机关对监管场所重大事故的检察监督,必须坚持实事求是的原则,认真查找其中的问题,对于事故背后隐藏的少数监管机关工作人员滥用职权、玩忽职守、徇私舞弊等职务犯罪问题,要做到有案必查。即使发现的问题没有达到追究刑事责任的程度,也应做到有错必纠,将所发现的问题移送有关部门作相应处理。

二、监管场所重大事故检察的程序

相关法律法规、司法解释尚未对监管场所重大事故检察的程序作出明

确的规定。根据司法实践中的通常做法，监管场所重大事故检察的程序主要包括以下方面：

（一）组织力量开展工作

对于监管场所发生的重大事故，一般应组织专门力量开展检察监督。具体方式要根据事故的具体情况以及开展检察监督工作的需要而定，既可以是检察机关独立组织力量开展检察监督，也可以是检察机关受邀派员参与公安司法机关的联合调查组。一旦检察机关接到政府或事故调查组的要求介入事故调查，应积极响应迅速介入。即使没有接到邀请，也要主动与政府或授权的事故调查组联系，主动介入事故调查，做到受邀请介入与主动介入相结合。无论是检察机关独立组织力量开展检察监督，还是受邀参加调查，都要保证检察机关依法独立行使检察监督权。检察机关独立组织力量开展检察监督的，对监管场所发生的一般事故可以由基层人民检察院独立开展工作；对监管场所发生的重大事故一般应由分、州、市级人民检察院为主组织力量开展工作；对监管场所发生的重大事故，在辖区内已经造成重大影响的，应由省级人民检察院为主组织力量开展工作。根据《人民检察院监狱检察办法》的规定，辖区内监狱发生重大事故的，省级人民检察院应当检察派驻检察机构是否存在不履行或者不认真履行监督职责的问题。

（二）封存、提取证据

2007年最高人民检察院《〈关于加强行政机关与检察机关在重大责任事故调查处理中的联系和配合的暂行规定〉的实施办法》明确规定，检察机关介入事故调查，首要任务就是发现导致重大责任事故发生、涉嫌渎职犯罪的国家机关工作人员及其犯罪事实，全面收集证据，查明犯罪事实并对其进行刑事追究。由于监管场所重大事故往往具有较强的时效性，很多证据一旦错过时间就难以获取，加之事故的潜在责任人因为害怕受到刑事追究和其他处理，有可能毁灭相关原始证据材料，以种种手段逃避事故调查。检察机关动作稍微迟缓，就有可能导致原始证据材料的毁灭、流失，给检察监督工作带来被动。因此，第一时间封存、提取证据就显得尤为关键。可以从以下方面入手：

1. 第一时间赶赴现场，进行有关的勘查工作，固定相关证据。
2. 全面调取、封存事故现场的监控录像。
3. 全面调取有关部门已经收集到的证据材料。

4. 全面调取监管机关有关安全监管或安全生产的规章制度、职责分工、会议记录等。

5. 全面调取事故发生前后监管机关的值班、考勤记录。

6. 在罪犯伤残、死亡等事故检察中,要及时对相关罪犯进行法医鉴定,获取第一手鉴定意见。

7. 封存、调取其他与事故调查有关的证据材料。

(三) 调查核实

检察机关要第一时间最大限度地掌握事故发生的各类原始资料,防止事故调查组的个别人员出于非法目的包庇事故责任人和职务犯罪嫌疑人。

1. 询问有关人员

检察机关监狱检察部门应及时对相关人员进行询问,制作调查笔录,调查笔录应当经被调查人确认无误,并签名或盖章。条件允许的情况下,以录音、录像等视听资料的方式获取、固定有关证据。对于受邀参与公安司法机关调查组的,询问相关人员应由检察机关派员独立进行。

2. 审查相关材料

对于前期获取的与事故有关的材料,应当认真审查,摸清事故发生的原因、事故性质的认定、事故责任的划分以及潜在责任人的基本情况,这是开展监管场所重大事故检察监督的重要环节。因此,检察机关监狱检察部门在审查相关材料时,必须做到全面、细致,同时,要重点审查以下几个方面的内容:

(1) 对司法鉴定意见的审查。尤其是在突发公共卫生事件、伤残、死亡类事故中,司法鉴定意见对于事故责任的认定和事故的处理起着至关重要的作用。在审查司法鉴定意见时,要进行形式和内容两个方面的审查。形式审查,要审查司法鉴定的委托和受理是否合法、司法鉴定机构与鉴定人员是否合格,各种检验检查是否完备、所采取方法是否科学。[①] 内容审查,要注意将鉴定意见与案件的调查情况、现场勘验结果以及其他证据相互印证,经查证属实,才能作为定案的证据。检验人员在审查司法鉴定时不仅要看最后的鉴定意见,要综观全文,"重点审查其鉴定内容是否全面、

[①] 周伟:《监管场所被监管人死亡检察若干问题研究》,载《监所检察工作指导》2001 年第 1 期。

检验结果是否客观、分析论证是否符合科学原理和经验常识"①。

（2）对事故现场监控录像的审查。监管场所一般都会在监舍、劳动场所等重点部位加装监控设施，其中多数监控设施除了能够实时监控外，还能实现自动录制保存，很多地方的派驻检察机构也配备了相应的设备加强监督，这就为检察机关监狱检察部门查清监管场所事故发生的原因、还原事实真相提供了有力的手段。监管场所重大事故发生后，检察机关监狱检察部门要认真观看、分析事故发生前后事故现场的监控录像，从中获取有价值的线索。

（3）对监管机关有关规章制度、职责分工、值班记录的审查。监管机关有关安全监管和安全生产的规章制度、职责分工、会议记录以及事故发生前后监管机关的值班、考勤记录，是查找事故发生原因、确定事故责任的重要依据。对于监管机关有关规章制度、职责分工，检察机关监狱检察部门要做到清楚、明确；对于监管机关的值班、考勤记录，要重点审查是否完整、准确，有无缺页或者涂改的情况，并结合对相关人员的询问加以核实。

（四）调查过程中应重点注意的问题

检察机关介入事故调查要立足于法律监督的范围，通过审阅材料和询问相关人员，发现事故背后可能存在的违法违规问题。根据司法实践，在监管场所重大事故检察监督中，除了要调查了解常见的贪污、贿赂、挪用公款等行为外，还应重点注意以下方面：

1. 在罪犯脱逃事故中，要注意是否存在监管人员私放罪犯的行为、监管人员失职致使罪犯脱逃的行为、监管人员滥用职权以及玩忽职守的行为。

2. 在破坏监管秩序所造成的事故中，要注意是否存在监管人员玩忽职守的行为。

3. 在突发公共卫生事件中，要注意是否存在监管人员玩忽职守的行为，以及监管人员虐待罪犯的行为。

4. 在伤残事故中，要注意是否存在监管人员体罚、虐待罪犯的行为，监管人员刑讯逼供的行为，监管人员滥用职权或者玩忽职守的行为，还要注意是否存在其他罪犯破坏监管秩序或者故意伤害的行为。

---

① 周伟：《监管场所被监管人死亡检察若干问题研究》，载《监所检察工作指导》2001年第1期。

5. 在罪犯非正常死亡事故中，同样要注意是否存在监管人员体罚、虐待罪犯的行为，监管人员刑讯逼供的行为，监管人员滥用职权或者玩忽职守的行为，以及其他罪犯破坏监管秩序或者故意伤害的行为。

6. 其他事故，如监管机关发生的重大安全生产事故中，要注意是否存在监管人员滥用职权或者玩忽职守的行为，还要注意是否存在监管场所负责生产经营活动的工作人员的渎职行为。

第六章 职务犯罪案件的查办程序

第一节 线索管理

职务犯罪案件线索的来源主要包括：纪检监察机关及其他单位移送的；人民检察院相关内设机构移送的；上级人民检察院交办的；其他人民检察院移送的；负责侦查的部门办案中发现的；犯罪嫌疑人自首的；其他途径获取的。根据相关规定，司法工作人员相关职务犯罪案件线索由设区的市级以上人民检察院负责侦查的部门统一管理。基层人民检察院发现属于检察机关管辖的案件线索，经本院检察长批准后，应当在发现之日起5个工作日以内直接移送上级人民检察院负责侦查的部门。设区的市级以上人民检察院内设机构发现属于检察机关管辖的案件线索，经部门负责人批准后，应当在发现之日起5个工作日以内移送本院负责侦查的部门。任何部门、人员不得私自留存、处理案件线索。

设区的市级以上人民检察院负责侦查的部门应当指定专门人员承担线索接收、登记、管理等工作。接收案件线索后，应当逐项登记案件线索的接收日期、来源、涉案人姓名、单位、简要内容等信息，报部门负责人指定检察官办案组审查。设区的市级以上人民检察院负责侦查的部门应当建立案件线索管理台账，每半年集中清理一次案件线索。要对本部门案件线索的受理、查办、反馈等情况进行统计分析，查找存在的问题，并报分管副检察长审核，切实防止案件线索长期积压。

人民检察院立案侦查司法工作人员相关职务犯罪案件线索实行分级备案管理。设区的市级人民检察院对管理的本辖区内的县处级干部及重大职务犯罪案件线索，应当在发现之日起5个工作日以内报省级人民检察院备案，厅局级以上干部及特大职务犯罪案件线索应当在发现之日起5个工作日以内层报最高人民检察院备案。负责审查的检察官办案组应当根据案件线索所涉问题性质、管辖规定和办案工作实际需要，提出审查意见。

对属于本院管辖的案件线索，承担审查任务的检察官办案组应当及时制作书面报告，提出处理意见，按程序报批。提出留存待查处理意见的，经部门负责人审核后，报分管副检察长批准；提出初查、立案等处理意见的，提请检察长或检察委员会决定。对不属于本院管辖的案件线索，检察官办案组提出移送有管辖权的人民检察院、退回原移送单位、移送其他机关或部门处理等意见，层报分管副检察长或检察长同意后依法移送。犯罪嫌疑人到人民检察院自首的，负责控申检察的部门应当接受并认真做好记录。需要采取紧急措施的，应当先采取紧急措施。对于受理的属于人民检察院管辖的自首线索，应当及时移送有管辖权的人民检察院负责侦查的部门按规定处理。对于实名举报的线索以及其他机关或部门移送的线索，负责侦查的部门提出处理意见按程序报批后，应当及时将相关处理情况向实名举报人、移送线索的机关或部门反馈。

第二节　调查核实

一、调查核实程序的启动

案件线索经检察长或检察委员会决定调查核实的，检察官办案组应制定调查核实方案和办案安全防范预案，经部门负责人审核后，组织开展调查核实活动。

二、调查核实的内容

1. 被调查对象的主体身份及其基本情况、政治身份、社会职务、家庭成员、主要社会关系（包括海外关系）等。

2. 被调查对象是否系人大代表或政协委员。

3. 案件线索涉及的人和事，以及涉案事实发生的时间、地点、过程、情节等。

4. 被调查对象目前所处方位,有无重大疾病,有无其他影响刑事诉讼活动的情形。

5. 其他应当查明的事项。

三、调查核实的注意事项

1. 调查核实一般应当秘密进行,不得擅自接触被调查对象。因办案工作需要,确需向被调查对象本人调查核实情况的,承担调查任务的检察官办案组应当制作书面报告,报检察长决定。

2. 进行调查核实,可以采取询问、查询、勘验、检查、鉴定、调取证据材料等不限制被调查对象人身、财产权利的措施。不得对被调查对象采取强制措施,不得查封、扣押、冻结被调查对象的财产,不得采取技术侦查措施。

3. 调查核实一般应当在3个月以内完成,案情重大复杂或有其他特殊情况需要延长调查核实期限的,由承担调查核实任务的检察官办案组提出意见,层报检察长批准。

4. 调查核实完成后,检察官办案组应当及时制作审查报告,提出提请立案、不予立案或移送纪检监察机关等有关单位处理的意见,层报检察长或检察委员会决定。对本院其他内设机构移送的职务犯罪案件线索,承担调查核实任务的部门拟提请不予立案的,在提出处理意见前,应当听取移送部门的意见。

5. 调查核实过程中,发现被调查对象有逃跑行凶、自杀或毁灭、伪造证据、转移赃款赃物等紧急情况时,承担调查核实任务的检察官办案组应当立即报告检察长,并采取必要的防控措施。需要限制被调查对象、涉案人员、重要证人出境的,应当按照有关规定办理。符合立案条件的,应当及时立案,依法采取相应措施。

第三节 立案侦查

一、立案

人民检察院立案侦查司法工作人员相关职务犯罪案件,认为有犯罪事

实需要追究刑事责任的,应当制作立案报告书,经检察长或检察委员会批准后予以立案。

人民检察院发现涉嫌犯罪事实认为符合立案条件,犯罪嫌疑人尚未确定且具有下列情形之一的,可以作出立案决定:(1)需要进一步查明犯罪嫌疑人的;(2)必须通过侦查措施取证的;(3)证据可能变化或灭失的;(4)犯罪造成的危害后果可能进一步扩大的。

人民检察院决定对人大代表立案的,应当及时制作书面报告,经部门负责人和分管副检察长审核后,在作出立案决定之日起10个工作日以内向该代表所属的人民代表大会主席团或常务委员会进行通报。犯罪嫌疑人为两级以上人民代表大会代表的,应当分别通报。

二、侦查程序的启动

案件立案后,承担侦查任务的检察官办案组应当及时制定侦查计划和办案安全防范预案,经部门负责人审核并报分管副检察长批准后执行,承担侦查任务的检察官办案组不得随意扩大侦查范围、变更侦查对象和侦查事项。需要对侦查对象、侦查事项等做调整的,应当层报分管副检察长或检察长决定。

讯问或询问过程中发现其他人员涉嫌犯罪线索的,应当单独记明笔录,由承担侦查任务的检察官办案组提出处理意见,经部门负责人审核后,报分管副检察长或者检察长决定。

第四节 侦查措施

一、提请审查逮捕及其他强制措施

立案后需要逮捕犯罪嫌疑人的,承担侦查任务的检察官办案组应当制作逮捕犯罪嫌疑人意见书,经分管副检察长同意后,连同案卷材料、讯问犯罪嫌疑人录音录像一并移送负责职务犯罪检察的部门审查,犯罪嫌疑人已被拘留的,应当在拘留后7日以内将案件移送负责职务犯罪检察的部门审查。

需要对县级以上人大代表采取拘传、取保候审、监视居住、拘留、逮捕等强制措施的，由承担侦查任务的检察官办案组提出意见，层报检察长决定后，向该代表所属的人民代表大会主席团或常务委员会报请许可。需要对县级以下（不含县级）人大代表采取拘传、取保候审、监视居住、拘留、逮捕等强制措施的，由承担侦查任务的检察官办案组提出意见，层报检察长决定后，向该代表所属的人民代表大会报告。需要对政协委员采取拘传、取保候审、监视居住、拘留、逮捕等强制措施的，由承担侦查任务的检察官办案组提出意见，层报检察长决定后，向其所在政协党组通报。

立案后需要对犯罪嫌疑人采取其他强制措施的，由承担侦查任务的检察官办案组提意见，层报检察长决定。办理取保候审、监视居住、拘留或逮捕等强制措施手续后，负责侦查的部门应当及时通知同级公安机关，由其负责执行。必要时，经分管副检察长同意，也可以由负责侦查的部门派员协助执行。

二、讯问犯罪嫌疑人

讯问犯罪嫌疑人一般按照下列顺序进行：第一，查明犯罪嫌疑人的基本情况，包括姓名、出生年月日、户籍地、身份证号码、民族、政治面貌、职业、文化程度、工作单位及职务、住所、家庭情况、社会经历、是否属于人大代表或政协委员等；第二，告知犯罪嫌疑人在侦查阶段的诉讼权利，有权自行辩护或委托律师辩护或者申请法律援助，告知其如实供述自己罪行可以依法从宽处理和认罪认罚的法律规定；第三，讯问犯罪嫌疑人是否有犯罪行为，让其陈述有罪的情节或者无罪的辩解。

讯问犯罪嫌疑人，应当制作讯问笔录。讯问笔录应当忠实于原话，字迹清楚，详细具体，并交犯罪嫌疑人核对。犯罪嫌疑人没有阅读能力的，应当向其宣读。如果记载有遗漏或差错，应当补充或改正。犯罪嫌疑人认为讯问笔录没有错误的，由犯罪嫌疑人在笔录上逐页签名或者盖章，并捺指印、注明日期，并在末页写明"以上笔录我看过（向我宣读过），和我说的相符"，同时签名或盖章，并捺指印、注明日期。如果犯罪嫌疑人拒绝签名或者盖章、捺指印的，检察人员应当在笔录上注明。讯问的检察人员也应当在笔录上签名。犯罪嫌疑人请求自行书写供述的，检察人员应当准许。必要时，检察人员也可以要求犯罪嫌疑人亲笔书写供述。犯罪嫌疑人应当在亲笔供述的末页签名、捺指印，并注明书写日期。检察人员收到后，应当在首页右上方写明"于某年某月某日收到"，并签名。上述规定也适用于询问证人。讯问犯罪嫌疑人，应当进行全程同步录音、录像。录音、录像应当由检察技术人员负责。特殊情况下，经检察长批准，也可以由讯问人员以外的其他检察人员负责。

三、其他侦查措施

（一）勘验、检查

进行勘验、检查，应当持有检察长签发的勘查证勘查现场，应当拍摄现场照片，制作现场图。对重大案件的现场，应当录像。勘验、检查的情况应当制作笔录，由参加勘验、检查的人员和见证人签名或盖章。

（二）死因解剖鉴定

侦查中，需要解剖死因不明的尸体，应当通知死者家属到场，并让其在解剖通知书上签名或盖章。死者家属无正当理由拒不到场或拒绝签名、盖章的，不影响解剖进行，但是应当在解剖通知书上记明。对于身份不明的尸体，无法通知死者家属的，应当记明笔录。

（三）人身检查

人身检查不得采用损害被检查人生命、健康或贬低其名誉或人格的方法。对在人身检查过程中知悉的被检查人的个人隐私，检察人员应当保密。

（四）搜查

搜查前，承担侦查任务的检察官办案组应当了解被搜查对象的基本情况、搜查现场及周围环境，确定搜查的范围和重点，明确搜查人员的分工和责任。进行搜查，应当向被搜查人或他的家属出示搜查证。搜查证由检察长签发。

搜查应当全面、细致、及时，并且指派专人严密注视搜查现场的动向。进行搜查的人员，应当遵守纪律，服从指挥，文明执法，不得无故损坏搜查现场的物品，不得擅自扩大搜查对象和范围。对于查获的重要书证、物证、视听资料、电子数据及其放置、存储地点应当拍照，并且用文字说明有关情况，必要时，可以对搜查活动录音、录像。

搜查情况应当制作笔录，由检察人员和被搜查人或其家属、邻居或其他见证人签名或盖章。被搜查人在逃，其家属拒不到场，或拒绝签名、盖章的,应当记明笔录。

承担侦查任务的检察官办案组到本辖区以外进行搜查,检察人员应当携带搜查证、工作证以及载有主要案情、搜查目的、要求等内容的公函,当地人民检察院应当协助搜查。

(五)调取物证、书证

侦查中,需要向本辖区以外的有关单位和个人调取物证、书证等证据材料的,办案人员应当携带工作证、人民检察院的证明文件和有关法律文书,当地人民检察院应当予以协助。必要时,可以向证据所在地的人民检察院发函调取证据。调取证据的函件应当注明取证对象的具体内容和确切地址。协助的人民检察院应当在收到函件后一个月以内将调查结果送达请求的人民检察院。

(六)查封、扣押财物和文件

1. 人民检察院查封、扣押财物和文件,应当经检察长批准,由两名以上检察人员执行。

需要查封、扣押的财物和文件不在本辖区的,承办案件的人民检察院应当依照有关法律规定,持相关法律文书及简要案情等说明材料,商请被查封、扣押财物和文件所在地的人民检察院协助执行。

被请求协助的人民检察院有异议的,可以与承办案件的人民检察院进行协商,必要时,报请共同的上级人民检察院决定。

2. 查询、冻结犯罪嫌疑人的存款、汇款、债券、股票、基金份额等财产,应当由负责侦查的部门提出意见,层报分管副检察长决定后,办理相关手续。

3. 扣押犯罪嫌疑人的邮件、电报或电子邮件,应当经检察长批准,通知邮电部门或网络服务单位将有关的邮件、电报或电子邮件检交扣押,不需要继续扣押的时候,应当立即通知邮电部门或网络服务单位。对于可以作为证据使用的录音、录像带、电子数据存储介质,应当记明案由、对象、内容、录取、复制的时间、地点、规格、类别、应用长度、文件格式及长度等,妥善保管,并制作清单,随案移送。查封单位的涉密电子设备、文件等物品,应当在拍照或录像后当场密封,由检察人员、见证人、单位有关负责人签名或盖章。启封时应当有见证人、单位有关负责人在场并签名或盖章。对于有关人员拒绝按照有关规定签名或盖章的,人民检察院应当在相关文书上注明。

4. 对犯罪嫌疑人使用违法所得与合法收入共同购置的不可分割的财产，可以先行查封、扣押、冻结。对无法分割退还的财产应当在结案后予以拍卖、变卖，对不属于违法所得的部分予以退还。

（七）辨认笔录

辨认的情况应当制作笔录，由检察人员、辨认人、见证人签字。对辨认对象应当拍照，必要时可以对辨认过程进行录音、录像。

（八）边控、通缉

侦查中需要边控、通缉的，应当层报分管副检察长批准。边控的对象为厅局级以上干部或需要发布红色通缉令的，承办案件的人民检察院应当填报相关申请材料，层报最高人民检察院。

承担侦查任务的检察官办案组应当及时了解通缉、边控的执行情况。

（九）技术侦查

1. 侦查中需要采取技术侦查措施的，应当按照法律和有关规定，履行严格的审批程序，并由承担侦查任务的部门协调有关部门具体实施。

2. 侦查中，承担侦查任务的检察官办案组可以决定采用调取电子数据、话单分析、数据恢复、心理测试等科技手段。

3. 侦查实验应当制作笔录，记明侦查实验的条件、经过和结果，由参加侦查实验的人员签名。必要时，可以对侦查实验录音、录像。

4. 侦查中涉及专门技术性问题，需要检察技术信息部门协助收集、分析、鉴定、审查证据的，承担侦查任务的检察官办案组应当制作书面报告，经部门负责人审核并报分管副检察长批准后，委托检察技术信息部门办理。

四、侦查中的注意事项

1. 侦查中需要翻译外文资料的，承担侦查任务的检察官办案组应当制作书面报告，经部门负责人审核并报分管副检察长批准后，委托具有法定资质的机构翻译。

2. 讯问聋、哑或不通晓当地通用语言文字的人，人民检察院应当为其聘请通晓聋、哑手势或当地通用语言文字且与本案无利害关系的人员进行翻译。翻译人员的姓名、性别、工作单位和职业应当记录在案。翻译人员应当在讯问笔录上签字。

3. 侦查中需要对涉案财物、人身伤害等进行鉴定的，承担侦查任务的检察官办案组应当制作书面报告，经部门负责人审核并报分管副检察长批准后，委托有鉴定资质的机构或部门进行。需要对涉案财物价值进行价格认定的，承担侦查任务的检察官办案组应当制作书面报告，经部门负责人审核并报分管副检察长批准后，委托价格认定机构进行。

4. 意见分歧的处理。侦查中对于证据收集、采信以及法律适用等产生较大分歧的，由承担侦查任务的检察官办案组提出意见，层报分管副检察长批准后，邀请其他部门检察官或相关专家进行研究论证，提出意见。

5. 延长侦查羁押期限和重新计算侦查羁押期限。人民检察院立案侦查司法工作人员相关职务犯罪案件，应当严格执行羁押期限的有关法律规定。负责侦查的部门认为需要延长或重新计算侦查羁押期限的，应当层报分管副检察长同意后，按程序移送负责职务犯罪检察的部门办理。

第五节 侦查终结

一、侦查终结的审批程序

案件拟侦查终结的，承担侦查任务的检察官办案组应当制作侦查情况报告，提出移送审查起诉、移送审查不起诉或撤销案件的意见，提交本部门检察官联席会议讨论。检察官联席会议讨论后，拟侦查终结的，由承担侦查任务的检察官办案组参考讨论意见，制作侦查终结报告，层报检察长决定。部门负责人、分管副检察长、检察长不同意侦查终结的，检察官办案组应当继续开展侦查工作。

二、侦查终结的处理

侦查终结后，决定撤销案件的，按照规定的程序办理；决定移送审查起诉或移送审查不起诉的，负责侦查的部门应当及时将案件材料移送本院负责职务犯罪检察的部门审查。侦查终结的案件需要在异地起诉、审判的，负责侦查的部门应当在移送审查起诉 20 日前，协调负责职务犯罪检察的部门商请法院相关部门办理指定管辖事宜；上级人民检察院交办或指定管辖的案件需要协调审判管辖的,由最初作出交办案件或指定管辖决定的上级人民检察院与同级人民法院协商。案件侦查终结时,对涉案人员需要另案处理的,承担侦查任务的检察官办案组应当及时制作书面报告,提出处理意见,经部门负责人审核后,报分管副检察长或检察长批准。

第七章 办理罪犯又犯罪案件的程序

第一节 审查逮捕

逮捕是刑事诉讼强制措施中最严厉的一种,它不仅剥夺了犯罪嫌疑人、被告人的人身自由,而且逮捕后除发现不应当追究刑事责任和符合变更强制措施条件的以外,对被逮捕人的羁押期间一般要到人民法院判决生效为止。审查批捕包括审查批准逮捕和审查决定逮捕。审查批准逮捕指的是人民检察院对监狱逮捕犯罪嫌疑人的提请批准逮捕书审查批准的活动。《刑事诉讼法》第89条规定:"人民检察院审查批准逮捕犯罪嫌疑人由检察长决定。重大案件应当提交检察委员会讨论决定。"按照《人民检察院刑事诉讼规则》的要求,人民检察院在接到监狱逮捕犯罪嫌疑人的提请批准逮捕书后,应在7日内作出批准逮捕、不批准逮捕或补充侦查决定。监狱对检察院不批准逮捕的决定,认为有错误的,可以要求复议。人民检察院在审查批捕中,如发现监狱的侦查活动有违法情况,应通知予以纠正。审查决定逮捕是对本院直接受理的职务犯罪案件或本院在审查起诉狱内又犯罪案件,发现应当对犯罪嫌疑人逮捕所进行的一系列诉讼活动。

罪犯在监狱内犯罪,办理案件期间,该罪犯原判刑期即将届满需要逮捕的,在侦查阶段由监狱在刑期届满前提请人民检察院审查批准逮捕,在审查起诉阶段由人民检察院决定逮捕,在审判阶段由人民法院决定逮捕;批准或者决定逮捕后,监狱将被逮捕人送监狱所在地看守所羁押。

逮捕犯罪嫌疑人时,监狱应当制作提请批准逮捕书,并连同报捕案卷移送检察机关审查,案件承办人应当制作审查逮捕案件意见书。狱内又犯罪属于刑事诉讼法规定的犯罪嫌疑人曾经故意犯罪的情形,对犯罪嫌疑人一般应当逮捕,检察机关决定批准逮捕后,由监狱将犯罪嫌疑人送看守所羁押。审查起诉阶段发现应当逮捕的情形的,也需要制作逮捕意见书,由审查起诉的案件承办人审查,决定逮捕的,制作批准逮捕决定书,监狱接到批准逮捕的文书后,应当由负责人签发逮捕证,立即执行,并将执行回执送达作出批准逮捕决定的人民检察院。如果未能执行,也应到将回执送达人民检察院,并写明未能执行的原因。

第二节 审查起诉

审查起诉,是指人民检察院在提起公诉阶段,为了确定经侦查终结的刑事案件是否应当提起公诉,而对侦查机关确认的犯罪事实和证据、犯罪性质和罪名进行实质性审查,并作出起诉或不起诉决定的诉讼活动。审查起诉是刑事诉讼过程中的关键环节。

一、审查起诉的程序

(一) 审阅案卷材料

办案人员接到案件后,应当及时地审查侦查机关或刑事侦查部门移送的案件材料是否齐备,有无起诉意见书、证据材料和其他法律文书。例如,如果犯罪嫌疑人曾被采取搜查、拘留、逮捕措施,审查有无搜查证、拘留证和逮捕证。然后仔细阅读起诉意见书,了解犯罪嫌疑人的犯罪事实、情节,犯罪性质和罪名以及要求起诉的理由,详细审阅案卷中的证据材料,按照法定审查起诉的五项内容,逐项进行审查。发现疑问,可以向侦查人员询问。审阅案卷要认真细致,可以制作阅卷笔录。

(二) 讯问犯罪嫌疑人

讯问犯罪嫌疑人是人民检察院审查起诉的必经程序。这是人民检察院核实证据,正确认定案件事实,监督侦查活动是否合法所必需的。讯问犯罪嫌疑人还有助于直接了解犯罪嫌疑人的精神状态和悔罪态度,为其提供辩护的机会,听取其辩解理由。根据《刑事诉讼法》的规定,讯问只能由检察人员进行,讯问犯罪嫌疑人时,应当告知其有申请回避的权利。检察人员在讯问时不得少于2人。首先应当讯问犯罪嫌疑人是否有犯罪行为,让其陈述有罪的情节或无罪的辩解,然后根据犯罪嫌疑人的陈述情况和阅卷确定复核证据的重点,向犯罪嫌疑人提出问题让其回答。除对质以外,讯问犯罪嫌疑人应当个别进行,并注意做好笔录。人民检察院自收到移送审查起诉的案件材料之日起3日内,应当告知犯罪嫌疑人有权委托辩护人,并应当告知被害人及其法定代理人或者近亲属有权委托诉讼代理人。

(三) 听取被害人的意见

《刑事诉讼法》第173条规定,人民检察院审查案件,应当听取被害人的意见。《人民检察院刑事诉讼规则》第262条规定,直接听取辩护人、被害人及其诉讼代理人的意见有困难的,可以通过电话、视频等方式听取意见并记录在案,或者通知辩护人、被害人及其诉讼代理人提出书面意见;无法通知或者在指定期限内未提出意见的,应当记录在案。办案人员直接听取被害人的意见,一是通过询问被害人进一步查清案件事实,核实其他证据;二是听取被害人关于案件处理的意见以及对惩罚犯罪的要求,告知被害人有权就因犯罪行为遭受的损害提起附带民事诉讼。

(四) 听取辩护人和诉讼代理人的意见

《刑事诉讼法》第173条规定,人民检察院审查案件,应当听取辩护人、被害人及其诉讼代理人的意见,并记录在案。辩护人、被害人及其诉讼代理人提出的书面意见,应当附卷。

二、审查起诉的内容

根据《刑事诉讼法》第171条的规定,人民检察院审查案件的时候,必须查明以下内容:

(一) 事实、情节是否清楚,证据是否确实、充分,犯罪性质和罪名的认定是否正确

查明犯罪事实、情节,是正确定罪量刑的前提,在查明犯罪事实和取得确实、充分证据的基础上,应当对犯罪的性质和罪名的认定是否恰当进行鉴别。犯罪的性质与罪名互相联系,密不可分,如果只认定了犯罪性质,而不认定具体的罪名,性质也难以定准。

(二) 是否有其他责任人

人民检察院追诉犯罪应当客观、全面,因此,在审查起诉时要注意审

查有无遗漏犯罪嫌疑人的罪行和其他应当追究刑事责任的人。要查清案件的全部犯罪事实，就必须查清犯罪嫌疑人的全部罪行，对共同犯罪案件要查获所有实施犯罪的人。

（三）是否应当追究刑事责任

保障无罪的人不受刑事追究是人民检察院的职责之一，因此，人民检察院在审查案件时，必须查明犯罪嫌疑人有无不应追究刑事责任的情形。

（四）是否附带民事诉讼

《刑事诉讼法》第101条规定，被害人由于被告人的犯罪行为而遭受物质损失的，在刑事诉讼过程中，有权提起附带民事诉讼。刑事附带民事诉讼制度，对于全面追究被告人的刑事责任和民事责任，保护国家、集体利益和公民的合法权益，具有十分重要的意义。为此，人民检察院在审查起诉时，要审查犯罪嫌疑人的犯罪行为是否给被害人造成了经济损失，被害人是否提起了附带民事诉讼。已提起的，要保护被害人的这项权利，没有提起的，应主动告知被害人有权提起。其次，还要查明国家、集体财产是否因犯罪而遭受损失，如果造成了损失，人民检察院可以在提起公诉时一并提起附带民事诉讼。

（五）侦查程序是否合法

人民检察院审查起诉的过程，也是对侦查工作进行法律监督的过程。因此，人民检察院对案件进行审查时，要注意审查侦查人员的侦查活动是否符合法定程序、法律手续是否完备，特别要查明在讯问犯罪嫌疑人和询问证人的过程中是否有刑讯逼供和以威胁、引诱、欺骗以及其他非法方法收集证据的情况。一旦发现侦查活动中有违反法律的行为时，应当及时提出纠正意见；构成犯罪的，应依法追究刑事责任。

一般来说，检察人员应当首先全面阅卷，找出疑点、矛盾后，再有的放矢地讯问犯罪嫌疑人，听取被害人和犯罪嫌疑人、被害人委托的人的意见，以解决案卷中存在的问题。如果发现新情况，根据需要作进一步的调查和补充侦查。检察人员对案件经过一系列审查活动，查清全部案件事实以后，应当拟写案件审查报告，根据审查的具体情况，作出提出起诉或者不起诉的决定。

三、审查后相关问题的处理

（一）补充侦查

在审查起诉中，发现有事实不清、证据不足或者遗漏了罪行或同案人的，就需要补充侦查。补充侦查的目的在于查清有关事实和证据，以决定是否将犯罪嫌疑人交付人民法院审判。根据《刑事诉讼法》第175条第2款的规定，补充侦查有两种形式：一种是由人民检察院退回侦查机关进行。人民检察院对需要退回补充侦查的案件，应当制作退回补充侦查决定书，写明退查的理由和需要补充查明的具体事项及要求。另一种是由人民检察院自行侦查。这种方式一般适用于只有某些次要的犯罪事实、情节不清，证据不足，侦查机关侦查活动中有违法情况，在认定事实和证据上与侦查机关有较大分歧或者已经退查过但仍未查清的案件。自侦案件需要补充侦查的，人民检察院审查起诉部门应将案件退回本院侦查部门。退回补充侦查的案件，如果在主要事实或证据上发生了重大变化，侦查机关就应当重新制作起诉意见书；如果只是在个别情节上补充了有关材料，可以以书面意见的形式移送人民检察院；如果认为应当撤销案件的，应将决定通知人民检察院。退补以两次为限，并且补充侦查应当在一个月内完毕，补充侦查完毕后重新移送检察院审查起诉的，检察院的审查起诉期限重新计算。

（二）作出是否起诉的决定

侦查机关移送起诉的案件经过审查后，检察官应对案件作出提起公诉、法定不起诉、存疑不起诉或酌定不起诉的处理决定。

第三节 出庭支持公诉

一、出庭支持公诉的任务

出庭支持公诉，是指人民检察院派员出席人民法院开庭审判公诉刑事案件，进一步揭露犯罪、证实犯罪，协助法庭作出正确判决的一种刑事诉讼活动。人民法院审判公诉案件，人民检察院应当派员以国家公诉人的身份出席法庭、支持公诉。

公诉人出庭支持公诉，主要承担四个方面的任务：

（一）代表国家指控、揭露和证实犯罪，提请人民法院对被告人依法审判

人民检察院之所以提起公诉，就是认为被告人实施的行为已经构成犯罪，应当追究刑事责任。但被告人究竟是否构成犯罪和应当给予何种刑事处罚，依法需要由人民法院通过审判确定。为了依法追究犯罪人的刑事责任，人民检察院需要在开庭审判时充分运用证据证实起诉书所指控的犯罪事实，通过法庭调查、法庭辩论等活动，使人民法院准确认定事实，正确适用法律，公正地定罪量刑。

（二）对法庭审判活动是否合法进行监督

人民检察院是国家专门法律监督机关，负有对人民法院的审判活动是否合法进行监督的职责。法庭审理是审判的核心活动，因而法庭审理活动是审判监督工作的重点。公诉人代表人民检察院出席法庭，有责任对审判程序是否合法进行监督，以保证《刑事诉讼法》的规定在法庭审理中切实得到执行。对法庭审理案件违反法定诉讼程序的情况，公诉人应当记明笔录，在庭后及时向检察长报告，以人民检察院的名义向人民法院提出纠正意见。

（三）维护诉讼参与人的合法权利

根据《刑事诉讼法》的规定，被告人、被害人和其他诉讼参与人在法庭审判中享有充分的诉讼权利，人民法院、人民检察院应当保障诉讼参与人依法享有的诉讼权利。对这些诉讼权利的保障，不仅关系到诉讼参与人的合法权益能否受到保护，也关系到刑事案件能否得到正确、公正、及时的审判。公诉人出席法庭，是站在维护社会主义法治的立场上，代表国家和人民的利益，因而在追究犯罪的同时，也依法负有维护诉讼参与人合法权利的职责。

（四）结合案情进行法治宣传和教育

人民检察院不仅负有追究犯罪的职责，也负有积极参与社会治安综合治理、努力预防犯罪的职责。公诉人在法庭上，一方面要揭露犯罪、证实犯罪，另一方面要通过分析犯罪发生的原因，宣传法律知识，促使被告人改过自新，教育其他公民引以为戒，自觉遵守法律，以达到预防犯罪的目的。

二、出庭支持公诉的工作程序

（一）做好准备

在接到人民法院的出庭通知后，公诉人在开庭前要熟悉案情和相关法律，拟定讯问提纲、举证提纲和辩论提纲，以及制作公诉意见书。准备的同时，要向法院送达派员出席法庭通知书。

（二）出席法庭

在法庭调查阶段首先要宣读起诉书，讯问被告人，询问证人，对证据进行举证质证。在法庭辩论阶段首先要发表公诉意见，针对被告人的自我辩护和辩护律师的辩护意见进行答辩。在最后陈述阶段，针对法庭的审理情况，有针对性地提出公诉意见，对被告人进行法治教育。

第四节 办理罪犯又犯罪案件中的诉讼监督

一、立案监督

（一）案件范围

立案监督是指人民检察院对侦查机关的刑事立案活动是否合法进行的监督，是纠正有案不立、有罪不究、以罚代刑等执法不严问题的有力措施。[①] 根据《刑事诉讼法》第113条的规定，刑事立案监督的内容包括：

1. 依法应当立案侦查的案件，监狱是否立案侦查。监狱对其所发现的犯罪事实或者犯罪嫌疑人，或对于报案、控告、举报和自首的材料，经审查认为有犯罪事实需要追究刑事责任的案件，应立案侦查而不立案侦查的，检察机关依法对此予以审查和监督。

2. 监狱对应当立案侦查的案件是否有管辖权。根据《刑事诉讼法》第308条的规定，除了由检察机关立案侦查的案件和自诉案件以及法律另有规定的案件，对罪犯在监狱内犯罪的案件由监狱进行侦查。检察机关通

---

① 陈国庆主编：《新刑事诉讼法与诉讼监督》，中国检察出版社2012年版，第10页。

过立案监督发现和纠正监狱越权立案的违法情形。

3. 不符合法定立案条件不应当立案,而监狱予以立案的,检察机关通过立案监督予以纠正。

(二) 监督程序

根据《刑事诉讼法》和《人民检察院刑事诉讼规则》的有关规定,检察机关进行刑事立案监督工作,一般按照下列程序进行:刑事立案监督案件的受理→要求刑事立案主体说明不立案的理由→认为刑事立案主体说明的不立案的理由不成立时通知刑事立案主体立案侦查→对有刑事立案侦查权的案件审查决定直接立案侦查→报上级检察机关备案与审查。

具体说来,刑事立案监督案件的受理有两种情况:第一种情况是积极的,即人民检察院在具体办理审查批准逮捕和审查起诉案件时,受理公民、组织的报案、举报时,以及进行调查研究时,发现监狱对应当立案侦查的案件而不立案侦查的,由审查逮捕部门审查,审查逮捕部门经过调查、核实有关证据材料,认为需要监狱说明不立案理由的,经检察长批准,应当要求监狱在 7 日内书面说明不立案理由。经人民检察院审查逮捕部门审查,认为监狱不立案的理由不能成立,经检察长或者检察委员会讨论决定,应当通知监狱立案。监狱在收到人民检察院要求说明不立案理由通知书后 7 日内应当将说明情况书面答复人民检察院,人民检察院认为监狱不立案理由不能成立,应当向监狱发出通知立案书,监狱应当在通知立案书发出后 15 日内决定立案,并将立案决定书送达人民检察院。第二种情况是消极的,即监狱对应当立案侦查的案件而作出不立案决定,被害人不服,要求追究行为人的刑事责任,为此向人民检察院提出的,由人民检察院的控申部门受理,不得以任何理由予以拒绝。人民检察院根据事实和法律进行必要的调查后,认为需要监狱说明不立案理由的,应当将案件移送审查批捕部门办理。如果人民检察院认为监狱说明的不立案理由不能成立,应当通知监狱立案,方式和时间与第一种情况相同。如果人民检察院审查监狱说明不立案的理由,认为确实不符合法律规定的立案条件,应当由控告申诉检察部门在 10 日内将不立案的理由和根据告知被害人,并做好解释和说服工作。

(三) 监督方式

人民检察院通知刑事立案主体立案,刑事立案主体应当立案。人民检察院依法对通知立案的执行情况进行监督。对于刑事立案主体接到通知立案书后不立案的,可采取以下措施,督促其接受监督:(1)发出纠正违法通知书,责成其纠正违法行为;(2)向上一级人民检察院报告,由上一级人民检察院向同级刑事立案主体发出相应通知,实施监督;(3)对刑事立案主体工作人员构成职务犯罪的,立案查处;(4)向同级人民代表大会或其常务委员会汇报,建议予以纠正;(5)向纪检监察部门提出检察建议,建议给予刑事立案主体及其直接责任人员党纪政纪处分。

二、侦查监督

(一)案件范围

侦查监督是人民检察院对监狱的刑事侦查活动是否合法进行的监督。监督的目的是纠正侦查活动中的违法行为,维护司法公正。按照《人民检察院刑事诉讼规则》第567条的规定,主要发现和纠正16种违法行为。

(二)监督程序

刑事侦查监督主要是通过审查批捕、审查起诉、介入监狱的侦查活动、受理有关控告、申诉等形式开展监督。根据《刑事诉讼法》第100条的规定,人民检察院在审查批捕工作中,如果发现公安机关的侦查活动有违法情况,应当通知公安机关纠正,公安机关应当将纠正情况通知人民检察院。根据《刑事诉讼法》第171条第5项的规定,人民检察院在审查起诉案件时,必须查明公安机关的侦查活动是否合法。根据《人民检察院刑事诉讼规则》第256条的规定,经公安机关商请或者人民检察院认为确有必要时,可以派员适时介入重大、疑难、复杂案件的侦查活动,参加公安机关对于重大案件的讨论,对案件性质、收集证据、适用法律等提出意见,监督侦查活动是否合法。介入可以是主动介入,也可能是受侦查机关邀请介入,介入方式包括参加侦查机关对于重大案件的讨论听取和发表意见,提前审阅有关案件材料,了解案情,参与现场勘验、检查。

(三)监督方式

1. 口头通知纠正

对于检察人员在履行监督职责过程中发现侦查机关有轻微违法行为的,可以直接口头纠正,如侦查机关讯问笔录未按规定签名。

2. 发出书面纠正违法通知书

对于侦查活动中情节较重的违法侦查行为,由承办检察官制作纠正违法通知书并经副检察长以上领导审批后,向侦查机关发出。情节较重的违法行为一般是指严重违反法律规定但未达到犯罪程度的行为。

3. 追究法律责任

按照《刑事诉讼法》第 19 条第 2 款的规定,人民检察院在法律监督中发现的司法工作人员利用职权实施的非法拘禁、刑讯逼供、非法搜查等侵犯公民权利、损害司法公正的犯罪,可以立案侦查。

三、审判活动监督

审判监督是指人民检察院对人民法院刑事审判活动是否依法进行所进行的监督。主要监督两个方面:一是对审判程序是否合法进行监督,包括对法院一审、二审和再审程序的监督。二是对判决裁定是否正确进行监督,包括按照二审程序提出抗诉和按照审判监督程序提出抗诉。按照《人民检察院刑事诉讼规则》第 589 条第 3 款的规定,对一审法院作出的判决,在上诉、抗诉期限内,上级检察机关发现下级检察机关应当提出抗诉而没有提出抗诉的案件,可以指令下级人民检察院依法提出抗诉。此外,除通过一审、二审及再审程序监督法院审判活动之外,检察机关还可以通过检察长列席法院审判委员会的方式对法院的审判活动进行监督。

第八章 办理控告、举报和申诉案件的程序

第一节 案件受理与审查

案件受理是指司法机关对于接收的有关材料，按照各自的职能管辖范围进行审查后，决定将其作为案件进行办理的诉讼活动。人民检察院对控告、举报和申诉材料的受理，是指检察机关对当事人及其法定代理人、近亲属向检察机关递交的控告、举报和申诉材料进行审查后，决定将其作为控告、举报和申诉案件予以办理的活动。

一、控告、举报的受理与审查

（一）案件受理

《刑事诉讼法》第110条第3款规定，"公安机关、人民检察院或者人民法院对于报案、控告、举报，都应当接受。"各级检察机关对于控告、举报材料，不论是否属于人民检察院管辖，都应当接受。接受控告、举报的工作人员，负有告知义务，向控告人、举报人说明诬告应负的法律责任。《刑事诉讼法》第111条规定，报案、控告、举报可以用书面或者口头提出。接受口头报案、控告、举报的工作人员，应当写成笔录，经宣读无误后，由报案人、控告人、举报人签名或者盖章。各机关、企事业单位向检察机关进行举报、控告时一般应当提供书面材料。个人向各级人民检察院进行控告、举报时，可以采取书面形式，也可以采取口头形式。对于以书面形式进行控告、举报的，应当进行登记，对于以口头形式提出的，接待的检察人员应当将控告、举报内容制作成笔录，经控告人、举报人确认无误后签字盖章，接待的检察人员也应当签字或者盖章。根据罪犯及其

法定代理人、近亲属反映的情况，及时审查处理。并填写控告、举报登记表。根据《人民检察院监狱检察办法》的规定，罪犯及其法定代理人、近亲属有权向检察机关提出控告、举报和申诉。派驻检察机构应当接收罪犯及其法定代理人、近亲属递交的控告、举报和申诉材料。派驻检察人员应当定期接待罪犯的法定代理人、近亲属来访，受理控告、举报材料，提供法律咨询。

（二）案件审查及案件移送

1. 案件审查

控告申诉检察部门对接收的举报线索，应当确定专人进行审查，根据举报线索的具体情况和管辖规定，自收到举报线索之日起7日以内作出以下处理：

（1）根据控告、举报的情况，如果发现有超期羁押，妨碍辩护权行使，殴打、体罚、虐待罪犯，非法侵占罪犯财物等情况，应及时予以制止，切实保障罪犯的合法权益。

（2）根据控告、举报的情况，如果发现确有犯罪事实存在，且属于监狱检察管辖范围内的应当追究刑事责任的行为，应当立案侦查。

（3）按照案件管辖的分工，对于其中不属于人民检察院管辖的，应当及时移送有管辖权的机关处理，并通知控告人、举报人。

2. 案件初核

对案件性质不明难以归口、检察长批交的举报线索应当进行初核。对举报线索进行初核，应当经部门负责人审核后，报检察长批准。初核一般应当在两个月以内终结。案情复杂或者有其他特殊情况需要延长初核期限的，应当经检察长批准，但最长不得超过3个月。初核终结后，承办人员应当制作初核终结报告，根据初核查明的事实和证据，区分不同情形提出处理意见，经控告申诉检察部门负责人审核后，报检察长决定：（1）认为举报的犯罪事实属于检察机关管辖的，移送有管辖权的人民检察院处理；属于本院管辖的，移送本院侦查部门办理。（2）认为举报的事实不属于检察机关管辖的，移送有管辖权的机关处理。（3）认为举报所涉犯罪事实不存在，或者具有《刑事诉讼法》第16条规定的情形之一，不需要追究刑事责任的，终结初核并答复举报人。需要追究纪律责任的，移送纪检监察机关或者有关单位处理。

在作出初核结论10日以内，承办人员应当填写举报线索初核情况备案表，经控申部门负责人批准后，报上一级人民检察院控告申诉检察部门备案。上一级人民检察院控告申诉检察部门认为处理不当的，应当在收到备案材料后 10 日以内通知下级人民检察院纠正。

3. 线索移送

控告申诉检察部门在受理控告举报案件材料后进行审查，并根据管辖规定，在 7 日内及时移送。上级人民检察院控告申诉检察部门可以代表本院向下级人民检察院交办举报线索。控告申诉检察部门依据法律规定，可以将案件线索移送本院侦查部门。控告申诉检察部门对移送本院有关部门和向下级人民检察院交办的举报线索，可以采取实地督办、网络督办、电话督办、情况通报等方式进行督办。下级人民检察院控告申诉检察部门负责管理上级人民检察院控告申诉检察部门交办的举报线索。接到上级人民检察院交办的举报线索后，应当在 3 日以内提出处理意见，报检察长审批。

4. 调查回复

侦查部门收到控告申诉检察部门移送的举报线索，应当在 3 个月以内将处理情况回复控告申诉检察部门；侦查部门应当在规定时间内书面回复查办结果。回复文书应当包括下列内容：（1）举报人反映的主要问题；（2）查办的过程；（3）作出结论的事实依据和法律依据。控告申诉检察部门收到回复文书后应当及时审查，认为处理不当的，提出处理意见报检察长审批。

5. 交办案件的回复

上级人民检察院交办的举报线索，承办人民检察院应当在 3 个月以内办结。情况复杂，确需延长办理期限的，经检察长批准，可以延长 3 个月。延期办理的，由控告申诉检察部门向上级人民检察院控告申诉检察部门报告进展情况，并说明延期理由。法律另有规定的，从其规定。办案部门应当在规定期限内办理上级人民检察院交办的举报线索，并向控告申诉检察部门书面回复办理结果。回复办理结果应当包括举报事项、办理过程、认定的事实和证据、处理情况和法律依据以及执法办案风险评估情况等。控告申诉检察部门应当制作交办案件查处情况报告，以本院名义报上一级人民检察院控告申诉检察部门审查。查处情况报告应当包括下列内容：（1）案件来源；（2）举报人、被举报人的基本情况及反映的主要问题；（3）查办过程；（4）认定的事实和证据；（5）处理情况和法律依据。

上级人民检察院控告申诉检察部门收到下级人民检察院交办案件查处情况报告后，应当认真审查。对事实清楚、处理适当的，予以结案；对事实不清、证据不足、定性不准、处理不当的，提出意见，退回下级人民检察院重新办理。必要时，可以派员或者发函督办。

6. 实名举报的答复情况

实名举报应当逐案答复。除联络方式不详无法联络的以外，应当将处理情况和办理结果及时答复举报人。

二、申诉案件的受理与审查

（一）申诉案件的受理

根据《刑事诉讼法》《人民检察院刑事诉讼规则》的规定，当事人及其法定代理人、近亲属，对已经发生法律效力的判决、裁定，可以向人民法院或者人民检察院提出申诉。对于具备下列条件的刑事申诉，人民检察院应当受理：（1）属于对人民检察院诉讼终结的刑事处理决定和人民法院已经发生法律效力的刑事判决、裁定不服的申诉；（2）属于本院管辖；（3）申诉人是原案的当事人或者其法定代理人、近亲属，或者是受申诉人委托代理行使申诉权的委托代理人；（4）申诉人提交的申诉材料事实叙述清楚、申诉理由及请求明确，有相关的证据材料或者证据线索支持，原案的相关法律文书和复查案件的法律文书齐全。

控告申诉检察部门受理下列申诉案件：（1）不服本院不批准逮捕决定的；（2）不服本院不起诉决定的；（3）不服本院免予起诉决定的；（4）在押服刑人员不服从人民法院判决、裁定的；（5）上级机关和检察长交办的；（6）认为需要自己办理的。

申诉人或者递交材料人递交申诉材料时，应提供以下材料：（1）申诉状。应当写明当事人及申诉人的基本情况、联系方式以及申诉的事实与理由。申诉可以采用口头或者书面形式。申诉人口头提出申诉的，应当制作笔录，并有申诉人签名或者盖章。（2）起诉书、原一审和二审判决书、裁定书、执行通知书、入监登记表等法律文书。经过人民法院复查或者再审的，应当附有驳回通知书、再审决定书、再审判决书、裁定书。经过人民检察院复查的，应当附有刑事申诉复查通知书等法律文书。（3）申请人的身份证复印件或户籍证明。（4）其他相关材料。以有新的证据证明原判决、裁定认定的事实确有错误为由申诉的，应当同时附有相关证据材料；

申请人民法院调查取证的,应当附有相关线索或者材料。

不符合上述要求的,控告申诉检察部门应当告知申诉人或者递交材料人补充材料。申诉人或递交材料人对必要材料拒绝补充且无正当理由的,控告申诉检察部门不予受理审查。

(二) 申诉案件的审查处理

对于符合受理条件的刑事申诉,应填写刑事申诉受理登记表,经过审查并分情况予以处理。

1. 对不属于本院或者本部门管辖的刑事申诉,应及时移交有管辖权的人民检察院、本院其他部门或者有关部门,并通知申诉人。

2. 对下列申诉,人民检察院可以不再立案复查,应当将审查结果答复申诉人,并做好息诉工作;必要时可制作刑事申诉审查结果通知书回复申诉人:

(1) 经最高人民检察院审查或者复查作出决定的;

(2) 经省级人民检察院复查作出决定,申诉人未提出新的事实或者证据的;

(3) 申诉人的合理诉求已经依法处理但仍坚持申诉,所提出的要求不符合法律政策规定的;

(4) 申诉人反映的问题经调查没有事实和法律依据,或者申诉人反映的问题已经依法处理,申诉人明确表示接受处理意见,又以同一事由重新申诉的;

(5) 属于证据不足的案件,已经人民检察院依法复查,但限于客观条件事实仍无法查清,证据仍无法达到确实、充分的要求,申诉人又不能提供新的事实或者证据的;

(6) 案件已经两级人民检察院立案复查,且采取公开审查形式复查终结,申诉人没有提出新的充足理由的;

(7) 对不服人民法院已发生法律效力的刑事判决、裁定的申诉,经两级人民检察院办理且省级人民检察院已经复查的,如果没有新的事实和理由,人民检察院不再立案复查,但原审被告人可能被宣告无罪或者判决、裁定有其他重大错误可能的除外;

(8) 申诉人反映的问题已过诉讼时效,或者反映1979年《刑事诉讼法》实施前的问题,已经作出结论,经省级人民检察院审查认为无复查依据,申诉人仍要求重新处理的。

3. 经审查,认为原审判决或者裁定有错误可能,需要人民检察院立案复查的,应当将申诉材料及审查意见一并移送作出原生效判决或者裁定的人民法院的同级人民检察院,由刑事申诉检察部门办理。

第二节 控告、举报案件的立案

控告、举报案件的立案条件是有犯罪事实,需要追究刑事责任。最高人民检察院《关于人民检察院立案侦查司法工作人员相关职务犯罪案件若干问题的规定》明确规定了十四种案件,其中涉及监狱的控告、举报案件主要有虐待被监管人、私放在押人员、失职致使在押人员脱逃及徇私舞弊减刑、假释、暂予监外执行等。

经审查,如果控告、举报的案件符合立案条件,且属于监狱检察部门管辖的,应当先由承办人员制作立案报告书。立案报告书的内容应当包括:立案机关的名称;立案材料的来源和案由;犯罪事实;现有的证据材料;立案的法律依据;立案时间;承办人的姓名等。然后,承办人将立案报告书连同有关证据材料,经监狱检察部门负责人审核同意后,报送检察长审批。经批准后,填写立案决定书并由检察长签名或者盖章。具体程序见侦查立案的相关规定。

经审查,如果认为控告、举报的材料不符合立案条件,应当作出不立案的决定。人民检察院决定不予立案的,如果是被害人控告的,应当制作不立案通知书,写明案由和案件来源、决定不立案的原因和法律依据、决定不立案的机关等。不立案通知书必须经过监狱检察部门负责人审核同意后,报请主管领导批准。不立案通知书由监狱检察部门在15日内送达控告人。控告人如果不服,可以在收到不立案通知书后10日内申请复议。

对采取现场接待形式控告、举报的,应当当场答复是否受理;不能当场答复的,应当自接待控告、举报之日起15日以内答复。答复采取口头、书面或者其他适当的方式。口头答复的,应当制作答复笔录,载明答复时间、地点、参加人及答复内容、控告举报人对答复的意见等。书面答复的,应当制作答复函。邮寄答复函时不得使用有人民检察院字样的信封。控告申诉检察部门和侦查等部门共同负责做好实名控告、举报答复工作。

第三编 监狱检察的程序

第三节 刑事申诉案件的复查

一、申诉案件的复查范围

对下列申诉，应制作刑事申诉提请立案复查报告，经监狱检察部门负责人或者分管检察长批准后立案复查：（1）原判决、裁定有错误可能的；（2）不服下级人民检察院审查或者复查处理决定，上级人民检察院认为存在错误可能的，指令要求下级院进行复查的；（3）上级人民检察院或者本院检察长交办的；（4）违法扣押当事人款物不还的；（5）刑期折抵有误的；（6）不服刑罚变更执行决定提出申诉。

二、复查申诉案件的程序

（一）确定办案人员

复查刑事申诉案件应当由2名以上的检察人员进行，原承办人和原复查申诉案件的承办人不再参与申诉案件的复查。

（二）调阅案件材料

具体程序包括：调取原卷，认真阅卷，认真做好阅卷笔录，充分听取申诉人、原承办部门和原复查部门的意见及补充调查。

复查应当注重审查以下内容：申诉人是否提出了足以改变原处理结果的新的事实或者证据；据以定案的证据是否确实、充分或者证明案件事实的主要证据之间是否存在矛盾；适用法律是否正确；处罚是否得当；有无违反案件管辖权限及其他严重违反诉讼程序的情况；办案人员在办理案件过程中有无贪污受贿、徇私枉法等违法违纪行为。

（三）复查的期间

所谓复查的期间，是指对复查申诉案件的时间要求。复查刑事申诉案件在立案后3个月以内办结，案情复杂的，最长不得超过6个月。

三、复查的中止和终止

（一）复查的中止

人民检察院监狱检察部门在复查刑事申诉案件的过程中，具有以下情形之一的，经部门负责人批准，应当中止复查：（1）人民法院对原判决、裁定调卷审查的；（2）无法与申诉人及其代理人取得联系的；（3）其他应当中止复查的情形。中止复查的原因消除后，人民检察院监狱检察部门应当恢复复查。

（二）复查的终止

人民检察院监狱检察部门在复查刑事申诉案件过程中，具有以下情形之一的，经分管检察长批准，应当终止复查：（1）人民法院对原判决、裁定决定再审的；（2）申诉人自愿撤回申诉，且不损害国家利益、社会公共利益或者第三人合法权益的；（3）申诉的自然人死亡，没有其他申诉人或者申诉权利人放弃申诉的；（4）死刑终审判决、裁定已经实际执行的；（5）案件中止复查后超过6个月仍不能恢复复查的；（6）其他应当终止复查的情形。

四、复查终结

经过调查核实，对案件事实及证据已经查清，适用法律和诉讼程序以及其他可能影响案件处理的情形已经审查清楚，根据调查核实的证据和法律规定，结合案件作出相应的处理结果。复查终结的刑事申诉案件，应当制作刑事申诉复查终结报告。报告的内容包括：申诉人基本情况及与原案的关系；申诉理由、依据及请求；复查的简要过程、复查认定的事实证据及其如何定性和适用法律等；复查处理意见；承办人签名及时间。刑事申诉案件经部门集体讨论，提出处理意见后，报请检察长或者检察委员会决定。人民检察院复查刑事申诉案件终结后，应制作刑事申诉复查决定书并公开宣布，制作宣布笔录。省级以上人民检察院必要时也应当与申诉人见面，当面送达法律文书，做好善后息诉工作。下级人民检察院必须执行上级人民检察院的复查决定，并将执行、落实情况及时报告上级人民检察院。

第九章 死刑执行检察程序

第一节 死刑执行前的准备

一、确定临场监督人员

根据《人民检察院刑事诉讼规则》和《人民检察院临场监督执行死刑工作规则（试行）》的相关规定，被判处死刑的罪犯在被执行死刑时，人民检察院应当派员临场监督。死刑执行临场监督由人民检察院刑事执行检察部门负责。执行死刑临场监督，由检察人员担任，并配备书记员担任记录人。根据需要还应当配备司法警察负责临场监督人员进入和离开执行现场前后的安全保卫工作。必要的时候，检察长应当到执行现场对临场监督工作进行具体指挥。

二、了解有关案情

不了解案件情况是无法对死刑执行进行有效监督的，因此，检察人员应当在准备阶段充分了解并熟悉死刑案件的有关情况，尤其是死刑罪犯对于死刑判决的态度，是否提出重大异议，其提出的异议有关单位是否已经知晓并处理，处理结果如何；了解案件判决是否存在重大疑点，如有疑点，该疑点是否经过有关部门审核排除；了解死刑罪犯是否存在检举立功情况，其检举的线索是否及时转交相关办案部门处理，处理结果如何等；了解死刑罪犯身体、样貌特征等，以便临场执行时，能有效开展相应检察工作。

此外，临场执行检察前，负责临场检察监督的检察人员还应当查明人民法院是否根据相关规定，在交付执行死刑3日前发出该通知；通过审查通知的内容，查明执行法院拟执行死刑的方式是否为法律规定的枪决或注射，查明执行场所是否为刑场或者指定的羁押场所，查明拟参加执行人员是否适当等。如果发现存在不当、错误、违法等情况，则应当及时提出纠正意见。①

第二节　死刑执行的临场监督

一、对执行主体是否适格进行监督

首先，查明执行死刑的是否为法律规定的第一审中级人民法院。其次，查明指挥执行的是否为该院的审判人员。由于死刑执行的严肃、严格、重大、复杂，因而执行法院都非常重视和谨慎，实践中往往委派分管副院长或专职委员作为刑场总指挥，与审判该案法官共同完成执行的相关事务。而监督检察人员尤其应当明确审判该案的法官是否到场履职。一般来说，审判法官对该案最为熟悉，对于罪犯临场喊冤等情况的及时辨别和果断处理有着不可替代的作用。最后，还要查明行刑人员是否由该院司法警察担任，尤其应当监督并排除由医务人员及其他人员执行死刑的情况，从而确保死刑执行的依法和规范。

二、对执行对象是否为应当被执行死刑的罪犯进行监督

通过监督执行法院验明正身工作，确保执行对象为应当被执行死刑的罪犯。临场监督检察人员应当查明执行法院是否正确核对罪犯的姓名、性别、年龄、籍贯、住址等个人自然资料，查明执行法院是否准确核实执行对象的犯罪事实和判处刑罚情况，查明该案判决书、核准死刑裁定书、执行死刑命令等执行依据是否齐全。通过监督检察，必须确保法院的验明正身是正确的，必须保证拟执行对象就是死刑判决、死刑核准和死刑执行命令所指向特定罪犯，而不是其他公民，必须明确拟执行对象不是犯罪的时

---

① 孙宝民：《死刑检察监督制度与研究》，中国人民公安大学出版社2012年版，第213页。

候不满 18 周岁的人和审判的时候怀孕的妇女,不是审判的时候已满 75 周岁的人(但以特别残忍手段致人死亡的除外),从而排除法定不适用死刑的对象。

三、对临场执行的时间、场所、方式进行监督

根据《刑事诉讼法》《关于适用〈中华人民共和国刑事诉讼法〉的解释》《人民检察刑事诉讼规则》的有关规定,第一审人民法院接到最高人民法院的执行死刑命令后,应当在 7 日内交付执行。此处的"7 日"期限为不变期限,不得中断、中止或延长。因此,临场监督检察人员应当通过查看收到死刑执行命令的日期,查明执行法院是否及时执行死刑。临场监督检察人员应当根据有关规定,查明死刑执行是否在刑场或者指定的羁押场所,查明执行场所安全保卫工作是否严密,从而避免公众及无关人员的围观,防止非法人员的冲击和扰乱,防止意外情况的发生,确保死刑执行的安全、顺利进行。临场监督人员应当根据有关规定,查明执行方式是否为枪决或者注射,如果采用这两种法定方法以外的执行方法,应当查明是否有最高人民法院的批准,从而防止以非法定执行方式执行的发生,保障死刑罪犯的人权。①

四、确认被执行人死亡

根据相关规定,死刑执行后,执行法院法医应当验明罪犯是否死亡,并出具结论。临场监督检察人员应当对验明死亡过程及是否死亡的结果进行检察监督,如果对结论存在疑问,应当依法立即向指挥执行的审判人员提出,从而确保死刑执行的准确、到位。在实践中,有条件的检察院还可以专门聘请或派出法医,与临场监督检察人员一同确认被执行人是否死亡。

五、对死刑罪犯合法权益保障的监督

死刑罪犯虽然被剥夺了人身自由、政治权利,并被剥夺生命权,但其未被依法剥夺的合法权益依然应当得到相应的保护,如罪犯未被依法剥夺的人身权、财产权等。第一,应当监督死刑罪犯人格尊严是否得到维护。

---

① 张加林:《死刑案件检察监督研究》,法律出版社 2017 年版,第 380—387 页。

根据《刑事诉讼法》第 263 条的规定，执行死刑应当公布，不应示众。该规定在禁止死刑执行过程中对死刑罪犯游街示众的行为的同时，也表明了立法者保护罪犯人格尊严的立场。因此，检察机关应对执行人员的表现和现场秩序进行监督，确保死刑罪犯的人格尊严、宗教信仰、民族习惯不受侵犯；除依法执行死刑的司法工作人员外，不准许其他任何人进入刑场或者拍摄。[①] 第二，应当监督临终会见权利是否得到保障。在死刑执行之前，死刑罪犯与其亲属见面、交流的愿望会更加迫切。一方面，死刑罪犯借助会见，做最后的告别；另一方面，借助会见，向家属交代后事，处理一些个人事务，处理财产等；意义非常重大。

第三节　死刑缓期执行的变更程序

被判处死刑缓期二年执行的罪犯，根据其在死缓执行期间的表现，死缓判决可作两种变更：一是在死刑缓期执行期间，如果没有故意犯罪，两年期满后，减为无期徒刑。二是如果确有重大立功表现，两年期满以后，减为 25 年有期徒刑。另需指出的是，被判处死刑缓期二年执行的罪犯，如果死刑缓期二年执行期满后尚未裁定减刑前又犯新罪的，应当依法减刑后，对其所犯新罪另行审判。根据《刑事诉讼法》《监狱法》的有关规定，对死刑缓期执行犯减刑的管辖法院是服刑地的高级人民法院。

死刑缓期二年执行罪犯减刑案件的程序是：罪犯所在监狱在死刑缓期二年执行期满时，提出减刑建议。报经省、自治区、直辖市监狱管理机关审核后，报请高级人民法院裁定。高级人民法院组成合议庭对申报材料审查后，认为应当减刑的，裁定减刑，并将减刑裁定书副本同时抄送原判人民法院及人民检察院。死刑缓期二年执行期满减为有期徒刑的，刑期自死刑缓期执行期满之日起算。对死刑缓期二年执行罪犯，在死刑缓期执行期间，如果故意犯罪，情节恶劣，查证属实，应当执行死刑。其程序是：由罪犯服刑监狱及时侦查，侦查终结后移送人民检察院审查起诉。经人民检

---

① 袁其国主编：《刑事执行检察业务培训教程》，中国检察出版社 2015 年版，第 190 页。

察院提起公诉,服刑地的中级人民法院依法审判,所作的判决可以上诉、抗诉。认定构成故意犯罪的判决、裁定发生法律效力后,由作出生效判决、裁定的人民法院依法报请最高人民法院核准死刑。核准后,交罪犯服刑地的中级人民法院执行。对于故意犯罪未执行死刑的,死刑缓期执行期间重新计算,并报请最高人民法院备案。

第四编　监狱检察的组织机构

第一章 监狱检察部门的设置

刑事执行检察主要包括四个方面：一是刑罚执行检察，包括刑罚变更执行监督、死刑执行临场监督、财产刑执行监督等；二是刑事强制措施执行检察，主要是对刑事拘留、逮捕和指定居所监视居住措施的执行检察；三是强制医疗执行检察；四是与刑事执行检察相关的职能，主要包括对罪犯又犯罪案件的审查批捕、审查起诉及查办刑事执行中的职务犯罪案件等。监狱检察属于刑事执行检察的组成部分。监狱检察的任务是保证国家法律法规在刑罚执行活动中的正确实施，维护罪犯合法权益，维护监狱监管秩序稳定，保障惩罚与改造罪犯工作的顺利进行。近年来，随着依法治国进程的不断推进，社会公众对高墙内刑罚执行的关注度越来越高，监狱检察的重要性日益凸显。

监狱检察是刑事执行检察部门的重要业务内容，本章的监狱检察部门主要是指刑事执行检察部门，是指各级人民检察院为履行法律所赋予的刑事执行检察职能，而在检察系统中设置的专门业务机构。监狱检察业务系统内设部门的发展变化历经了三个阶段。

一、新中国成立后至"文化大革命"期间监狱检察部门的设置

1949年12月，最高人民检察署设置了第二处，负责"检察各犯人改造所及监所之措施是否合法事项"。随后在1950年中共中央《关于中央人民检察署四项规定的通报》和1951年修改并通过的《最高人民检察署暂行组织条例》等有关文件和规定中，对检察机关承担监所劳改监督任务均提出了进一步明确要求。根据1954年《宪法》以及《人民检察院组织法》，最高人民检察院设置了第五（检察）厅，也称为监所、劳动改造机

关监督厅,负责监所、劳动改造机关监督事项。① 至1957年上半年,省一级人民检察院已有2/3以上的单位建立了负责监所检察业务的专门机构,但是大部分市人民检察院、县(区)人民检察院没有建立相应的业务机构,只是设专职或者兼职检察人员开展监所检察工作。1957年下半年,为了实现对劳改单位工作检察的经常化,人民检察院开始在劳改单位设置驻场(厂)检察院。北京、河北、黑龙江、湖北、贵州等省级人民检察院先后在一些大型劳改场所设置了常驻检察院。1964年7月,最高人民检察院召开劳改检察业务座谈会,会议纪要提出,各地要在年内设立劳改检察院或劳改检察组,以便确保法律监督工作的完成。②"文化大革命"期间,检察机关被"撤销",监狱检察发展也由此中断。

二、人民检察院恢复重建后监狱检察部门的设置

1978年3月,第五届全国人民代表大会第一次会议通过的新宪法,规定在我国设置人民检察院。恢复重建后,最高人民检察院就设置了劳改检察厅,主管对刑事判决、裁定的执行和对监管场所的执法活动是否合法的监督等工作。1979年《人民检察院组织法》第20条第1款规定:"最高人民检察院设刑事、法纪、监所、经济等检察厅,并且可以按照需要,设立其他业务机构。"11月,最高人民检察院召开第一届全国监所检察工作会议,要求地方各级人民检察院应当根据《人民检察院组织法》和《刑事诉讼法》的有关规定,建立监所检察部门。根据上述规定,最高人民检察院、地方各级人民检察院和中国人民解放军军事检察院都相继设置了监所检察机构。最高人民检察院设立三厅,也称为监所检察厅,下设劳改检察处、劳教检察处。省、自治区、直辖市人民检察院设置监所检察处,下设劳改检察组、劳教检察组。地区检察分院、自治州、市(包括有市辖区的市)人民检察院设置监所检察处,下设劳改劳教检察组。中国人民解放军军事检察院设(法纪)监所检察处,各大军区、各大兵种军事检察院设置(法纪)监所检察科。省、自治区、直辖市监所检察处根据工作需要可以自己派出或者委托分、市、自治州人民检察院设置派出劳改或者劳教检察院。③

---

① 白泉民主编:《监所检察"四个办法"》,中国检察出版社2008年版,第54页。
② 张永恩主编:《监所检察教程》,中国检察出版社1991年版,第66页。
③ 张永恩主编:《监所检察教程》,中国检察出版社1991年版,第67—68页。

1988年根据最高人民检察院机关机构改革"三定"方案，将最高人民检察院三厅改名为监所检察厅，主管对劳改、劳教场所的检察，以及对下级实施业务指导。① 最高人民检察院设置监所检察厅，下设劳改检察处、劳教检察处。省、自治区、直辖市人民检察院设置监所检察处，下设劳改检察组、劳教检察组。地区检察分院、自治州、市（包括有市辖区的市）人民检察院设置监所检察处，下设劳改劳教检察组。各省、自治区、直辖市人民检察院监所检察处，对自己所在地区的劳改、劳教单位进行检察，并对分、市院监所检察处及基层检察院、派出检察院的监所检察工作进行指导、检查和帮助；分、市院监所检察处一方面履行自己的法律监督职责，对自己所在地区的监管改造单位进行检查，另一方面对所属县、区院监所检察科的工作进行业务指导、检查和帮助。中国人民解放军军事检察院设置（法纪）监所检察处，各大军区、各大兵种军事检察院设置（法纪）监所检察科。中国人民解放军军事检察院监所检察、法纪检察合在一个职能处，对军队所辖的劳教所进行法律监督，指导、检查和帮助各大军区、省军区、各大兵种军事检察院的监所检察工作。省、自治区、直辖市监所检察处根据工作需要可以自己派出或者委托分、市、自治州人民检察院设置派出劳改或者劳教检察院。

2014年底开始，全国检察机关监所检察部门全面更名为刑事执行检察部门。最高人民检察院设刑事执行检察厅，其中监狱检察的具体职责是负责全国检察机关对监狱执行刑罚的活动和减刑、假释、暂予监外执行等变更执行活动是否合法的监督工作的指导；负责对刑事执行检察部门查办的刑事执行中发生的虐待被监管人案，私放在押人员案，失职致使在押人员脱逃案，徇私舞弊减刑、假释、暂予监外执行案等职务犯罪案件的侦查工作的指导；负责对刑事执行中发生的罪犯又犯罪案件审查逮捕、审查起诉工作的指导；承办下级检察院刑事执行检察部门工作中疑难问题的请示；研究制定刑事执行检察业务工作细则、规定。省、自治区、直辖市人民检察院设刑事执行检察局（处），在监狱检察中的具体工作职责是对本地区内刑罚执行、刑事强制措施执行等刑事执行活动依法实行检察监督，并对下辖市、自治州人民检察院的监狱检察工作进行业务指导、检查。地区检察分院、自治州、市（包括市辖区的市）人民检察院设刑事执行检察局

---

① 袁其国主编：《刑事执行检察业务培训教程》，中国检察出版社2015年版，第30页。

（处），在监狱检察中的具体工作职责是对本地区内刑罚执行、刑事强制措施执行等刑事执行活动依法实行检察监督，并对下辖市、自治州人民检察院的监狱检察工作进行业务指导、检查。中国人民解放军军事检察院和铁路运输检察院等专门检察机关按照职责分工原则也设有刑事执行检察部门，负责对其管辖范围内的监管场所实行检察监督。

三、2019年机构改革后监狱检察部门的设置

2019年检察机关进行机构改革，最高人民检察院刑事执行检察厅更名为第五检察厅。

最高人民检察院设第五检察厅，在监狱检察中的具体工作职责是负责对监狱执法活动的监督，对刑事判决、裁定执行、羁押和办案期限的监督；办理罪犯又犯罪案件；负责按照《刑事诉讼法》的规定需要由人民检察院直接受理的其他重大犯罪案件的侦查。

省、自治区、直辖市人民检察院设专门的检察部，在监狱检察中的具体工作职责是负责对监狱执法活动的监督，对刑事判决、裁定执行、羁押和办案期限的监督；办理罪犯又犯罪案件；负责按照《刑事诉讼法》的规定需要由省、自治区、直辖市人民检察院直接受理的其他重大犯罪案件的侦查。

地区检察分院、自治州、市（包括市辖区的市）人民检察院设专门的检察部，在监狱检察中的具体工作职责是对本地区内刑罚执行、刑事强制措施执行等刑事执行活动依法实行检察监督，并对下辖市、自治州人民检察院的监狱检察工作进行业务指导、检查。

以小黑河院为例，在2019年机构改革中，经内蒙古自治区人民检察院、内蒙古自治区委员会机构编制委员会同意，内设部门变更为办公室（新闻办公室）、政治部、第一检察部、第二检察部、第三检察部、第四检察部、法警支队七个部门。

第二章 监狱检察派出机构

第一节 概 述

一、监狱检察派出机构的设置依据

1984年11月,最高人民检察院召开全国劳改、劳教检察工作座谈会,进一步明确和重申了必须在监管改造场所设置监所检察派出机构的规定。地方各级检察机关根据有关法律、法规规定和刑事执行检察业务工作实际需求,陆续在本辖区内大型监狱设立派驻检察室,对监管场所全面实行派驻检察。[1]

1987年,最高人民检察院制定了《人民检察院劳改检察工作细则(试行)》和《人民检察院劳教检察工作办法(试行)》等规范性文件,比较系统地规定了监所检察派出机构的设置要求,推动了全国检察机关监所检察机构的普遍建立。

2018年《人民检察院组织法》第16条规定,省级人民检察院和设区的市级人民检察院根据检察工作需要,经最高人民检察院和省级有关部门同意,并提请本级人民代表大会常务委员会批准,可以在辖区内特定区域设立人民检察院,作为派出机构;第17条规定,人民检察院根据检察工作需要,可以在监狱设立检察室,行使派出它的人民检察院的部分职权。这些规定为新时代监狱检察派出机构的规范设置提供了法律依据,明确了其法律地位,在推动监狱检察发展中具有里程碑意义。

---

[1] 袁其国主编:《刑事执行检察业务培训教程》,中国检察出版社2015年版,第54页。

二、派出机构的隶属关系和名称

（一）派出机构的隶属关系

省、自治区、直辖市或省辖市同它在监管改造场所区域内设置的派出人民检察院的关系，是领导和被领导的关系。同时根据《宪法》和《地方各级人民代表大会和地方各级人民政府组织法》第28条规定，在劳改、劳教场所区域内设置的派出检察院，还应当接受批准设置它的本级人民代表大会常务委员会的监督。省一级院设在监管场所的派出人民检察院，可由省一级院直接领导，也可以委托分（市）院领导。对案件的立案侦查、审查批准逮捕、审查起诉要由派出它的人民检察院决定。

（二）派出机构的名称

1985年最高人民检察院转发的全国劳改劳教检察工作座谈会会议纪要及其附件，对监所检察派出机构的名称曾作了原则性规定。派出检察院的名称一般是首先冠以省、自治区、直辖市和县、市名，顺接劳改或劳教单位所在地的地名，其后再加"地区人民检察院"七个字。如内蒙古自治区小黑河地区人民检察院。以"地区"二字表明监狱检察派出机构，区别于一般县市人民检察院，但也有个别的派出人民检察院没有加"地区"二字，如北京市清河人民检察院。

第二节　监狱检察派出院

一、设置依据

在2018年以前，除直辖市以外，派出检察院一般由省辖市（自治州）人民检察院派出，其设置依据包括：

1979年《人民检察院组织法》第2条规定，省一级人民检察院和县一级人民检察院，根据工作需要，提请本级人民代表大会常委会批准，可以在工矿区、农垦区、林区等区域设置人民检察院，作为派出机构。

1980年《关于罪犯减刑、假释和又犯罪等案件的管辖和处理程序问题的通知》第4项规定，为了及时、准确、合法地处理罪犯的减刑、假释和

第四编　监狱检察的组织机构

又犯罪等案件，人民检察院应当在地处偏僻、交通不便的大型劳改单位和劳改单位集中的地区，设立派出机构。

1984年最高人民检察院《关于劳改劳教检察派出机构的几个问题》规定，凡是劳改犯和劳教、就业人员达到5000以上的场所都应当设置派出检察院；几个劳改、劳教场所相距较近，总人数达5000以上的，以及边远地区虽未达到上述人数，但工作需要的，也可以设置派出检察院。①

1987年最高人民检察院《人民检察院劳改检察工作细则（试行）》《人民检察院劳教检察工作办法（试行）》，均在机构设置章节内对派出检察院设置作了相应规定。

2001年最高人民检察院《关于监所检察工作若干问题的规定》第5条规定，根据机构改革的规定，设置派出检察院，在监管场所设置派驻检察室。第6条规定，派出检察院由省级人民检察院或市、州检察院派出。派出检察院的设置要坚持依法的原则、便于工作的原则、规格对等的原则、与监狱布局相协调的原则。派出检察院的设置规格不应低于正县级。派出检察院应当设立检察委员会，实行一级财政，独立预决算和直接拨款。派出检察院编制基数按监狱的规格和在押罪犯数量综合确定，并由检察机关的编制人员组成，内设机构由省级人民检察院确定。

2007年最高人民检察院《关于加强和改进监所检察工作的决定》第19条规定，除直辖市外，派出检察院一般由省辖市（自治州）人民检察院派出。省辖市（自治州）人民检察院派出的检察院检察长与派出它的人民检察院监所检察部门主要负责人由一人担任，派出检察院检察长应当由与监管场所主要负责人相当级别的检察官担任。派出检察院内设机构要贯彻精简、统一、效能的原则，体现"小机关、大派驻"的要求。根据工作需要，派出检察院对所担负检察的监管场所要设置派出检察室，检察室主任应当由派出检察院副检察长或者相当级别的检察官担任。派出检察院由派出它的人民检察院领导。派出检察院的各项业务工作，应当由派出它的人民检察院刑事执行检察部门统一管理和指导。经费保障独立预决算或者直接拨款。

2018年《人民检察院组织法》第16条规定："省级人民检察院和设区的市级人民检察院根据检察工作需要，经最高人民检察院和省级有关部门同意，并提请本级人民代表大会常务委员会批准，可以在辖区内特定区

---

① 袁其国主编：《刑事执行检察业务培训教程》，中国检察出版社2015年版，第58页。

域设立人民检察院,作为派出机构。"以前在监狱检察派出院设置上与本条规定不一致的,应按照本条规定予以规范设置。

二、设置模式

从派出单位级别层面看,依据最高人民检察院《关于加强和改进监所检察工作的决定》有关"除直辖市外,派出检察院一般由省辖市(自治州)人民检察院派出"的工作要求,目前主要有直辖市人民检察院派出和市(自治州)级人民检察院派出两种类型。

从承担的职能来看,大致有三种设置模式:第一种是单一体制,即专门负责对辖区内某个或几个监狱进行检察监督的派出院。其主要职能仅对监狱执行刑罚和监管执法活动进行监督。如小黑河院根据《内蒙古自治区人民代表大会常务委员会关于设立内蒙古自治区小黑河地区人民检察院的决定》(内常办发〔1988〕55号)、最高人民检察院《关于设立内蒙古自治区小黑河地区人民检察院的批复》(高检发政字〔1992〕35号)、自治区机构编制委员会《关于内蒙古自治区小黑河地区人民检察院内设机构及人员编制的批复》(内机编发〔1992〕101号),于1992年正式建院,为盟市分院级建制,承担呼市、包头地区8个监狱的监狱检察工作。第二种是"院处合一"体制,即负责对本行政辖区内所有监管场所,包括监狱、看守所等执行刑罚和监管执法活动进行法律监督。派出院与市州检察院的刑事执行检察部门实行合署办公,一套人马,两块牌子,派出院履行全市的刑事执行检察职能。第三种是混合体制,即在一个区域内,不仅承担对辖区内的监管机关的检察职责,还办理辖区内的普通刑事案件。①

第三节 派驻监狱检察室

派驻监狱检察室是人民检察院在监狱开展法律监督工作的派出机构,代表人民检察院依法对监狱执行刑罚和监管执法活动实施法律监督。派驻监狱检察室由人民检察院派出,是检察机关整体的组成部分。派驻监狱检

---

① 袁其国主编:《刑事执行检察业务培训教程》,中国检察出版社2015年版,第59页。

察室虽然在物理空间上处于监狱内部,派驻检察人员身处监狱办公,但要受到派出它的检察院的领导,履行检察机关法律监督的职责。派驻监狱检察室是监狱检察工作的重要基础,其工作成效如何,直接关系到刑事诉讼活动的顺利进行和刑罚目的的有效实现,直接关系到罪犯的合法权益的保障,直接关系到检察机关的执法形象和公信力。

一、设置依据

派驻检察室的设置依据,除《人民检察院组织法》外,散见于各类工作文件、内部制度、会议材料中,最早见于1964年公安部、最高人民检察院《关于在劳改单位设置专门检察机构的联合通知》。1985年最高人民检察院转发的全国劳改劳教检察工作座谈会会议纪要中曾指出,其他劳改队、劳教场所一般设置派出检察组或就几个相近的劳改队,设置巡回检察组,地方各级人民检察院有权直接向其担负检察任务的劳改、劳教单位派出驻场(厂)、所检察组或巡回检察组。该会议纪要中的"派驻检察组""派驻检察员"可以看作派驻检察室的前身。①

最高人民检察院《关于加强人民检察院派驻监管场所检察室建设的意见》是目前为止有关派驻检察室设置规范方面最详细、最完整的专门文件,明确了加强派驻检察室建设的重要意义,规范了派驻检察室设置和管理,加强了派驻检察队伍建设和业务建设,强调了派驻检察执法保障建设,是派驻检察室建设工作的纲领性文件。此外,最高人民检察院于2003年下发的《关于加强派驻监管场所检察室规范化建设的意见》对派驻检察室的日常业务管理、内部工作管理、办公室硬件建设和干部队伍建设四个方面均起到了极大的推动作用。②

2018年修订后的《人民检察院组织法》新增规定,人民检察院根据检察工作需要,可以在监狱设立检察室,行使派出它的人民检察院的部分职权,也可以对上述场所进行巡回检察。首次从法律层面明确规定了可以在监狱设置派驻检察室,意义十分重大。以小黑河院为例,该院目前在呼和浩特第一监狱、呼和浩特第二监狱、呼和浩特第四监狱、内蒙古第一女子监狱、包头监狱、高度戒备监狱、内蒙古未成年犯管教所、监狱管理局第一病犯管理所设置有派驻检察室。

---

① 袁其国主编:《刑事执行检察业务培训教程》,中国检察出版社2015年版,第61页。
② 袁其国主编:《刑事执行检察业务培训教程》,中国检察出版社2015年版,第63页。

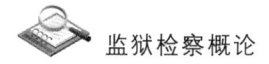

二、派驻检察室的职责

派驻检察室一般设检察室主任一名,视情况配备一名副主任协助主任工作。按照规范化检察室建设的要求,派驻检察人员每月派驻监狱检察时间不得少于16个工作日,派驻检察室每个工作日都有人员在岗,对监狱当日罪犯收监、出监情况进行检察,并在监狱检察日志中载明狱内罪犯每日变动情况。此外,派驻检察人员还需每周穿插开展禁闭适用检察,每月穿插开展狱政管理、罪犯教育改造活动、办理减刑、假释、暂予监外执行案件等检察工作。

2018年5月31日,最高人民检察院召开新闻发布会宣布从2018年6月起在山西、辽宁、上海等8个省(自治区、直辖市)对监狱开展为期一年的巡回检察试点工作。根据试点方案的安排,对试点地区监狱不再区分监狱规模一律实行巡回检察。2018年9月,最高人民检察院下发通知,在前期试点的基础上,新增黑龙江、江苏、河南、云南4个省作为监狱巡回检察的试点地区。2019年下半年,最高人民检察院在全国全面推开"派驻+巡回"监狱检察方式。

开展"派驻+巡回"工作以来,派驻监狱检察室的职责有了新变化,《人民检察院监狱巡回检察规定》第8条规定,人民检察院派驻监狱检察室应当配备不少于一名检察人员,主要负责以下工作:(1)检察罪犯计分考核、立功奖惩等情况;(2)列席减刑、假释、暂予监外执行评审会;(3)列席监狱狱情分析会和其他工作会议;(4)联系监狱有关部门,对接巡回检察工作有关事项;(5)监督巡回整改措施的落实情况;(6)开启检察官信箱,收集、登记罪犯控告、举报、申诉材料;(7)其他相关工作。派驻监狱检察室检察人员也可以根据情况办理减刑、假释、暂予监外执行等案件。派驻监狱检察室检察人员在检察室工作时间每周不少于两个工作日,每年应当轮换一次。

修订后的《人民检察院组织法》明确规定了派驻检察室的设置和职权等重要内容,进一步明确了派驻检察室的法律地位,为加强派驻、完善巡回,正确处理"派驻"与"巡回"的关系提供了基本的遵循。"派驻+巡回"监狱检察方式运行期间,设置在监狱的派驻检察室事实上发挥着"桥头堡"和"前沿阵地"的作用,继续强化派驻检察室建设仍具有十分重要的意义。

第三章　办案组织

办案组织是为了依法行使检察机关各项检察职权而组成的具体组织形式，是检察权运行在实践层面的最基本载体。2015年最高人民检察院《关于完善人民检察院司法责任制的若干意见》第4条规定，根据履行职能需要、案件类型及复杂难易程度，实行独任检察官或检察官办案组的办案组织形式。2018年《人民检察院组织法》第28条规定，检察院办理案件，根据案件情况可以由一名检察官独任办理，也可以由两名以上检察官组成办案组办理。由此可见，独任制检察官和检察官办案组是两种最基本的办案组织。

独任制检察官是指承办案件的检察官独自办理案件，并独自承担办案责任的一种办案组织。在独任制检察官办案组织中，也并非只有承办检察官一人来负责所有的办案事务，而是由一名检察官主导、指挥、决定办案，并配备有数名检察官助理或者检察辅助人员。总体上看，监狱检察业务，除查办职务犯罪案件等少量案件外，多数案件以独任制检察官的组织形式来完成。其内在原因，一是监狱检察是以"审查处理"为主的检察监督案件，大量的案件为刑罚变更执行监督案件，即审查罪犯的减刑、假释、暂予监外执行案件，这些案件大都比较简单。此外，还有罪犯死亡检察案件、一般的事故检察案件、办理罪犯又犯罪案件等，这类案件虽然比刑罚变更执行监督案件复杂，但在实践中一般也是采用独任制检察官的组织形式办理。二是独任制检察官有其独特的优势。在独任制之下，承办检察官独自判断并作出决定，能够有效地排除来自外界的影响，理性地分析和判断案件，有利于得出最为接近客观真实和最为合理的结论。独任制还意味着"谁承办，谁负责"，将具体责任明确到了具体的承办检察官身上，有利于实现权责统一，增强检察官的责任感和荣誉感，承办检察官为了避免职业风险，必定会尽可能提高判断的准确性，努力确保案件质量。[1]

---

[1] 陈鹏飞：《当前检察体制改革的关键：办案组织及责任制》，载《广东行政学院学报》2016年第12期。

检察官办案组是由两名以上检察官组成,并由检察长指定一名检察官担任主办检察官,组织、指挥办案组办理案件的组织形式。以"调查处理"为主的检察监督案件,通常采取检察官办案组的办案组织形式。以"调查处理"为主的案件办理类似于检察机关自侦案件的办理,要求调查取证行为规范,程序合法。办案人员要去调查核实案件事实,得出案件结论。一些案件甚至可能转化为监狱民警职务犯罪案件。[①] 此类案件往往办案难度较大,采取检察官办案组的办案组织形式,一方面能增强办案力量,保证有效收集相关证据材料,有利于形成准确合法办案结论;另一方面也能采取民主决策机制,有利于形成科学公正办案结论。在检察官办案组内,除了负责的检察官办案或承担责任外,其他的检察官也独立办理一定的案件事项,并对自己承办的工作负责。查办职务犯罪一般就是采用检察官办案组形式。对于少数特殊类型的案件,如某些重大复杂的案件,独任检察官难以独任办理的,可以决定临时组成办案团队,由数名检察官共同组成办案组织,并指定一名主要负责的承办检察官。

总体来看,监狱检察办案组织还是以独任制检察官为基本形式,以检察官办案组为辅助或者补充。当然,检察院的办案组织除独任制检察官和检察官办案组以外,还包括检察长和检察委员会。《人民检察院组织法》第29条、第30条、第31条规定,检察官在检察长领导下开展工作,重大办案事项由检察长决定。各级检察院设立检察委员会,检察委员会负责讨论决定重大、疑难、复杂案件等重大问题。这说明,检察长和检察委员会不仅是办案组织,而且是负责决定重大、疑难、复杂案件等重大办案事项的办案组织。检察长作为办案组织,行使的司法办案职权是对独任检察官、检察官办案组办理案件的重大办案事项作出决定。这与检察官办案组中的主办检察官不同。检察长既可以作为办案组织,负责决定重大办案事项,也可以作为检察官办案组中的主办检察官,组织、指挥检察官办案组办理案件。检察委员会作为办案组织,讨论决定重大、疑难、复杂案件。

[①] 江苏省南通市通州区人民检察院课题组:《重大检察监督事项"案件化"办理模式探索——以刑事执行检察监督为视角》,载《中国检察官》2018年第11期。

第五编 监狱检察管理制度

第一章 监狱检察管理概述

本章主要介绍监狱检察管理的概念、内容、特点以及监狱检察管理的主体、客体、对象等内容,通过明确监狱检察管理的内涵和外延,将其区别于其他检察业务管理,从而更好地服务于监狱检察业务管理实践。

第一节 监狱检察管理的概念、内容及特点

一、监狱检察管理的概念

管理是伴随着人类社会的产生而产生的,从人类最早的群居生活开始就有了简单的管理,但最初的管理是本能的、无意识的,直到社会生产力发展到一定程度,人们的生产分工协作变得复杂起来才逐渐产生了有意识的管理。而随着生产力不断深入发展,各行各业的人们通过不断总结经验教训,形成了自身所在行业的一套成熟管理经验、模式和管理思想理论。现代意义上的管理,是指一种具有特殊职能的活动,它包括计划、组织、协调、控制、决策、督导等职能。

检察管理作为管理的一个行业分支,在我国通说认为起源于御史管理制度。御史制度一般认为起源于秦汉时期,之后基本被不同朝代所沿用,而不同的朝代御史机构的名称也不尽相同,但其职能没有太大的变化,主要是参与诉讼、纠正司法不当和察劾百官。对御史、御史机构以及御史职责权限等的管理则形成了一整套御史管理制度,也即最初的检察管理制度。随着社会的不断发展,特别是封建社会后期及至近代检察管理制度也随之不断完善,包括对检察官的职责、选拔、任用、考核、培训以及检察业务管理等多方面都作了比较详尽的规定,与现代检察管理制度已相差无

几。而现代检察管理制度一般认为包括检察队伍管理、检察业务管理和检察事务管理三大块内容。监狱检察管理则属于检察业务管理的一部分，它与批捕、公诉、控申、民行等检察业务管理制度并列。

监狱检察管理的概念目前学界基本没有定义，但检察业务管理的概念则在不同的著作中有不同的表述。冯中华编著的《检察管理论》给检察业务管理下的定义为：根据党在社会主义初级阶段的基本路线和每个时期党和国家的中心任务，依照党的政策和国家法律，运用现代化管理的理论、方法和现代化的科学技术手段，对各项检察业务工作所进行的计划、组织、指挥、协调、控制、检查、决策等一系列的管理活动。彭胜坤、吕昊编著的《检察管理专题研究》认为：检察业务管理就是对各项检察业务工作进行的计划、组织、指挥、协调、控制、检查、决策等一系列的活动。综合上述观点，结合监狱检察工作实际，所谓监狱检察管理，就是检察机关为保障监狱检察工作顺利开展和提高监狱检察工作质效，依据国家有关法律法规和国家政策，遵循监狱检察工作规律，充分运用现代化的管理理念、管理手段和科学技术，对监狱检察工作进行一系列的计划、组织、指挥、协调、控制、检查、决策等管理活动的总和。

二、监狱检察管理的内容

检察管理一般包括检察队伍管理、检察业务管理和检察事务管理三部分内容。监狱检察管理作为检察业务管理的一部分也有其自身的管理内容。一般情况下，监狱检察管理不涵盖检察队伍管理和检察事务管理的内容，但在专门的监狱检察派出院则有所不同，其检察管理的内容就不单指业务管理，还包括检察队伍和检察事务方面的内容。但本书考虑的是一般情况，因此对专门派出院的监狱检察管理则不作探讨。

监狱检察管理的内容从不同角度归类，其表现形式也不同。从监狱检察的职能角度可以将监狱检察管理分为执法办案管理和综合性业务管理。执法办案管理主要是指对减刑、假释、暂予监外执行案件，罪犯又犯罪案件，由检察机关直接受理侦查的监狱民警职务犯罪案件，以及法律监督类案件等的管理；而综合性业务管理则是指与监狱检察相关的数据统计、调查研究等工作的管理，但综合性业务管理又不同于办公室等综合管理部门或后勤保障等部门的综合性工作，它仍属于监狱检察业务工作类范畴。从监狱检察管理方式角度，它又可以表现为计划、组织、指挥、协调、控制、检查、决策等内容，比如制定一年一度的监狱检察工作要点，组织开展监狱检察专项活动，指挥大要案侦办等。但不论从哪个角度划分，都不能有效涵盖监狱检察管理的全部内容，实践中还需要结合地区或本单位实际，全面开展监狱检察管理工作。

三、监狱检察管理的特点

监狱检察管理既不同于一般行政机关的行政管理，也有别于检察机关内部的其他业务管理，有自身鲜明的特点和管理属性。具体表现在以下几个方面：

（一）监狱检察管理具有法定性和强制性

监狱检察业务是检察机关的核心业务之一。检察机关作为重要的司法机关，其工作职责和内容具有法定性，其内部管理包括监狱检察业务管理都严格限定在法律及政策的框架内，它不像企业管理或其他一般行政机关的行政命令或行政管理措施具有一定的管理自由空间。监狱检察管理所依据的一般是法律规范或具有强制性的系统内部管理规定，具有较强的法律属性或政策性，其强制力要强于其他行业的内部管理。

（二）监狱检察管理的目的具有多重性

检察机关作为法律监督机关，其主要职能是维护法律的统一正确实施，维护法律的尊严和权威，相应的，检察管理是为检察机关的主要职能服务的。但监狱检察管理相较于其他业务管理，其管理的目的又具有多重性。比如，公诉业务管理的目的就是确保公诉工作顺利进行，确保起诉或不起诉决定合法、合理。而监狱检察管理的目的则具有多重性，它不仅仅要维护刑罚执行工作的公平公正，维护法律的统一正确实施，还要维护监管场所和监管秩序的安全稳定，保护罪犯的合法权益，维护社会的和谐稳定等。

（三）监狱检察管理的内容具有复杂性

监狱检察部门有"小检察院"之称，这体现了其工作内容的复杂性，也决定了管理内容具有复杂性。监狱检察属于检察监督的"最末端"，这也决定了其业务辐射范围的广泛性。比如一名罪犯要控告或申诉，这就涉及了控告申诉检察部门的业务，如果罪犯发生又犯罪行为，就涉及公诉、

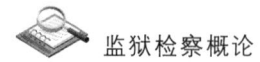

批捕等业务。除此以外，监狱检察部门还直接办理罪犯减刑、假释、暂予监外执行案件和罪犯死亡检察案件，以及一些法律监督类业务，比如监狱安全防范检察、罪犯生活卫生检察、罪犯劳动保障检察、罪犯通信会见检察等。相应的，这些监狱检察业务都需要系统性的管理，足见监狱检察管理内容的复杂性，这是其他检察业务管理所无法比拟的。

第二节 监狱检察管理的主体、客体和对象

一、监狱检察管理的主体

（一）监狱检察管理主体的概念

管理主体一般是指在管理活动中，承担管理责任，具有决策指挥权力的系统、机构组织或个人。从狭义角度讲，管理主体通常就是指管理系统、管理机构组织或领导者个人。从广义角度来说，管理主体包括整个系统、机构组织和系统、机构组织中的个人，也即机构组织中的每个人都是其本职工作或岗位的管理主体。一般在企业特别是私营企业中，企业的管理主体通常为企业的所有者，下级管理人员都是由企业所有者任命，其职责权限也由企业所有者赋予。但在系统庞大的行政机关或司法机关中，管理主体往往是一个整体组织或管理系统，机关主要领导只是管理主体的代表，其职责权限由国家法律法规或政策授权，机关中其他管理人员的职责权限也具有法定性。

根据一般管理主体的内涵和外延，结合检察机关的司法属性和监狱检察业务的特点，我们可以将监狱检察管理的主体定义为在监狱检察管理活动中，承担监狱检察管理责任，具有一定的监狱检察专业知识、法律知识和管理能力，享有相应的决策指挥权力的系统、机构组织或个人。从系统论的角度，监狱检察管理的主体就是指整个监狱检察系统。而从决策系统的角度讲，根据决策事项的影响范围，监狱检察管理主体既可以是最高人民检察院，也可以是最高人民检察院所属职能部门或下级人民检察院及其所属职能部门。从管理层级角度讲，除最高人民检察院为真正管理主体外，其他职能部门或下级人民检察院既是管理主体也是执行主体。

（二）监狱检察管理主体应具备的条件

监狱检察管理能否较好地服务于监狱检察业务工作，很大程度上取决于监狱检察管理主体的决策指挥水平和组织协调能力，因此监狱检察管理主体必须要具备一定的条件，才能承担管理主体责任。监狱检察管理主体应具备以下几个条件：

首先，监狱检察管理主体应具有法定的资格。监狱检察管理主体资格不是与生俱来的，而是由法律赋予的。监狱检察管理主体的职责权限也来源于法律授权，不论是检察委员会、检察长还是监狱检察部门负责人，其职责权限都来源于法律规定或授权。没有经过法律授权或组织任命的组织和个人都不具有监狱检察管理主体资格，也无权开展监狱检察管理工作。

其次，监狱检察管理主体应具备一定的专业知识。监狱检察业务是一项专业性较强的检察业务，对监狱检察业务的管理涉及工作的计划、总结、决策、指挥、组织、检查等一系列活动，如果不具备一定的监狱检察专业知识，很难开展正常、有效的监狱检察管理活动，也无法应对监狱检察管理活动中遇到的一些专业性难题，更谈不上创造性、创新性地开展监狱检察管理工作。因此，监狱检察管理主体必须具备一定的专业知识。

最后，监狱检察管理主体应具备一定的管理能力。管理是一门科学，也是一门艺术，管理主体的管理能力高低往往决定工作能否取得预期的效果。监狱检察管理内容庞杂，既涉及案件类业务管理，也涉及监督类工作管理，既需要处理好内部关系，还需要处理好与被监督单位等外部关系，所以对监狱检察管理主体的管理能力和管理水平有较高的要求。只有监狱检察管理主体具备较高的管理能力，才能对内有效组织、调动检察人员有序开展各项工作，对外处理好监督与被监督、支持与配合的关系。

二、监狱检察管理的客体

（一）监狱检察管理客体的概念

监狱检察管理客体是与监狱检察管理主体相对应的概念，任何一种管理都具备管理主体与管理客体。有学者认为，管理客体即管理对象，但主流观点认为管理客体与管理对象是有区别的。一般认为，管理客体是指管理所要调整的社会关系，而管理对象是指人、财、物等具体目标。监狱检察管理的客体就是指监狱检察管理主体所要认识和调整的监狱检察活动以及与监狱检察活动相关的各种社会关系。具体而言，包括监狱检察活动、监狱检察部门内部人员之间的关系、岗位与岗位之间的关系、内部层级关系以及监狱检察部门与其他部门之间的关系、监狱检察部门与监狱等外部机关部门之间的关系等。

（二）明确监狱检察管理客体的意义

任何管理都具有目的性，监狱检察管理也不例外。明确监狱检察管理客体的内涵和外延，有助于监狱检察管理主体开展监狱检察管理活动，正确处理与监狱检察工作相关的各种社会关系，既能确保监狱检察管理工作准确、到位，又不会出现管理缺位或越位现象。

三、监狱检察管理的对象

（一）监狱检察管理对象的概念

监狱检察管理对象就是指监狱检察管理主体所要进行管理的具体人、财、物。具体而言，监狱检察管理的对象包括监狱检察部门的所有人员、办案组织、业务经费、技术装备、办公办案设备、监狱检察人员的职务行为等。

（二）监狱检察管理对象的特点

首先，与监狱检察管理客体相比，监狱检察管理，对象具有特定性或具体性，属于感性认识层面；而监狱检察管理客体则比较抽象，属于对具体事物的理性认识拔高。但是，在研究监狱检察管理客体与对象时却不能犯厚此薄彼的错误。如果只重视对监狱检察管理客体的研究，而忽视了监狱检察管理对象，就会陷入抽象概念的讨论研究，无从进行具体的针对性监狱检察管理。相反，如果只重视监狱检察管理对象的研究，而不能从具体的监狱检察管理对象中看到其体现的法律监督活动以及与之相关的各种社会关系，那么就会犯一叶障目、不见泰山的错误，不能全面准确地开展监狱检察管理活动。其次，监狱检察管理对象具有法定性。与其他管理对象不同的是，作为监狱检察管理对象的人或物，都具有法定性。在司法改革背景下，作为监狱检察管理对象的员额检察官或检察辅助人员、书记员，其分类、选拔、任职等法律都有明确的规定，其选拔、考核、任命或聘用等都有一套严格的法定程序。同样，作为监狱检察管理对象的业务经费、技术装备、办公办案设备等的管理、采购、使用都有明确法律规定，应遵循严格的法定流程，不能随意使用或处置。

第二章　监狱检察管理方式

第一节　概　述

　　管理方式是指为实现管理目的而采取的手段、途径或方法等的总称。具体包括管理目标的设定与分解，组织架构设置与人员配置，管理职责、权限以及工作标准、工作流程等的设定，奖惩措施等。一般认为，管理的方式有行政方式、经济方式、法律方式和教育方式等。行政方式是指通过行政命令、指标、规定等手段，按照行政层级，以权威和服从为前提，直接指挥下属行动的管理方式。经济方式是指运用经济手段，调节各方面之间的经济利益关系，以获取较高经济效益与社会利益的管理方式。法律方式是指运用法律规范进行管理的方式。教育方式是指对被管理者进行有针对性的思想道德教育，使其自觉地根据组织目标去调节自身行为的管理方式。监狱检察业务管理的方式同样具备一般管理的特性，反之，一般管理的方式同样也适用于监狱检察业务管理。在监狱检察业务管理中，最常用的管理方式是行政方式、法律方式、经济方式和教育方式。

　　行政方式不是行政机关特有的管理方式，检察机关在日常管理中同样大量使用行政方式，最直接的体现就是检察机关上下级之间的关系，是领导与被领导的关系，这种关系就是一种典型的行政管理方式，相应的，在工作当中，下级院就必须无条件执行上级院的命令、指示或决策部署。在本级院中，检察长领导全院人员，检察长的命令、指示下属要绝对服从。在监狱检察业务管理中也无处不体现这种管理方式的行政性。

　　法律方式对于检察机关来说是最能体现自身司法属性的一种管理方式。检察机关作为国家的法律监督机关，工作任务和目标就是维护国家法律的统一正确实施，维护法律的权威和尊严，因此无论是机构设置还是职责权限皆由法律授权，同样管理方式也具有鲜明的法律性，一方面通过法律方式惩治与打击犯罪，另一方面又运用法律方式进行内部管理。当然，这里的法律要作广义的理解，它不仅仅指国家制定的法律法规，也包括检察系统内部的管理规范或制度规定。

经济方式在实践中被检察机关运用进行业务管理的情况不多，这种方式主要体现在员额制改革后检察机关通过年终绩效的分配来达到激励、鞭策员额检察官、检察辅助人员以及其他人员的目的方面。当然，在检察队伍管理中经常使用这种方式，比如在考勤管理、值班管理中运用得比较普遍。

教育方式虽然没有行政方式和法律方式那样的强制性，也没有经济方式的诱导力，但在管理中却是不可或缺的。在检察管理中，教育方式特别是思想政治教育不可或缺也不可替代，要经常性地通过思想政治教育、社会主义核心价值观教育，增强检察人员对中国特色社会主义的道路自信、理论自信、制度自信和文化自信。对于监狱检察人员来说，更需要通过教育的管理方式，增强职业尊荣感和归属感，从而更好地推动监狱检察事业的深入发展。

第二节 监狱检察管理的具体职能

一、监狱检察管理的计划职能

"计划"一词，在语法上有名词与动词之分。相应的，在管理学中，它也包含了两层含义：一是指计划工作，即根据对组织外部环境和内部条件的分析，提出在未来一定时期内要达到的组织目标及实现目标的途径；二是指计划形式，即用文字、指标等形式表述的组织以及组织内部各部门、人员，在未来一定时期内关于行动目标、内容和方式安排等的管理文件。

根据上述"计划"一词的含义，结合监狱检察管理实际，监狱检察管理中的计划职能，可以定义为：检察机关或监狱检察管理人员根据相关法律法规或内部管理规定，结合本单位、本部门的实际情况，制定的未来一定时期内的监狱检察工作目标及实施方案或途径。

监狱检察计划按照检察机关的级别不同，其制定的目标和任务也有所不同。最高人民检察院层面侧重于制定整个监狱检察条线的计划，带有全局性；而省级或其他基层检察机关、监狱检察管理人员多侧重于制定具体的操作或执行计划，计划具有区域性或部门性。

监狱检察计划按照时间的长短又可以分为长期、中期和短期计划。比如，最高人民检察院制定的检察工作"五年规划"就属于中期计划，长期计划一般在10年以上，而年度计划、季度计划或月计划则属于短期计划。一般情况下，长期计划可分为若干个中期计划，而中期计划又是由多个短期计划组成。

监狱检察管理中，不管是制定的全局性计划还是区域性计划或是长期计划或短期计划，其主要目的是通过制定计划把党和国家在一定时期内对监狱检察工作提出的任务要求具体化，并从方法措施上保证任务和目标的实现。

二、监狱检察管理的组织职能

所谓组织，一般指由若干人或群体组成的有共同目标且有一定边界的社会实体。从管理学的角度讲，组织一般具有明确的目标导向和精心设计的结构及有意识协调的活动系统，同时又与外部环境保持密切的联系。

概括地说，监狱检察组织职能是指检察机关或监狱检察管理人员为了实现监狱检察的既定目标，通过合理设置内部组织架构和人员组合，并通过一定的制度设计和有效执行，从而较好地实现组织目标的一种管理职能。

监狱检察组织职能一方面是进行组织结构的设计、构建和调整，比如监狱检察派出、派驻机构的设置等；另一方面是为达成计划目标所进行的必要的组织过程，如人员、资金、物资装备等的调配，并组织实施。组织职能在监狱检察管理中发挥着重要作用，组织职能发挥的好坏，往往决定监狱检察管理计划目标能否有效实现。

三、监狱检察管理的决策职能

所谓决策，是指人们对未来目标以及达成目标的方法途径所作的决定，是管理活动的中心环节，贯穿于整个管理活动。监狱检察决策职能则是指为保证监狱检察目标的实现，对监狱检察工作中的各种安排部署、实施方案、工作举措等内容作出的选择决定。

监狱检察决策职能在整个监狱检察管理职能中处于核心地位，无论是计划、组织，还是指挥、协调都需要决策，决策职能贯彻监狱检察管理的方方面面，可以说，监狱检察管理的过程就是决策的过程，没有决策，就无法进行监狱检察管理活动。

研究监狱检察决策职能，最重要的意义就是帮助作出科学有效的决策，从而实现监狱检察管理的目标。一是制定监狱检察决策时必须从监狱检察工作的实际出发，尊重监狱检察工作规律，不符合实际、不尊重客观规律的决策很难取得良好的效果；二是决策时要有全局观念和通盘考虑的思维，特别是监狱检察工作内容庞杂烦琐，内部联系千丝万缕，如果在决策时不能统筹兼顾、通盘考虑，往往会顾此失彼，难以取得整体效果；三是决策时要严格依法依规，不能有违法违规或超越职权范围的决策行为。

第三章 监狱检察案件管理和业务考评制度

第一节 监狱检察案件管理制度

根据《最高人民检察院案件管理暂行办法》的规定，所谓案件管理，是指对检察机关办理的案件实行统一受理、流程监控、质量管理、统计分析、综合业务考评等管理活动。监狱检察业务作为检察机关的一项核心业务，虽然过去由于种种原因未能像公诉、批捕等业务进行规范化的案件管理，但随着检察机关规范化建设的深入推进，特别是刑事执行检察业务子系统上线后，监狱检察案件管理也逐渐走向了规范化和体系化，对监狱检察案件的管理基本上也涵盖了普通案件管理中的案件受理、流程监控、质量管理、统计分析、综合业务考评等全流程管理。因此，监狱检察案件管理就是指检察机关对办理的监狱检察案件进行的统一受理、流程监控、质量管理、统计分析、综合业务考评等一系列的管理活动。

一般认为，监狱检察案件管理的内容包括三个方面：一是实体性管理方面，包括办案过程中的案件管理和办案过程之外的管理，前者如制定的一些办案指引或操作规程，后者如对办案质量的评查、审查等。但案件管理要区别于案件办理，因此，案件管理更多是指后者，具体的案件办理指引或操作规程的制定一般由相关的业务部门负责。二是程序性管理方面，包括流程监控以及对案件程序性问题进行的监管，比如对减刑假释案件的受理、办理、结案、归档等办案程序进行跟踪，预警和控制办案期限，发现和纠正程序性错误或漏项等。三是事务性管理方面，包括案件的受理与移送、法律文书、统计报表等案件信息化管理工作、涉案财物管理工作以及协调案件、处理与相关部门和人员的关系等办案资源管理工作等。

目前,检察机关的各类案件管理制度比较庞杂,最高人民检察院制定的相关规定有《最高人民检察院案件管理暂行办法》《人民检察院案件流程监控工作规定(试行)》《人民检察院案件质量评查工作规定(试行)》《人民检察院刑事诉讼涉案财物管理规定》等,省级及以下地方检察机关也出台了相关规定。最主要的有以下几项案件管理制度:

一、重大事项请示报告制度和通报制度

重大事项请示报告制度和通报制度,是党领导和组织开展政法工作的重要制度,也是执行党的民主集中制的有效工作机制,是组织纪律的一个重要方面。作为管理的重要手段,重大事项请示报告制度以及通报制度同样在监狱检察管理方面发挥着重要作用。

(一)重大事项请示报告制度

最高人民检察院1994年印发的《关于下级检察院向最高人民检察院请示报告工作和报送材料的暂行规定》(以下简称《暂行规定》)第1条曾规定:"请示报告主要包括:重大案件的请示报告、重要业务工作的请示报告、重大侦查行动的请示报告、适用法律的请示报告、阶段性工作的请示报告、贯彻最高人民检察院会议和工作部署的请示报告、最高人民检察院管辖干部的任免请示报告等。"《暂行规定》明确了请示报告的一些基本原则,比如"一事一报""逐级上报""全面、准确、保密"等原则。向最高人民检察院请示报告的案件必须是事实清楚、证据确凿、经过检察委员会讨论的重大案件。对紧急问题的请示报告,要尽量使用密码电传,在不违反保密规定的前提下,也可使用电话。2002年最高人民检察院印发的《关于下级检察院向最高人民检察院报送公文的规定》(以下简称《规定》)第1条第1项规定,请示报告是指各省级检察院就重大案件、重要业务工作、重大侦查行动、适用法律、阶段性工作、贯彻最高人民检察院会议和工作部署、最高人民检察院管辖干部任免等事项的请示、报告。请示报告报送的基本原则与1994印发的《暂行规定》中的规定基本一致。《规定》第3条第6项规定:"请示报告一般须呈报正式文件,特别紧急事项以电传形式报送的,可不再重复报送正式文件。"2007年最高人民检察院《关于加强上级人民检察院对下级人民检察院工作领导的意见》第2条"坚持和完善请示报告制度"中规定,地方各级人民检察院对检察工作中

的重大事项和办理的重大疑难复杂案件，需要向上级人民检察院请示的，应当严格按照报送公文和请示件的有关规定办理；上级人民检察院要认真研究，及时办理并提出书面答复意见；地方各级人民检察院对本地区发生的涉及检察机关和检察工作的重大突发事件、影响社会稳定的重要社会动态、重特大案件、重大办案安全事故等事件，要按照最高人民检察院《关于严格执行重大事件报告制度的通知》《关于严格落实重大事件报告制度的通知》《关于加强案件管理的规定》和《关于严格执行〈最高人民检察院死亡事故报告制度〉的通知》等文件的要求，在规定的时限内，如实向上级人民检察院报告，紧急事项要立即报告，不得迟报、漏报和不报。

对于监狱检察管理来说，除了要执行重大事项请示报告的上述制度规定外，还需要执行监狱检察条线的相关规定，但目前监狱检察条线有关重大事项请示报告的规定还比较原则，缺乏较详细的规定。比如，2001年最高人民检察院印发的《关于监所检察工作若干问题的规定》第12条规定："对于监管场所发生的重要案件、重大事故，应当按照高检院《关于进一步加强检察信息工作的意见》精神，及时层报上级监所检察部门。向上级院请示案件须经本院检察委员会讨论并报送书面材料。"2007年最高人民检察院印发的《关于加强和改进监所检察工作的决定》第17条规定："对于刑罚执行和监管活动中出现的重大违法问题、重大事故和案件，按照有关规定，及时报告上级人民检察院。"此外，《人民检察院监狱检察办法》等也零散规定了监狱检察相关方面重大事项请示报告的内容。

（二）监狱检察工作通报制度

2016年，为进一步加强刑事执行检察院的建设和管理，充分发挥刑事执行检察职能作用，最高人民检察院刑事执行检察厅印发了《刑事执行检察院重点工作通报制度（试行）》（以下简称《通报制度》），要求主要通报查办职务犯罪案件和办理减刑、假释、暂予监外执行案件两大类内容。查办职务犯罪案件工作主要通报六项内容：一是立案查办职务犯罪案件件数、人数；二是大要案件件数、人数，包括大案件件数、人数与要案件件数、人数；三是查办刑事执行活动中职务犯罪案件件数、人数，包括监狱民警案件人数，人民法院审判人员案件人数，其他人员人数；四是起诉案件件数、人数，不起诉案件件数、人数，撤销案件件数、人数；五是生效判决案件件数、人数，有罪判决案件件数、人数，免予刑事处罚案件人数，宣告缓刑案件人数，无罪判决案件件数、人数；六是办案过程中因违纪违法产生涉案人员伤亡事故人数。办理减刑、假释、暂予监外执行案件主要通报三项内容：一是审查减刑、假释、暂予监外执行提请案件数；发现提请减刑、假释、暂予监外执行建议不当书面提出检察意见案件数；提请机关采纳检察意见案件数；向裁定或决定（批准）机关提出检察意见案件数。二是派员出席减刑、假释法庭和参加暂予监外执行听证案件数；对减刑、假释庭审或暂予监外执行听证不当书面提出检察意见案件数；裁定或决定机关采纳检察意见数。三是审查减刑、假释、暂予监外执行裁定或决定案件数；发现减刑、假释、暂予监外执行裁定或决定不当书面提出检察意见案件数；裁定或决定机关采纳检察意见案件数。排名按照罪犯人数，分为A类（5000人以下）、B类（5000—10000人）、C类（10000人以上）三类，采取量化计分的办法，对查办职务犯罪案件和减刑、假释、暂予监外执行检察工作分别按照排名值在同一类别内进行排名。

《通报制度》明确了重点工作通报是开展考核与评价工作的基础性工作，是对刑事执行检察院考核与评价的重要依据。对年度工作综合情况优秀的检察院（排名前三的检察院），将在通报中予以表扬；对连续3年年度综合情况较好的检察院（排名前三的检察院），将建议所在省级检察院政治部给予个人和集体表彰奖励，并在最高人民检察院组织的先进基层检察院评比中予以优先推荐。对年度工作综合情况较差的检察院（排名后三的检察院）将在通报中予以批评；连续3年年度综合情况较差的检察院（排名后三的检察院），应当向派出它的检察院作书面情况说明，该检察院所属省级检察院负责刑事执行检察的部门负责人应当向最高人民检察院负责刑事执行检察的部门当面说明情况，查找原因，提出解决对策。

二、案件受理制度

在监察改革前，一般理论上所说的案件受理制度，主要是指依照法律规定归检察机关直接立案侦查的受案管理制度。监察改革后，检察机关的绝大部分自侦案件都划归监察委管辖，虽然留下的部分自侦案件侦查权大部分地方都划归刑事执行检察部门，但考虑到在监狱检察中的主要办案类型和办案数量等因素，此处主要探讨减刑、假释等案件的受案管理制度。

最高人民检察院2014年制定下发的《人民检察院办理减刑、假释案件规定》第 4 条规定："人民检察院办理减刑、假释案件，依照规定实行统一案件管理和办案责任制。"但对案件受理的部门以及受理的流程、具体要求等都没有作细化规定。为规范案件受理程序，一些地方检察院出台了细化规定，要求所辖各监管场所在报请罪犯减刑、假释案件时，需统一向案件管理办公室报送提请材料，包括提请减刑假释呈报表、拟提请减刑假释征求意见书、关于征求提请减刑假释建议的函、减刑假释公示、减刑假释案卷材料等内容。经案件管理办公室审查，对材料齐全、装订符合要求的，依法进行登记受理；对材料不齐全或装订不符合要求的，要求监管场所补齐材料或重新装订后再行移送。

三、案件备案审查制度

目前，监狱检察条线的备案规定主要涉及查办职务犯罪案件和职务犯罪罪犯减刑、假释、暂予监外执行案件两个方面。

2011 年，最高人民检察院监所检察厅制定下发了《人民检察院监所检察部门查办职务犯罪案件备案审查规定》（以下简称《规定》），要求监所检察部门查办的发生在刑罚执行和监管活动中的职务犯罪案件，一律层报最高人民检察院监所检察厅备案审查。同时，要求监所检察部门查办职务犯罪案件在立案侦查、侦查终结、作撤案、起诉或者不起诉处理以及法院作出一审和二审判决、裁定时都应当报上一级人民检察院监所检察部门备案。

为了强化对职务犯罪罪犯减刑、假释、暂予监外执行的法律监督，加强上级人民检察院对下级人民检察院办理刑罚变更执行案件工作的领导，最高人民检察院 2014 年制定下发的《关于对职务犯罪罪犯减刑、假释、暂予监外执行案件实行备案审查的规定》规定，对原厅局级以上职务犯罪罪犯减刑、假释、暂予监外执行的案件，人民检察院应当在收到减刑、假释裁定书或者暂予监外执行决定书后 10 日以内，逐案层报最高人民检察院备案审查；对原县处级职务犯罪罪犯减刑、假释、暂予监外执行的案件，人民检察院应当在收到减刑、假释裁定书或者暂予监外执行决定书后 10 日以内，逐案层报省级人民检察院备案审查。

四、案件评查制度

案件评查制度是指检察机关对所办理案件的质量和执行法律、司法解释等情况，实行定期或不定期的检查，对所发现的错误或问题及时提出纠正，并不断加强办案业务指导的工作制度。2017年，最高人民检察院制定下发了《人民检察院案件质量评查工作规定（试行）》规定案件质量评查工作应当坚持统一组织与分工负责相结合，问题导向与正向激励相结合，监督管理与服务司法办案相结合，人工评查与智能辅助相结合，主观过错与客观行为相一致。案件质量评查结果应当作为评价检察官办案业绩和能力、水平的重要依据，纳入业绩考核评价体系，并记入司法业绩档案。开展案件质量评查，应当着重从证据采信、事实认定、法律适用、办案程序、文书制作和使用、释法说理、办案效果、落实司法责任制等方面进行检查、评定。总之，案件质量评查要本着对事实负责、对法律负责的态度进行，严防走过场、搞形式，使案件质量评查工作真正达到发现问题、提高办案质效的目标。

五、办案流程监控制度

案件流程监控，是指对人民检察院正在受理或者办理的案件（包括对控告、举报、申诉、国家赔偿申请材料的处理活动），依照法律规定和相关司法解释、规范性文件等，对办理程序是否合法、规范、及时、完备，进行实时、动态的监督、提示、防控。

为进一步加强对人民检察院司法办案工作的监督管理，规范司法办案行为，促进公正、高效司法，2016年7月14日最高人民检察院第十二届检察委员会第五十三次会议审议通过了《人民检察院案件流程监控工作规定（试行）》，共23条，对案件流程监控作了具体规定，并制定了相应的工作文书。

案件流程监控工作应当坚持加强监督管理与服务司法办案相结合、全程管理与重点监控相结合、人工管理与依托信息技术相结合的原则。

案件流程监控工作由案件管理部门负责组织协调和具体实施，办案部门应当协助、配合案件管理部门，及时核实情况、反馈意见、纠正问题、加强管理。履行诉讼监督职责的部门和纪检监察机构应当加强与案件管理部门的协作配合，及时查处案件流程监控中发现的违纪违法问题。技术信息部门应当根据案件流程监控工作需要提供技术保障。

网上操作不规范、法律文书错漏等违规办案情节轻微的，应当向办案人员进行口头提示，或者通过统一业务应用系统提示；违规办案情节较重的，应当向办案部门发送案件流程监控通知书，提示办案部门及时查明情况并予以纠正；违规办案情节严重的，应当向办案部门发送案件流程监控通知书，同时通报相关诉讼监督部门，并报告检察长。涉嫌违纪违法的，应当移送纪检监察机构处理。发现侦查机关、审判机关违法办案的，应当及时移送本院相关部门依法处理。

办案人员收到口头提示后，应当立即核查，并在收到口头提示后3个工作日以内，将核查、纠正情况回复案件管理部门。办案部门收到案件流程监控通知书后，应当立即开展核查，并在收到通知书后10个工作日以内，将核查、纠正情况书面回复案件管理部门。

办案部门对案件流程监控通知书内容有异议的，案件管理部门应当进行复核，重新审查并与办案部门充分交换意见。经复核后，仍有意见分歧的，报检察长决定。

第二节　监狱检察业务考评制度

业务考评制度是实施监狱检察业务管理的重要措施和有效手段。监狱检察业务考评制度不单单是关于监狱检察人员的管理考核制度，它是包括案件质量考核、执法规范化管理等在内的一系列监狱检察业务活动管理考核制度的总称。在2018年之前，对派驻检察室的业务考评主要是每三年一次的派驻检察室规范化等级考核评定和动态管理。为了进一步强化对检察业务的考评工作，2020年最高人民检察院制定了《检察机关案件质量主要评价指标》，标志着检察机关以"案－件比"为核心的案件质量评价指标体系正式建立。

一、"案－件比"考评制度

"案－件比"，是指发生在人民群众身边的案，与案进入司法程序后所经历的有关诉讼环节统计出来的件相比，形成的一组对比关系。"案"是指发生的具体案件，"件"是指这些具体的案进入司法程序后所经历的有关诉讼环节统计出来的件。"案－件比"是观测评价检察机关办案运行态势，反映每一个办案环节是否将工作做到极致的重要指标，对于防止产生不必要产生的办案环节具有重要意义。"案－件比"中"件"数越高，说明"案"经历的诉讼环节越多,办案时间可能就越长,当事人对办案活动的评价相对越低,办案的社会效果越差。反之,"案-件比"中"件"数越低,说明"案"经历的诉讼环节越少,办案时间可能就越短,当事人对办案活动的评价相对越高,办案的社会效果越好。

最高人民检察院张军检察长多次强调,要建立以"案-件比"为核心的案件质量评价指标体系,以人民群众、当事人对司法办案活动的实际感受作为评价检察办案工作成效的一项重要因素。"案-件比"的重要意义在于引导各地检察机关通过提高办案质效,将上一个诉讼环节的工作做到极致,以减少不必要的诉讼环节,从而节约司法资源,提升人民群众的司法评价。这是检察机关落实以人民为中心发展思想的重要体现。该指标适用于刑事、民事、行政等检察业务,也适用于监狱检察业务。

(一)刑事案件"案-件比"选取

1. "案"的选取

最能反映一个时期发生在人民群众身边的刑事案件是检察机关受理的审查逮捕案件和审查起诉案件,但二者有很大一部分是重合的,因此将受理的审查逮捕案件数与扣除采取逮捕强制措施的审查起诉案件数之和作为"案"的基准数。

2. "件"的选取

为评价检察机关的办案质效,"件"重点指原本可以避免或者减少发生,但因前一个环节未将工作做到极致而产生,引起当事人负面感受的诉讼环节。

(二)"案-件比"的计算方法

根据统计数据的获取方式不同,计算方式有两种。

1. 同时段概算法

本算法是用一个时间段内办理的刑事案件数与有关诉讼环节案件数之和相比较,得出一个比例关系。现有的业务统计是各项业务活动在同一时段的数量反映,而不是同一批案件的跟踪反映,所以"案"与"件"不是一一对应关系。比如,A 时间段受理审查起诉 100 件案件,A 时间段不起诉、复议复核等各类业务活动 50 件,这 50 件并不一定是针对 A 时间段受理的 100 件案件开展的业务活动,可能是针对 A 时间段之前受理的案件所开展的业务活动;同时,这 50 件也不包含这 100 件案件中在 A 时间段未办结而在 A 时间段之后所开展的有关业务活动。但是计算 A 时间段的

"案-件比",只能用100比150,得出1∶1.5。

2. 跟踪测算法

本算法是对于一个时间段内的终结性诉讼活动,比如生效判决案件,具体向前查询这些案件之前经历的有关诉讼环节,用生效判决数与这些环节案件数之和相比较,得出一个比例关系。这种"案"与"件"是直接对应关系,最能直观地体现观测意图,比较科学准确。但是,目前通行的统计方式是同时段统计,技术上尚不能进行常态的跟踪查询和统计,待统一业务应用系统2.0统计子系统上线实现对案件的跟踪查询后,就能够较为准确地计算"案-件比"。

(三)需要说明的几个问题

1. "案-件比"是一组对比关系

"案-件比"是"案"与"件"相对比并将"案"的数量取为1时,所形成的一组对比关系,不能简单地将其看作一个比值。从这个意义上理解,在"案"为1时,"件"越高,相对越不好。

2. "案-件比"中多余的"件"被赋予了特殊含义

通过定义可以看出,"案-件比"重在引导检察官在每一个办案环节将工作做到极致。不可否认,纳入"件"范围的业务活动或者办案环节,都有法律依据。但是如果上一个环节将工作做到极致,能够避免和减少下一个环节发生的,就应该尽量避免或者减少,从而提升当事人的司法感受、节约司法资源。至于将工作做到极致仍无法避免的环节,不是"案-件比"负面评价的对象,"案-件比"的导向是挤掉那部分能够避免或减少的"件",所以这里多余的"件"被赋予了特殊含义。

3. "案-件比"是一个宏观指标

如上所述,"件"被赋予了特殊含义,但是上级检察机关在计算时,无法对每一个个案进行评价,只能将纳入"件"范围的业务活动或办案环节一并计算,所以"案-件比"是一个趋势判断,是一个宏观指标,不宜直接评价那些所谓符合法律规定程序的"个案"。同时,评价整体和个体时也应有所区别,比如在评价一名检察官的工作时,可以区分一些"件"是工作做到极致因客观原因而发生的,还是主观原因造成的,这可以让检察官作出说明,并辅之相关的证明材料,经审查后,该扣除的予以扣除。另外,不同的案件类型难易程度也不一样,具体检察院内部开展评价、分析时也有必要予以区分。

4. "件"的集合中为什么纳入"案"的基准数

"案-件比"的理想状态为1∶1,将"案"的基准数纳入"件"的集合,就是指"案"经过必要环节,形成1∶1的结果。比如受理的民事生效裁判监督案件为"案",经过各种结案方式而终结,这与"案"形成了1∶1的理想状态。有些案件又进入了复查纠正环节,进入复查纠正环节的"件",有些就是多余的。

5. "案-件比"不是一个孤立指标

"案-件比"作为案件质量评价指标体系中的一个重要指标,起统领作用。但"案-件比"不是一个孤立指标,与其他指标一起,相互牵制,相互平衡,共同反映办案活动的数量质量和效率效果。其实,除了"案-件比"指标,还会有其他受理、办理方面的数量、效率等指标,共同评价一个检察院、检察官的办案质效,共同推动实现"有数量的质量、效率和有质量、效率的数量"的办案目标。

二、检察室规范化等级评定制度

派驻监狱检察室作为检察机关对监狱进行检察监督的前沿阵地,长期以来在监狱检察过程中发挥着基础性作用,同时也是社会大众了解检察机关特别是监狱检察工作的一个重要窗口。因此,最高人民检察院监所检察厅(后更名为刑事执行检察厅,现为第五检察厅)非常重视派驻监狱检察室的建设和管理,从2003年最高人民检察院印发《关于加强派驻监管场所检察室规范化建设的意见》开始,对派驻检察室进行规范化等级考核评定和动态管理,基本上每3年组织一届,迄今为止已开展五届评定工作,分别是2004年、2007年、2010年、2014年和2017年。考核评定工作由最高人民检察院统一组织,各省级人民检察院具体实施。派驻检察室规范化等级评定采取由下级人民检察院申报,上级人民检察院考察评定的方法进行。规范化检察室分为三级,由低向高逐级晋升,分别为三级规范化检察室、二级规范化检察室、一级规范化检察室。各省级人民检察院在评出的二级规范化检察室基础上,择优确定一级规范化检察室候选对象进行实地考察,经考察认为符合一级规范化检察室条件的,提出推荐意见,报最高人民检察院审查确定。最高人民检察院对申报的一级规范化检察室采取书面审查和随机实地抽查相结合的方式进行审查。下面以第五届规范化检察室评定为例,分别介绍三个等级的规范化检察室应具备的条件。

(一) 三级规范化检察室评定条件

1. 完成工作任务方面

（1）做好日常检察。派驻检察人员每周至少一次深入罪犯劳动、学习、生活"三大现场"进行检察，认真检察监狱的收监、收押、入监、出监、服刑、禁闭活动和教育改造、教育管理活动，发现违规违法情况及时提出纠正意见。重点检察违法禁闭、违法使用戒具、体罚虐待、混押混管、罪犯超时间、超体力劳动、"牢头狱霸"等问题。

（2）认真开展减刑、假释、暂予监外执行同步监督工作。对执行机关移送的提请减刑、假释、暂予监外执行案件材料逐案审查，发现违规违法情形及时提出纠正意见。发现减刑、假释、暂予监外执行裁定（决定）违规违法的，及时提出纠正意见。

（3）做好监管场所事故检察工作。发生罪犯死亡、脱逃、群体病疫、伤残、破坏监管秩序等重大事件，在接到监管机关的通知后，应当及时赶到现场了解情况，依法履行监督职责，并及时向上级人民检察院报告。其中对罪犯死亡的，应当严格按照最高人民检察院《关于监管场所被监管人死亡检察程序的规定（试行）》开展检察工作。

（4）做好安全防范检察工作。发现安全隐患及时提出纠正意见或检察建议，并协助监管场所消除隐患。在法定节日或重大活动之前和期间，开展安全防范检察。

（5）做好罪犯生活、卫生标准情况检察。每半年至少对监管场所罪犯伙食费、卫生费的使用情况进行一次检察。依法纠正监管机关及其工作人员克扣伙食费、卫生费等侵犯罪犯合法权利的违法行为。

（6）认真办理罪犯及其法定代理人、近亲属的控告、举报和申诉。对控告、举报监管机关和监管民警违法犯罪的材料，控告人、举报人要求回复办理结果的，应当及时将调查核实情况反馈控告人、举报人。

（7）司法规范。依照法定程序提出纠正违法意见和检察建议，相关文书的格式和内容应当规范。对事故的调查和经办的案件，做到办案程序合法，案件材料齐全，法律文书规范，结案后及时立卷归档。

（8）认真开展交付执行检察工作。重点检察审前未羁押判实刑罪犯未交付执行刑罚，病残孕罪犯收押难、送监难等问题，以及交付执行中消极履职、乱履职等问题。

（9）认真开展财产刑执行检察。加强沟通协调，重点检察被判处罚金、没收财产、没收违法所得等涉财裁判的执行情况，以及减刑、假释工作中考量财产刑执行的有关情况。

2. 执行工作制度方面

（1）派驻检察人员每月派驻监管场所检察时间不少于16个工作日，且每个工作日必须有派驻检察人员在岗。遇有突发事件时应当及时检察，法定节日期间进行巡回检察。

（2）落实检察室岗位责任制和各项监狱检察业务工作管理制度。按照规定内容开展日、周、月检察和及时检察。派驻检察人员每周至少选择2名罪犯进行谈话，且有谈话记录。

（3）落实与执行机关的工作联系制度。检察室每半年至少与执行机关召开一次联席会议，共同分析监管执法和法律监督中存在的问题，研究改进工作措施。列席监管单位的相关工作会议，了解和掌握监管情况。

（4）落实检务公开制度。在监管场所办公区、收押室、会见室、罪犯餐厅和每个监区等适当位置设立"检务公开"宣传栏。对所有新收押的罪犯，及时书面告知其权利、义务和检察室的职责等内容。

（5）驻监狱检察室应在方便罪犯及其亲属投递的地方设置检察官信箱。检察官信箱至少每周开启一次。

（6）执行监狱检察业务登记制度。及时登记检察日志、有关台账和表格，并做到填写规范、全面，记载准确、真实、具体。

（7）按照最高人民检察院的规定填报监狱检察有关统计报表和案卡。数据填报全面、真实、规范，无虚报、瞒报、漏报和错报。

3. 人员配备方面

（1）每个检察室至少配备2名派驻检察人员。对于罪犯月均3000人以上的监狱，派驻检察室人员不少于3人。

（2）检察室主任应当具有本科以上学历，是检察员，从事检察工作3年以上。

（3）派驻检察人员熟悉监狱检察法律业务知识，至少一人能够熟练操作计算机。

（4）派驻检察人员能够秉公执法，廉洁自律，自觉遵守法律和纪律规定，无违法、违纪行为。

4. 工作条件方面

（1）在监管场所具有独立的、能够满足需要的办公室。

（2）配备有电话、计算机、摄像机或数码照相机、传真机、打印机等办公用具和器材装备。

（3）使用监狱检察业务信息管理软件，检察室工作实现计算机管理，与监管单位实现监管信息数据交换。

（4）检察室实行挂牌办公，标牌应当规范、清楚、醒目。

（二）二级规范化检察室评定条件

二级规范化检察室除具备三级规范化检察室的条件以外，还应当同时具备以下条件：

1. 监管场所3年内未发生罪犯非正常死亡、脱逃等重大事故。或者监管场所虽然发生重大事故，但检察室事前已经依法履行了监督职责，并且事后依法、及时处置，经过省级以上人民检察院调查认定派驻检察人员不负有责任。

2. 认真开展减刑、假释、暂予监外执行同步监督工作。及时、准确掌握服刑人员惩罚情况和刑期，对执行机关移送的提请减刑、假释、暂予监外执行案件材料逐案审查并签署意见，派员列席评审委员会会议，发现提请违规违法情形的，及时提出纠正意见。派员出席减刑、假释案件庭审和暂予监外执行听证并发表意见。收到减刑、假释裁定书副本或者暂予监外执行决定书副本后逐案审查。

3. 能够及时发现刑罚执行和监管活动中的职务犯罪线索，并及时上报，依照有关规定进行初查或者立案侦查。无有线索不查、应当立案而不立案、侦查违法、超期限办案等情形。

4. 依法办理罪犯又犯罪案件，依法履行对这类案件的立案监督、侦查监督、审判监督、审查逮捕、审查起诉、出庭支持公诉等职责。

5. 2/3的派驻检察人员具有本科以上学历，均能熟练操作计算机。

6. 对于监狱，除由派出检察院派驻的以外，应当由市级以上人民检察院派驻检察室。直辖市所属监狱，可以由市人民检察院分院派驻检察室。

7. 驻监狱检察室与监狱实现信息联网。

8. 距离派出检察院5公里以上，或者所在监管场所各监区间距离较远的，配备有机动交通工具。

（三）一级规范化检察室评定条件

一级规范化检察室除符合二级规范化检察室的条件以外，还必须同时符合以下条件：

1. 一级规范化检察室考核评分标准中 8 个考察项目基础分为 100 分，该基础分应当达到 95 分（不含加分数值）。

2. 派驻检察人员 3 年内无违法、违纪行为。

3. 派驻监管场所检察室与监管场所应当实现信息联网和监控联网，监控录像至少可以存储 15 天。派驻监管场所检察室与派出它的检察院局域网应当实现联网。

4. 派驻检察室应当是经编制主管部门正式批准设立的检察室。

第四章　监狱检察管理的科学化

近年来，检察机关在管理体制、机制上发生了深刻的变化。党的十八届三中、四中全会提出了以"完善司法人员分类管理、完善司法责任制、健全司法人员职业保障、推动省以下地方法院检察院人财物统一管理"为主要内容的司法体制改革。2018年全国人大常委会修订了《人民检察院组织法》，进一步完善了人民检察院内设机构和检察室的设置、人民检察院的权力运行机制和办案组织、检察机关人员组成和人民检察院行使职权的保障等。近年来，监狱检察在工作理念、工作模式、工作重点等方面进行了调整，逐步确立了"以办案为中心"的工作新模式，工作方式也从以派驻检察为主向派驻检察和巡回检察相结合转变，给监狱检察管理工作带了新的机遇和挑战。目前，全国检察机关内设机构改革正有序推进，监狱检察在新的内设机构中的设置情况，将直接影响监狱检察业务和管理工作的开展。如何实现监狱检察管理科学化，推进监狱检察事业科学发展，成为各级检察机关面临的新任务。实现监狱检察管理科学化必须根据不断变化的检察工作形势适时进行调整，不断探索和认识，逐步发现监狱检察管理工作的客观规律。

第一节　检察管理的现状

一、初步确立了人员分类管理制度

在创新检察管理模式的探索中，探索建立符合司法属性和司法规律的检察人员管理体制成为检察改革的重点。《中共中央关于全面深化改革若干重大问题的决定》提出，确保依法独立公正行使审判权检察权，改革司法管理体制，推动省以下地方法院、检察院人财物统一管理。对检察人员，不论是检察官、检察辅助人员，还是检察司法行政人员的管理，均应当由省级检察机关统一管理，包括人员的任免、考核、奖惩、教育培训等，这是党中央作出的符合检察机关工作性质和检察官职业特征的重大决定。2018年《人民检察院组织法》是对改革成果的法律化和制度化，明确检察官实行员额制，检察官员额根据人民检察院案件数量、经济社会发展情况、人口数量和人民检察院层级等因素确定。地方各级人民检察院检察官员额在省、自治区、直辖市内实行总量控制、动态管理。明确检察官选任条件，规定检察官从取得法律职业资格并且具备法律规定的其他条件的人员中选任；初任检察官，应当由检察官遴选委员会进行专业能力审核；上级人民检察院的检察官，一般从下级人民检察院的检察官中择优遴选；符合检察官任职条件的检察官助理，经遴选后可以按照检察官任免程序任命为检察官。完善检察院领导人员的任职条件，明确检察长应当具有法学专业知识和法律职业经历；副检察长、检察委员会委员应当从检察官、法官或者其他具备检察官、法官条件的人中产生。规定人民检察院的检察官、检察辅助人员和司法行政人员实行分类管理。明确检察官助理、书记员、司法警察的基本职责，规定检察官助理在检察官指导下办理审查案件材料、草拟法律文书等检察辅助事务；书记员办理案件记录等检察辅助事务；司法警察办理办案场所警戒、人员押解和看管等警务事项。规定人民检察院根据检察工作需要，可以设检察技术人员，依法办理与检察工作有关事项。检察人员分类管理制度初步确立。

二、确立了司法责任制度，初步实现了权责一致

在坚持检察一体化原则的同时，贯彻检察官办案责任制，落实"谁办案谁负责，谁决定谁负责"，是司法责任制改革的核心追求。具体而言，就是通过制定权力清单，赋予检察官更多办案职权，确保办案检察官对案件有权依法独立审查、判断并作出决定，同时对自己的决定承担全部法律责任。突出了办案检察官的主体地位和作用，符合司法活动中"权责相对等"的原则。2018年《人民检察院组织法》规定人民检察院实行司法责任制，建立健全权责统一的司法权力运行机制。按照司法责任制的要求，完善独任检察官和检察官办案组运行机制。规定人民检察院办理案件，根据案件情况可以由一名检察官独任办理，也可以由两名以上检察官组成办案组办理。由检察官办案组办理的，检察长应当指定一名检察官担任主办

检察官，组织、指挥办案组办理案件。明确检察官在检察长领导下开展工作，重大办案事项由检察长决定；检察长可以将部分职权委托检察官行使，可以授权检察官签发法律文书。明确检察委员会的职能是总结检察工作经验，讨论决定重大、疑难、复杂案件和其他有关检察工作的重大问题。最高人民检察院发布司法解释、指导性案例，应当由检察委员会讨论通过。明确了检察委员会的提请程序、检察官和检委会委员的责任、作出决定的效力。规定检察官可以就重大案件和其他重大问题，提请检察长决定。检察长可以根据案件情况，提交检察委员会讨论决定。检察委员会讨论案件，检察官对汇报的事实负责，检察委员会委员对本人发表的意见和表决负责。检察委员会的决定，检察官应当执行。完善了检察委员会的议事程序和检察长不同意多数委员意见时的处理方式，规定检察委员会实行民主集中制，地方各级人民检察院的检察长不同意本院检察委员会多数人的意见，属于办理案件的，可以报请上一级人民检察院决定；属于重大事项的，可以报请上一级人民检察院或者本级人民代表大会常务委员会决定。明确人民检察院实行办案责任制，检察官对其职权范围内就案件作出的决定负责，检察长、检察委员会对案件作出决定的，承担相应责任。初步实现了权责一致。

三、初步实现了检察业务管理的扁平化

目前，内设机构改革基本完成。此次内设机构改革是检察机关恢复重建以来的一次重大的系统性、重塑性机构调整，也是一次立足当前、利在长远的基础性工作。内设机构改革是检察机关面临司法体制改革、国家监察体制改革、以审判为中心的刑事诉讼制度改革等各项改革叠加聚合的复杂形势，面临法律定位和人民期待同向发力的现实需要，面临各类案件专业性、复杂性、综合性日益突出的发展态势，主动作为，积极优化检察职能配置、优化内设机构设置、优化检察人员编制，适应新形势新任务新要求，推动检察工作转变观念、转换模式、转型发展，固化实践经验，提升司法改革成果，把握新时代检察工作创新发展的机遇，满足人民群众在民主、法治、公平、正义、安全、环境等方面的新需求、新期待的重大举措。

此次内设机构改革主要把握突出业务属性，控制机构数量；突出专业化建设，重新组建专业化刑事办案机构；以业务性质为基础，全面调整业务机构设置；坚持优化效能，适当调整综合部门的机构设置四个原则。坚

持以人民为中心，以提升法律监督能力为统领，以提高办案质量效率、推进专业化建设为导向，以机构职能优化协同高效为着力点，立足工作实际，优化职能配置，整合检力资源，积极构建符合司法规律、系统完备、科学规范、运行高效的检察机关内设机构职能体系，为新时代更好地履行检察职责提供有力的组织保障。内设机构改革的突出成果之一就是初步实现了机构和管理的扁平化，尤其是基层人民检察院，将原有的十几个内设机构整合为了5个左右。打破了"官本位"思想，领导班子成员对案件亲自部署研究，并直接安排到具体的主办检察官，减少审批中间环节，解决内部机构职能重叠化的问题，减少了职能交叉，实现了内设机构扁平化，整合了信息资源和人力资源，实现了人员优化、资源配置的最大化，释放了检察机关整体效能和机构活力。

四、初步建立了管理体系

近年来，最高人民检察院先后制定了一系列管理制度，如检察室规范化等级评定制度，对检察的业务办理、人员配备、硬件建设提出了一系列要求。再如，重大事项请示报告、通报制度、人民检察院监狱检察办法等。2017年开始实现了执检案件的网上办理。2018年11月30日，最高人民检察院印发了《人民检察院监狱巡回检察规定》。巡回检察工作是在最高人民检察院的领导下，在张军检察长的推动下，检察机关全面深化司法体制改革和检察改革的重大举措，是监狱检察方式的一次重大变革。该规定明确了巡回检察的任务和职责、巡回检察应当遵循的原则、巡回检察组织与人员、巡回检察内容、方式与方法、巡回检察问题处理与责任追究、巡回检察保障等。2018年最高人民检察院《人民检察院监狱检察工作目录》进一步规范和明确了监狱检察的工作重点、方式、内容和方法，监狱检察业务管理初步建立，规范化程度不断提升。

第二节 监狱检察管理的理念

一、人本化理念

人本化理念即以人为本理念。以人为本是科学发展观的核心，是指经济社会发展过程中,以实现人的全面发展为目标,把人民的利益作为一切工作的出发点和落脚点,不断满足人民群众的多方面的需求,切实保障其经济、政治和文化权益,让发展的成果惠及全体人民。人是生产力中最活跃的因素,也是搞好各项工作的第一要素,是一个单位、组织、团体中最活跃、最重要的资产,也是最具有不确定的因素。就检察机关的执法来说,以人为本理念可以理解为法律是为人服务的,依法治国的根本目的不在法律本身,而在于通过完善科学的立法和严格公正的执法,彰显人性,保障人权,促进社会公平正义。就监狱检察管理来说,以人为本是指一切管理活动要以人为出发点,调动人的积极性,做好人的工作,实现人的自我发展与组织事业发展相统一。反对见业务不见人、见技术不见人、见钱财物不见人、见权力不见人等。人本化理念强调在完成工作时将人放在中心位置,努力满足人的需求,提升人的素质,实现人的全面发展,在这个过程中,实现工作质量和效果的提升。

二、依法管理理念

传统检察业务管理主要是基于经验管理,主要依据自身经验来管理检察业务。现代检察管理推行依法管理,包括两个层面的含义:一是法律监督的属性本质上是司法属性,因此检察管理工作应该契合司法管理的属性规律,即严格按照司法的特性开展工作。二是依法管理意味着主要依靠制定规则建章立制来管理。通过制定管理检察业务的规范性文件,对检察业务实体和程序予以制度化并进行细化,建立执法规范化体系。此外,依法管理还要求从以往实体管理向以程序管理、过程控制转变。传统业务管理侧重从实体层面进行管理,不注重对办案过程的管理和控制,不懂得控制好了办案经过就能有效控制办案结果。而且如果其他检察官进行结果审查,可能导致不正当的干预案件,导致监督职能代行检察职能,挫伤原承办检察官的办案积极性。因此,需要从以往实体管理向以程序管理、过程控制转变,注重从过程层面,对诉讼程序或执法过程,对每一个办案环节进行控制。

三、规范化理念

近年来,最高人民检察院大力倡导和推行规范化管理。《检察机关执法工作基本规范(2010年版)》明确提出了该执法规范是检察机关各业务部门、各业务岗位的基本操作规程，是检察机关执法办案的强制性规范。之后又对该执法规范多次进行了修订。为推动派驻检察室规范化建设，最高人民检察院从2004年开始先后开展了五届规范化检察室评选活动，内容包括完成工作任务、执行工作制度、人员配备、工作条件等四方面情况以及纠正减刑、假释、暂予监外执行裁定（决定）违法或不当，职务犯罪案件查办等重点项目，极大地推动了派驻检察室规范化建设。2018年，最高人民检察院又提出了"加强办案、规范监督"的刑事执行检察工作的总要求，将规范化建设的要求提升到一个新的高度，要求在执法行为规范化上下功夫，不折不扣地贯彻执行法律法规要求，全面加强岗位工作规范，进一步健全与执行机关、审判机关的信息共享、案情通报和案件移送的机制和制度等。

四、精细化理念

精细化管理是一种理念、一种文化。它是社会分工精细化，以及服务质量精细化对现代管理的必然要求。精细化管理最先源自于企业管理，主要运用于大规范职业工业产业之中，它强调的是通过精细化管理，优化、细化生产流程、管理流程，降低生产成本，达到效益最大化，其精髓是流程的细化、标准化和量化。现代管理学认为，科学化管理有三个层次，第一个层次是规范化，第二个层次是精细化，第三个层次是个性化。这种管理理念和方式目前也在行政管理领域被广泛借鉴和吸纳。近年来，检察机关也开始借鉴精细化管理理念，最高人民检察院提出了"要弘扬'工匠'精神，以精细化促规范化"的明确要求，部分省、市、自治区也开展了精细化活动年活动，取得了明显的效果。

五、高效化理念

2018年，最高人民检察院刑事执行检察厅提出了"六个理念"，其中之一是"效果至上"理念，把监狱检察的效果放在了更为突出的位置。坚持效果至上理念，就要求摈弃影响效果发挥的一些形式主义，反对层层检查、事事留痕，反对重数量轻质量，反对设置不合理的办案指标等。

六、自我管理理念

经研究发现，当一个组织、部门、单位中有越来越多的专业人员时，

第五编 监狱检察管理制度

这些专业人员并不需要管理者监督，所需要的是管理者为专业人员提供服务。对监狱检察来说，随着检察人员素质普遍提高，司法责任制的深入推进，以及检察办案权限的下放，检察人员更多的时候是在以独任的形式在办理减刑、假释、暂予监外执行、罪犯死亡、罪犯又犯罪等案件，或者几个检察官组成办案组办理职务犯罪案件、巡回检察等，检察人员为自己办理的案件负责。此时，检察管理仅仅是为检察人员履行检察职能提供各种服务和保障，并不监督检察人员。因此，更应当引导检察人员树立自我管理意识，实现最大限度的自我管理。

第三节 实现监狱检察管理科学化的路径

一、继续深入推进司法体制改革

进一步推进和完善司法人员分类管理、司法责任制、司法人员职业保障、省以下地方法院检察院人财物统一管理等改革。目前，人员初步实现了分类管理，但检察官职务序列设置仍然没有摆脱行政化的窠臼，基层院检察官只能自然晋升到一级检察官，市级检察院只能自然晋升到四级高级检察官，检察官的晋升和单位级别有密切的关系，任职年限、办案水平因素在检察官职级晋升上占次要地位。监狱检察的职责多，相关制度机制建设薄弱，权责不明晰，推进司法责任制，实现"谁办案谁负责，谁决定谁负责"，任重道远。在司法人员职业保障方面，检察院组织法虽然对司法人员职业保障做了初步规定，明确任何单位或者个人不得要求检察官从事超出法定职责范围的事务。对于领导干部干预司法活动、插手具体案件处理，或者人民检察院内部人员过问案件情况的，办案人员应当全面如实记录并报告；有违纪违法情形的，由有关机关根据情节轻重追究行为人的责任。但具体保障措施不完善，效果不明显，仍需继续加强。

二、继续强化案件管理机构的作用

成立案管中心，实行案件集中管理，就案件业务工作实现案件管理和案件办理相分离，遵循了管理专业化的一般规律，是检察管理科学化在检察业务管理领域的典型体现。监狱检察管理也需要继续发挥案件管理机构的作用，对监狱检察业务实行集中化管理，同时弥补现行检务督查职能的不足。继续发挥案件管理机构在监狱检察业务管理中的作用，应当根据各地检察机关人员数量、机构配置等客观实际，灵活采取不同的案件管理模式。人员数量少或没有独立设置案件管理机构的检察机关，主要负责对办案流程的监控，发现和纠正程序错误。对人员数量多，并设置有专门的案件管理机构的检察机关，应当同时对案件的流程和实体进行监督，将案件管理的事务性、程序性和实体性管理工作都整合入案件管理中心的工作职责，并及时研判和综合治理执法办的重点部位、薄弱环节和要害问题以及一些事务性管理工作。

三、构建科学合理的监狱检察业务考评和绩效管理体系

监狱检察业务考评即对监狱检察各项业务工作的考核评价。目前，监狱检察业务考评指标体系没有形成，考评内容单一，考评项目指标设置和方法缺乏科学性，考评过程欠缺规范化、透明化导致随意操作，考评结果运用不足等问题突出。究其原因，在于对监狱检察业务和管理工作重视不够，监狱检察管理理念不足。客观上讲，监狱检察考评也存在设置粗细、繁简很难把握，考评项目职责不清、项目交叉、协调不够，且一些检察业务指标设置具有"双刃剑"，过度的指标化反而会影响监狱检察的质量和效果。构建科学合理的检察业务考评体系，一是要树立全面、协调、整体、平稳的发展理念，落实好"稳进、落实、提升"的工作总要求。二是针对减刑、假释、暂予监外执行、罪犯又犯罪、职务犯罪等不同案件类型和特点，科学设置考评指标和权重，通过不断地发现问题、改正问题，逐步完善考评指标和权重。三是科学运用加分制、扣分制、排名制等，突出监狱检察的业务重点。四是加强业务考评的组织领导机制，建立检察业务考评的动态运行机制，建立和完善考评结果运用机制。

业务考评和绩效管理密不可分，业务考评是绩效管理的基础，绩效管理是业务考评结果的运用。现行绩效管理实践，重视绩效考核和评价过程，而忽视绩效目标的设立、绩效沟通、绩效分析与改进，以及严格执行绩效奖惩的过程，导致了绩效激励机制和改进机制难以发挥。具体表现在对绩效管理工作重视不够，绩效管理过于主观化或考核方法原始简单，检察人员绩效衡量和相互比较具有困难性，绩效管理过程的非动态性、不完

整性和封闭性，绩效管理者和管理机构缺乏角色认识和职责定位等。建立、健全绩效管理体系是当前检察干部人事制度改革的关键，是实现监狱检察官专业化管理的必由之路。一是科学合理地设置绩效指标，包括绩效指标体系、数量和权重。二是使用科学的绩效管理方式，综合有效地使用考评方法，包括自我报告法、关键事件法、目标管理法、民主测评法等。三是要重视绩效结果的运用。

四、继续加强监狱检察管理的信息化程度

近年来，检察信息化建设进入有序发展的快车道。到 2010 年，全国检察机关检察专线网实现了全面覆盖，网络审讯与指挥、多媒体出庭示证、行贿档案查询等信息化手段普遍运用，不断深入推进的办案工作网上运行、网上管理、网上监督、网上考评。2017 年，检察机关统一业务应用系统执检子系统正式上线运行，标志着监狱检察在信息化建设迈出了一大步。部分省市地区也立足自身实际，开展监狱检察信息化建设，研发推广应用监狱检察智能软件，实现传统检察方式和信息化技术的融合，运用信息化手段保障巡回检察试点工作质效提升。但总体上看，检察管理的信息化还处在起步阶段，信息化运用标准低、信息化建设发展不平衡、人才缺点等问题突出。因此要进一步立足监狱检察工作实际，进一步深化智慧检务建设，统筹研发智能辅助办案和管理系统，促进科技创新成果同监狱检察工作深度融合，助力司法质量效率和公信力的提升推动检察事业更好地实现科学发展。

第五章　监狱检察的信息化

第一节　概　述

监狱检察信息化建设是指检察机关为加强监狱检察业务管理和提高对监管执法活动的动态监督质效，运用信息网络技术手段，即依托检察专线网和局域网，实施统一的监狱检察业务应用软件，建设监狱检察业务信息数据库，对监狱检察工作实行严格的流程管理和质量控制，并通过监狱信息系统和监控系统实行微机联网，实现对监狱的动态监督，建立起各级检察院监狱检察部门互联互通以及信息交换共享的网络系统。其内容主要包括派驻检察室与监狱的信息联网、派驻检察室与监狱的监控联网、派驻检察室与检察专线网的连接、统一业务应用系统执检子系统等。

监狱检察信息化建设，作为检察机关信息化建设的重要组成部分，是监狱检察业务中一个历史性的变革，也是监狱检察业务的一场深刻的革命，不仅可以提高监狱检察的科技含量，更可以提高监狱检察监督的准确性和工作效率，是提高法律监督能力、保证监狱检察工作与时俱进、科学发展的现实要求和必然选择，对于促进监狱检察执法规范化、队伍专业化、管理科学化和保障现代化，进一步强化监督作用，具有十分重要的意义。[①]

[①] 袁其国主编：《刑事执行检察业务培训教程》，中国检察出版社2015年版，第512—515页。

第五编 监狱检察管理制度

第二节 监狱检察信息化发展历程

监狱检察的信息化不断发展,在检察系统信息化发展的大背景下,随着各种新技术的应用,在不同阶段都有不同的特点。

第一阶段:硬件建设。2009年,最高人民检察院组织召开了全国检察机关技术信息工作会议,提出了科技强检工作要坚持"统一规划、统一标准、统一设计、统一实施"的基本原则,对科技强检工作提出了新的更高要求。在此之前,2000年最高人民检察院提出了科技强检的总体目标,拉开了加快检察信息化进程、推动检察机关科技进步的帷幕;2003年提出了业务、队伍和信息化"三位一体"的指导思想,将科技强检工作推向新的阶段。2011年最高人民检察院出台《十二五时期(2011—2015年)科技强检规划纲要》。这一阶段的监狱检察信息化的特点是硬件化。信息化集中在基础设备建设上,各地开始陆续完成"两网一线"的建设,加强派驻检察室的硬件配备,按照检察室规范化要求,基本配置了电脑、打印机、照相机、录像机等设备。

第二阶段:电子检务工程。2015年11月19日,全国检察机关电子检务工程工作会议在京召开。会上,曹建明检察长提出,要牢固树立向信息化要检力、要战斗力的理念,明确要建设电子检务工程"六大平台"的任务,要改进"六个问题"、把握好"四个关系"、建立起"四个体系"。这标志着电子检务工程正式进入实施阶段,为今后的电子检务发展指明了方向。2016年最高人民检察院出台《十三五时期(2016—2020年)科技强检规划纲要》。这一阶段的监狱检察信息化的特点是网络化。各地按照最高检的要求,通过涉密三级网分级保护建设,陆续将派驻检察室接入检察专线网。业务数据开始使用电子化统计录入、整理、上报、分析,通过检察专线网,进行信息发布、收发邮件、填写日志,检察工作更加及时、高效、便捷;视频中心开始建设,视频会议、远程接访、远程提讯、视频会商、指挥中心等各种视频资源整合和解决方案开始投入使用,通过网络使得工作的方式开始改变。

第三阶段:智慧检务。2017年最高人民检察院出台《检察大数据行动指南（2017—2020年）》，提出推进大数据在刑事执行检察中的应用。运用大数据分析技术，建立数学分析模型，实现刑罚变更执行监督和羁押必要性审查评估，实现对社区矫正人员脱管漏管行为及时发现，实现对刑事财产执行案件有效监督。这一阶段的监狱检察信息化的特点是智能化。统一业务应用系统执检子系统上线运行，监狱检察的办案业务全部实现网上办理，使得执法办案更加公正、规范、透明。各种智能化应用更是层出不穷，为了解决执检子系统大量基础数据重复录入的难题，出现了执检小精灵；为了解决监控检察人力不足监督不够的问题，出现了监控画面分析系统；为了解决日志记录分散存储管理不便的问题，出现了检察日志系统。①

第三节　统一业务应用系统执检子系统

2013年，全国检察机关统一业务应用系统部署上线运行，该系统融办案、管理、统计于一体，提高了案件管理科学化水平，推进了司法规范化建设，推动了检察事业持续发展。2016年12月26日，全国检察机关统一业务应用系统执检子系统部署上线运行。2016年11月29日，执检子系统部署工作会议暨系统应用培训班在福建举行，就执检子系统的部署应用提出了明确要求，标志着全国检察机关统一业务应用系统的刑事执行检察业务子系统进入全面应用阶段。会后各省级检察院刑事执行检察部门、案件管理部门、技术信息部门和保密部门密切配合，于当年12月23日完成了统一业务应用系统的升级工作，保障了各地执检子系统的顺利上线运行。

执检子系统上线运行以来，各地加强组织领导、快速部署、重点推进。目前，执检子系统已在全国检察机关全面上线运行，监狱检察涉及的刑罚变更执行检察、罪犯死亡检察、事故检察、制发检察建议和纠正违法等案件均能够在子系统上办理。以办案信息化有效促进了执法规范化、管理科学化，有力推动了执检工作由"办事"模式向"办案"模式的转变。

执检子系统的部署运行，是立足检察工作全局和刑事执行检察工作实

---

① 监控画面分析系统和检察日志系统是小黑河地区人民检察院自行开发的监狱检察信息化系统。

际,顺应信息化发展趋势作出的一项基础性、战略性、全局性的重大决策,对于提升执检工作科技含量和信息化水平,促进执检部门执法规范化建设,强化内部监督制约,增强法律监督能力和执法公信力,都具有十分重要的意义。执检子系统的部署运行,事关刑事执行检察信息化工作整体推进,事关刑事执行检察工作理念、工作方式的转型升级。

附录　监狱检察常用法律文书

1. 巡回检察告知函

××××人民检察院
巡回检察告知函

××检巡告函〔20××〕×号

_____（被巡回检察单位）：

根据《中华人民共和国刑事诉讼法》第二百七十六条、《人民检察院刑事诉讼规则》第六百二十二条之规定，我院定于____年____月____日至____年____月____日对你单位进行_____（巡回检察种类）巡回检察，请予接洽。

附件：巡回检察组成员名单

20××年×月×日
（院印）

制作说明

一、本文书系新增文书,根据《中华人民共和国刑事诉讼法》第二百七十六条、《人民检察院刑事诉讼规则》第六百二十二条规定制作,供检察机关开展巡回检察时使用,一般应于开展巡回检察三日前送达被巡回单位。特殊情况下,当日送达被巡回单位。

二、"巡回检察种类"包括常规巡回检察、专门巡回检察、机动巡回检察、交叉巡回检察。

2. 巡回检察反馈意见书

××××人民检察院
巡回检察反馈意见书

××检巡意〔20××〕×号

_____（被反馈单位）：

根据《中华人民共和国刑事诉讼法》《中华人民共和国监狱法》《人民检察院刑事诉讼规则》《人民检察院监狱巡回检察规定》等有关规定，我院组成巡回检察组，于×年×月×日至×年×月×日对你单位进行了××巡回检察。现将有关情况通报如下：

一、巡回检察基本情况

包括巡回检察内容、检察方式方法、检察的卷宗材料数量、实地检察有关现场情况、邀请代表委员等人员参与检察的基本情况。重点围绕本次检察的内容，对被反馈单位执法管理工作进行分类综合评价。

二、巡回检察发现的主要问题

分类、逐项列明巡回检察发现的问题。所列问题应当明显违反有关法律法规和内部管理规定，做到事实清楚，证据充分，说理到位。

三、整改意见建议

针对巡回检察发现的具体问题或倾向性、苗头性问题，依法依规分类提出整改意见建议。

20××年×月×日
（院印）

制作说明

一、本文书系新增文书,根据《中华人民共和国刑事诉讼法》第二百七十六条、《人民检察院刑事诉讼规则》第六百二十四条的规定制作,适用于向被巡回单位制作巡回检察反馈意见时使用。

二、本文书向监狱当面反馈或以其他形式送达。公开送达的,应当制作送达笔录。

3. 对法院暂予监外执行征求意见回复函

××××人民检察院
对法院暂予监外执行征求意见回复函

××检暂征函〔20××〕×号

_____（决定单位名称）：

本院于（提请暂予监外执行日期）收到你院对罪犯（姓名）决定暂予监外执行征求意见书后，根据《中华人民共和国刑事诉讼法》第二百六十五条、最高人民法院、最高人民检察院、公安部、司法部、国家卫生计生委《暂予监外执行规定》第十八条等规定，对该暂予监外执行案件进行了审查。

经审查，本院认为罪犯（姓名）符合暂予监外执行条件（不符合暂予监外执行条件，理由是：……上述事实有以下证据予以佐证：……）。依据《中华人民共和国刑事诉讼法》第二百六十六条及有关法律法规、司法解释之规定，建议你院（不予）决定对罪犯（姓名）暂予监外执行。

特此回复

20××年×月×日
（院印）

附录　监狱检察常用法律文书

制作说明

一、本文书系新增文书，依据《中华人民共和国刑事诉讼法》第二百六十五条、最高人民法院、最高人民检察院、公安部、司法部、国家卫生计生委《暂予监外执行规定》第十八条等规定制作。为人民法院在作出暂予监外执行决定前，征求人民检察院的意见，人民检察院经依法审查后进行回复时使用。

二、回复函应当写明是否同意人民法院提请暂予监外执行的意见，并说明法律依据、事实和理由等。同时，可以针对该案，依法提出具体要求。

三、本文书一式三份，送达发文单位一份，本院内卷一份，派驻监管场所检察室一份。

4. 提请暂予监外执行检察意见书

××××人民检察院
提请暂予监外执行检察意见书

××检暂意〔20××〕×号

　　_____（决定单位名称）：

　　本院（提请暂予监外执行日期）收到（提请/办理机关）抄送的对罪犯（姓名）提请暂予监外执行的书面意见副本后，根据《中华人民共和国刑事诉讼法》第二百六十六条的规定，对该提请意见进行了审查。

　　经审查，本院认为罪犯（姓名）符合暂予监外执行条件（不符合暂予监外执行条件/提请暂予监外执行的程序违法，理由是：……上述事实有以下证据予以佐证：……）。依据《中华人民共和国刑事诉讼法》第二百七十六条的规定，建议你局（厅、处）（不予）批准对罪犯（姓名）暂予监外执行。

20××年×月×日
（院印）

制作说明

一、本文书依据《中华人民共和国刑事诉讼法》第二百六十六条、第二百七十六条等规定制作。为人民检察院对于执行机关提请的暂予监外执行案件，经依法审查后认为需要提出检察意见时使用。

二、检察意见应当写明是否同意执行机关提请暂予监外执行的意见，并说明法律依据、事实和理由等。同时，可以针对该案，依法提出具体要求。

三、本文书一式三份，送达发文单位一份，本院一份，派驻监管场所检察室一份。

四、制作要求：

1. 发往单位。

2. 罪犯基本情况。包括罪犯姓名，性别，出生年月，原判罪名，原判刑罚，已执行刑期，所在监管场所等。

3. 执行机关提请暂予监外执行情况。包括提请暂予监外执行时间、提请暂予监外执行理由等。

4. 检察意见。写明是否同意执行机关提请暂予监外执行的意见，并说明法律依据、事实和理由等。

5. 具体要求。依据法律规定，针对该案提出具体要求。

5. 纠正不当暂予监外执行决定意见书

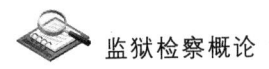

××××人民检察院
纠正不当暂予监外执行决定意见书

××检纠暂〔20××〕×号

一、发往单位。

二、罪犯基本情况。包括罪犯姓名、性别、出生日期、罪犯所在监管场所。

三、原判决、裁定情况和执行刑期情况。包括原判决、裁定认定的罪名、刑期，已执行刑期，剩余刑期。

四、决定或者批准暂予监外执行情况。包括决定或者批准暂予监外执行的理由和暂予监外执行的期限等。

五、认定暂予监外执行决定不当的理由和法律依据。可表述为：经审查，本院认为……

六、纠正意见。可表述为：依据《中华人民共和国刑事诉讼法》第二百六十七条的规定，特向你院（局、处）提出纠正意见，请依法对该决定进行重新核查，予以纠正，并将重新核查以及是否纠正情况反馈本院。

20××年×月×日

（院印）

制作说明

一、本文书依据《中华人民共和国刑事诉讼法》第二百六十七条的规定制作。为人民检察院认为暂予监外执行决定不当,向决定或者批准暂予监外执行的机关提出书面纠正意见时使用。

二、制作要求

1. 本文书采用叙述式,按以下层次叙写:

(1) 写明发往单位,即决定或者批准暂予监外执行的人民法院、省级以上监狱管理机关或者地市级以上公安机关,行文上需顶格写。

(2) 被决定暂予监外执行的罪犯的基本情况和决定暂予监外执行情况。书写顺序为:罪犯所在单位,罪犯姓名(如_____监狱罪犯_____),性别,出生日期,原判决、裁定确定的罪名、刑期,已执行刑期,剩余刑期,罪犯被决定暂予监外执行的理由及期限等。

(3) 人民检察院认定暂予监外执行不当的理由及法律依据。书写层次为:①写明被决定暂予监外执行罪犯不符合暂予监外执行条件的具体情况,如罪犯的病情、改造表现不符合法律、法规等规定的情形等。②写明暂予监外执行决定的不当之处,即不符合法律、法规等规定的哪些条款等。

(4) 提出纠正意见并写明法律依据。

2. 本文书一式四份,一份送决定或者批准暂予监外执行的人民法院、省级以上监狱管理机关或者地市级以上公安机关,一份送罪犯所在的监管机关,一份送罪犯居住地的社区矫正机构,一份附卷。

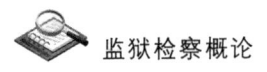

6. 提请减刑检察意见书

××××人民检察院
提请减刑检察意见书

××检减意〔20××〕×号

_____（法院名称）：

本院于（审查日期）收到（提请单位名称）抄送的对罪犯（姓名）提请减刑建议书副本后，根据《中华人民共和国刑事诉讼法》第二百七十三条的规定，对该减刑建议进行了审查。

罪犯（姓名），（证件类型）（证件号码），（性别），（民族），（出生日期）出生，户籍所在地为（户籍所在地），住（住所地）（住所地详细地址）。（生效判决日期）因（生效判决罪名）（生效判决其他罪名）被（生效判决法院）判处［生效宣告刑（主刑）］（生效宣告刑刑期），（财产刑种类）（财产刑其他种类）罚金金额（没收财产）万元。（执行日期）交付（执行机关）执行。

经审查，我院认为，罪犯（姓名）在本次考核评奖周期内能做到认罪悔罪，认真遵守监规纪律，积极参加思想、文化、职业技术教育，完成劳动任务，积极履行财产刑或履行附带民事赔偿义务，确有悔改表现（或立功表现、重大立功表现）。或者罪犯（姓名）不符合减刑条件/提请减刑的程序违法/减刑建议不当，理由是：……上述事实有以下证据予以证明：……

依据《中华人民共和国刑法》第七十八条及有关法律法规、司法解释之规定，建议人民法院裁定减刑。或者依据《中华人民共和国刑事诉讼法》第二百七十三条的规定，建议你院对罪犯（姓名）裁定不予减刑/减刑的幅度予以调整。

20××年×月×日
（院印）

制作说明

一、本文书依据《中华人民共和国刑事诉讼法》第二百七十三条、第二百七十六条等规定制作。为人民检察院对于执行机关提请的减刑案件，经依法审查后认为需要提出检察意见时使用。

二、检察意见应当写明是否同意执行机关提请减刑的意见，并说明法律依据、事实和理由等。同时，可以针对该案，依法提出具体要求。

三、本文书采用叙述式，按以下层次叙写：

1. 发往单位。

2. 罪犯基本情况。包括罪犯姓名，性别，出生年月，原判罪名，原判刑罚，已执行刑期，所在监管场所等。

3. 执行机关提请减刑情况。包括提请减刑时间、提请减刑理由和提请减刑幅度等。

4. 检察意见。写明是否同意执行机关提请减刑的意见，并说明法律依据、事实和理由等。

5. 具体要求。依据法律规定，针对该案提出具体要求。

四、本文书一式三份，送达发文单位一份，本院一份，派驻监管场所检察室一份。

7. 提请假释检察意见书

××××人民检察院
提请假释检察意见书

××检假意〔20××〕×号

_____（法院名称）：

本院于（审查日期）收到（提请单位名称）抄送的对罪犯（姓名）提请假释建议书副本后，根据《中华人民共和国刑事诉讼法》第二百七十三条的规定，对该假释建议进行了审查。

罪犯（姓名），（证件类型）（证件号码），（性别），（民族），（出生日期）出生，户籍所在地为（户籍所在地），住（住所地）（住所地详细地址）。（生效判决日期）因（生效判决罪名）（生效判决其他罪名）被（生效判决法院）判处（生效宣告刑）（生效宣告刑刑期），（财产刑种类）（财产刑其他种类）罚金金额（没收财产）万元。（执行日期）交付（执行机关）执行。

经审查，我院认为，罪犯（姓名）在本次考核评奖周期内能做到认罪悔罪，认真遵守监规纪律，积极参加思想、文化、职业技术教育，完成劳动任务，积极履行财产刑或履行附带民事赔偿义务，确有悔改表现（或立功表现、重大立功表现）。/且执行原判刑期二分之一以上（无期徒刑罪犯已实际执行十三年以上），经执行机关综合评估没有再犯罪危险。或者罪犯（姓名）不符合假释条件/提请假释的程序违法，理由是：……。上述事实有以下证据予以证明：……。

依据《中华人民共和国刑法》第八十一条及有关法律法规、司法解释之规定，建议人民法院裁定假释。或者依据《中华人民共和国刑事诉讼法》第二百七十三条的规定，建议你院对罪犯（姓名）裁定不予假释。

20××年×月×日
（院印）

制作说明

一、本文书依据《中华人民共和国刑事诉讼法》第二百七十三条、第二百七十六条等规定制作。为人民检察院对于执行机关提请的假释案件，经依法审查后认为需要提出检察意见时使用。

二、检察意见应当写明是否同意执行机关提请假释的意见，并说明法律依据、事实和理由等。同时，可以针对该案，依法提出具体要求。

三、本文书采用叙述式，按以下层次叙写：

1. 发往单位。

2. 罪犯基本情况。包括罪犯姓名，性别，出生年月，原判罪名，原判刑罚，已执行刑期，所在监管场所等。

3. 执行机关提请假释情况。包括提请假释时间、提请假释理由等。

4. 检察意见。写明是否同意执行机关提请假释的意见，并说明法律依据、事实和理由等。

5. 具体要求。依据法律规定，针对该案提出具体要求。

四、本文书一式三份，送达发文单位一份，本院一份，派驻监管场所检察室一份。

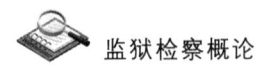

8. 减刑案件出庭意见书

××××人民检察院
减刑案件出庭意见书

××检减庭意〔20××〕×号

审判长、审判员：

根据《中华人民共和国刑事诉讼法》《中华人民共和国人民检察院组织法》的相关规定，我（们）受（本院名称："人民检察院"）指派出席法庭，参加由（提请单位名称）提请的对罪犯（姓名）提请减刑一案的审理，依法履行法律监督职责。

（本院名称："人民检察院"）于（审查日期）收到（提请单位名称）抄送的对罪犯（姓名）提请减刑建议书以及相应证据材料。本院依法进行了审查。现就法庭审理罪犯减刑一案发表如下检察意见：

1. 对庭审的评价。刚才，执行机关宣读了对罪犯的提请减刑建议书，并就罪犯（姓名）自×年×月×日至今的改造情况举证，法庭依法讯问了罪犯（姓名），证人（证人姓名）出庭对罪犯（姓名）改造情况予以作证，罪犯（姓名）当庭作了陈述，出庭检察官询问了证人，讯问了罪犯（姓名），并对执行机关出示的有关证据进行了质证。出庭检察官依法对庭审全程实行了监督。我们认为：（阐明执行机关出示的有关证据材料是否真实有效，法庭审理程序是否合法。）

2. 阐明罪犯减刑是否符合法定条件：主要从主观上是否认罪服法，客观上是否遵守监规、接受教育改造，积极参加政治、文化、技术学习，积极参加劳动、完成生产任务以及奖惩情况等五个方面作出评价。对于符合减刑条件的，要排除罪犯的社会危害性、人身危险性因素。

3. 阐明提请减刑的程序是否符合规定：包括是否进行了公示，是否经过监区长办公会、减刑假释评审委员会集体评审会、监狱长办公会讨论等。

4. 发表检察意见：认为"符合"或者"不符合"减刑意见。在符合减刑条件的情况下，对减刑幅度发表检察意见。认为"不符合"减刑的，应当阐述"不符合"的理由。

5. 其他需要发表的意见。

审判长、审判员，检察机关的出庭意见发表完毕。

检察官×××

年　月　日

制作说明

一、本文书依据《中华人民共和国刑事诉讼法》第二百七十三条、第二百七十六条等规定制作。为检察机关派员出席法庭，就减刑、假释案件当庭发表检察意见时使用。

二、对于同意执行机关提请减刑、假释，可以简要概括检察意见。对于不同意执行机关提请减刑、假释的，应当详细阐述有关法律依据、事实和理由等，并建议人民法院不予裁定减刑、假释或者调整减刑幅度。

三、对于人民法院同时对多名提请减刑、假释的罪犯开庭审理的，出庭检察人员可以在一份出庭意见书中对多名罪犯分别发表检察意见。

四、本文书第四部分，可视情况决定是否制作。

五、本文书一式二份，本院一份，派驻监管场所检察室一份。

9. 假释案件出庭意见书

××××人民检察院
假释案件出庭意见书

××检假庭意〔20××〕×号

审判长、审判员：

根据《中华人民共和国刑事诉讼法》《中华人民共和国人民检察院组织法》的相关规定，我们受（本院名称："人民检察院"）指派出席法庭，参加由（提请单位名称）提请的对罪犯（姓名）提请假释一案的审理，依法履行法律监督职责。

（本院名称："人民检察院"）于（审查日期）收到（提请单位名称）抄送的对罪犯（姓名）提请假释建议书以及相应证据材料。本院依法进行了审查。现就法庭审理罪犯假释一案发表如下检察意见：

1. 对庭审的评价。刚才，执行机关宣读了对罪犯的提请假释建议书，并就罪犯（姓名）自×年×月×日至今的改造情况举证，法庭依法讯问了罪犯（姓名），证人（证人姓名）出庭对罪犯（姓名）改造情况予以作证，罪犯（姓名）当庭作了陈述，出庭检察官询问了证人，讯问了罪犯（姓名），并对执行机关出示的有关证据进行了质证。出庭检察官依法对庭审全程实行了监督。我们认为：（阐明执行机关出示的有关证据材料是否真实有效，法庭审理程序是否合法。）

2. 阐明罪犯假释是否符合法定条件。主要从主观上是否认罪服法，客观上是否遵守监规、接受教育改造，积极参加政治、文化、技术学习，积极参加劳动、完成生产任务以及奖惩情况等五个方面作出评价。对于符合假释条件的，要排除罪犯的社会危害性、人身危险性因素。

3. 阐明提请假释的程序是否符合规定。包括是否进行了公示，是否经过监区长办公会、减刑假释评审委员会集体评审会、监狱长办公会讨论，假释是否征求罪犯居住地社区矫正机构的意见等。

4. 发表检察意见。认为"符合"或者"不符合"假释意见。认为"不符合"假释的，应当阐述"不符合"的理由。

5. 其他需要发表的意见。

审判长、审判员，检察机关的出庭意见发表完毕。

检察官×××

20××年×月×日

制作说明

一、本文书依据《中华人民共和国刑事诉讼法》第二百七十三条、第二百七十六条等规定制作。为检察机关派员出席法庭，就减刑、假释案件当庭发表检察意见时使用。

二、对于同意执行机关提请减刑、假释，可以简要概括检察意见。对于不同意执行机关提请减刑、假释的，应当详细阐述有关法律依据、事实和理由等，并建议人民法院不予裁定减刑、假释或者调整减刑幅度。

三、对于人民法院同时对多名提请减刑、假释的罪犯开庭审理的，出庭检察人员可以在一份出庭意见书中对多名罪犯分别发表检察意见。

四、本文书第四部分，可视情况决定是否制作。

五、本文书一式二份，本院一份，派驻监管场所检察室一份。

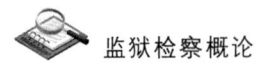

10. 纠正不当减刑裁定意见书

××××人民检察院
纠正不当减刑裁定意见书

××检纠减〔20××〕×号

一、发往单位。

二、罪犯基本情况,包括罪犯姓名、性别、出生日期、罪犯所在监管场所。

三、原判决、裁定情况和执行刑期情况,包括原判决、裁定认定的罪名、刑期,已执行刑期,剩余刑期。

四、裁定减刑情况,包括减刑理由,减刑时间。

五、认定裁定不当的理由和法律依据。可表述为:经审查,本院认为……。

六、纠正意见。可表述为:依据《中华人民共和国刑事诉讼法》第二百七十四条的规定,特向你院提出纠正意见。请你院在收到本纠正意见后一个月以内依法重新组成合议庭进行审理,并重新作出裁定。

20××年×月×日

(院印)

制作说明

一、本文书依据《中华人民共和国刑事诉讼法》第二百七十四条的规定制作。为人民检察院认为人民法院的减刑裁定不当，向人民法院提出书面纠正意见时使用。

二、制作要求

1. 本文书采用叙述式，按以下层次叙写：

（1）写明发往单位，即裁定减刑的人民法院，行文上顶格书写。

（2）写明被裁定减刑罪犯的基本情况和裁定减刑情况。书写顺序为：罪犯所在监管场所，罪犯姓名（如＿＿＿＿＿＿＿＿监狱罪犯＿＿＿＿＿＿），性别、出生日期、原判决、裁定确定的罪名、刑期，已执行刑期，剩余刑期，被裁定减刑的理由及期限。如果该罪犯曾被裁定减刑，应在此次减刑情况前写明。

（3）检察机关认为减刑不当的理由及法律依据。书写层次为：

（写明被裁定减刑罪犯不符合减刑条件的具体情况，如罪犯刑期执行时间，罪犯曾被减刑的间隔期，罪犯改造表现不符合有关法律、法规规定的情形等。）

（写明减刑裁定的不当之处，即不符合法律、法规的哪些条款规定等。）

（4）提出纠正意见并写明法律依据。

2. 本文书一式三份，一份送作出裁定的人民法院，一份送罪犯所在的监管机关，一份附卷。

11. 纠正不当假释裁定意见书

××××人民检察院
纠正不当假释裁定意见书

××检纠假〔20××〕×号

一、发往单位。

二、罪犯基本情况。包括罪犯姓名、性别、出生日期、罪犯所在的监管场所。

三、原判决、裁定情况和执行刑期情况。包括原判决、裁定认定的罪名、刑期、已执行刑期及减刑情况，剩余刑期。

四、裁定假释情况。包括假释理由，可表述为：你院以……为由，裁定假释。

五、认定裁定假释不当的理由及法律依据。可表述为：经审查，本院认为……。

六、纠正意见。可表述为：依据《中华人民共和国刑事诉讼法》第二百七十四条的规定，特向你院提出纠正意见。请你院在收到本纠正意见后一个月以内依法重新组成合议庭进行审理，并重新作出裁定。

20××年×月×日

（院印）

制作说明

一、本文书依据《中华人民共和国刑事诉讼法》第二百七十四条的规定制作。为人民检察院认为人民法院的假释裁定不当,向人民法院提出书面纠正意见时使用。

二、制作要求

1. 本文书采用叙述式,按以下层次叙写:

(1) 写明发往单位,即裁定假释的人民法院,行文上顶格书写。

(2) 写明被裁定假释罪犯的基本情况和裁定假释情况。书写顺序为:罪犯所在监管场所,罪犯姓名(如监狱罪犯),性别,出生日期,原判决、裁定确定的罪名、刑期,已执行刑期,剩余刑期,被裁定假释的情况(包括假释的理由)。

(3) 检察机关认为假释不当的理由及法律依据。书写层次为:

(写明被裁定假释罪犯不符合假释条件的具体情况,如罪犯实际执行刑期、罪犯改造表现等不符合有关法律、法规规定的情形。)

(写明假释裁定的不当之处,即罪犯被裁定假释不符合法律、法规的哪些条款规定等。)

(4) 提出纠正意见并写明法律依据。

2. 本文书一式四份,一份送作出裁定的人民法院,一份送罪犯所在的监管机关,一份送罪犯所在的社区矫正机构,一份附卷。

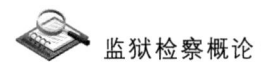

12. 停止执行死刑建议书

××××人民检察院
停止执行死刑建议书

××检停执建〔20××〕×号

_____人民法院：

你院执行死刑的罪犯_____因有下列情形：

……（写明应停止执行死刑的具体情形）

依据《中华人民共和国刑事诉讼法》第二百六十二条、第二百六十三条的规定，建议你院暂停对罪犯_____执行死刑。

20××年×月×日
（院印）

制作说明

一、本文书依据《中华人民共和国刑事诉讼法》第二百六十二条、第二百六十三条的规定制作。为人民检察院在对人民法院执行死刑的案件进行临场监督，依法提出停止执行死刑建议时使用。制作单位为执行死刑的中级人民法院对应的设区的市级人民检察院。

二、制作份数：五。

三、送达范围：执行死刑的人民法院一份，上一级人民检察院一份，派驻看守所检察室一份。

四、归卷：检察卷一份，检察内卷一份。

13. 撤销停止执行死刑建议通知书

××××人民检察院
撤销停止执行死刑建议通知书

××检撤停执〔20××〕×号

_____人民法院：

因停止执行的原因消失，依据《中华人民共和国刑事诉讼法》第二百六十二条、第二百六十三条的规定，本院决定撤销对罪犯_____暂停执行死刑建议，本院_____号停止执行死刑建议书作废。

特此通知

20××年×月×日
（院印）

制作说明

一、本文书依据《中华人民共和国刑事诉讼法》第二百六十二条、第二百六十三条的规定制作。为人民检察院在撤销本院对罪犯停止执行死刑建议时使用。

二、制作份数：五。

三、送达范围：执行死刑的人民法院、上一级人民检察院、派驻看守所检察室各一份。

四、归卷：检察卷一份，检察内卷一份。

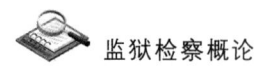

14. 纠正违法通知书

××××人民检察院
纠正违法通知书

××检××纠违〔20××〕×号

_____（侦查机关）：

本院在办理_____案件中（或在工作中）发现，你_____在侦查_____案过程中存在下列违法行为：

1. 发现的违法情况。包括违法人员的姓名、单位、职务、违法事实等，如果是单位违法，要写明违法单位的名称。违法事实，要写明违法时间、地点、经过、手段、目的和后果等。可表述为：经调查核实，发现……。

2. 认定违法的理由和法律依据。包括违法行为触犯的法律、法规和规范性文件的具体条款，违法行为的性质等。可表述为：本院认为……。

根据《中华人民共和国刑事诉讼法》第_____条之规定，现通知你_____予以纠正，并在收到本通知书后十五日内将纠正情况告知本院。

20××年×月×日
（院印）

制作说明

一、本文书依据《中华人民共和国刑事诉讼法》第八条、第五十七条、第一百条、第一百一十七条、第一百七十一条、第二百七十六条,《人民检察院刑事诉讼规则》第二百八十七条、第五百五十二条、第五百五十三条、第五百六十四条、第六百一十八条、第六百二十四条等规定制作。为人民检察院依法纠正侦查机关、审判机关、执行机关的违法活动时使用。

二、本文书的文号" 检 纠违〔 〕号"由提出纠正违法意见的具体业务部门分别按顺序编号。

三、本文书采用叙述式,按以下层次叙写:

1. 写明发往单位,即发生违法情况的单位,行文上顶格书写。

2. 写明发现的违法情况。书写为:经调查核实,发现……。"发现"后书写顺序为:(1)发生违法情况的具体单位和人员。违法人员要写明姓名、所在单位、职务等。(2)违法事实。写明违法的时间、地点、经过、手段、目的和后果等。

3. 检察机关认定违法的理由及其法律依据。书写为:本院认为……。"本院认为"后写明违法行为触犯的法律、法规的具体条款、违法行为的性质等。

4. 纠正意见。写明:根据……(法律依据)的规定,特通知你单位予以纠正。请将纠正情况告知本院。

四、本文书一案一文书,同一案件发现多项违法问题的,制发一份文书即可,各违法项按照严重程度从重到轻排序。

五、人民检察院可以直接向本院所办理案件的同级单位发送纠正违法通知书;办案单位为上级机关的,应当层报被纠违单位的同级人民检察院决定并发送纠正违法通知书,或者由办理案件的人民检察院制作纠正违法通知书后,层报被纠违单位的同级人民检察院审核并转送被纠违单位。

需要向下级有关单位发送纠正违法通知书的,可以指令对应的下级人民检察院发送纠正违法通知书。

需要向异地有关单位发送纠正违法通知书,应当征求被纠违单位所在地同级人民检察院意见。被纠违单位所在地同级人民检察院提出不同意见,办理案件的人民检察院坚持认为应当发送纠正违法通知书的,层报共同的上级人民检察院决定。

六、本文书一式二份,一份送达发生违法行为的单位,一份附卷。

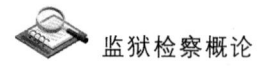

15. 检察意见书

×××× 人民检察院
检察意见书

××检××意〔20××〕×号

一、发往单位。

二、案件来源及查处（审查）情况。

三、认定的事实、证据、决定事项（认定结论）及法律依据。

四、根据法律规定，提出检察意见的具体内容和要求。

20××年×月×日
（院印）

制作说明

一、本文书依据《中华人民共和国刑事诉讼法》第一百七十七条第三款和《人民检察院刑事诉讼规则》第一百七十三条、第二百四十八条、第三百七十三条、第三百七十五条、第五百五十七条等规定制作。为人民检察院向有关主管机关提出对被不起诉人给予行政处罚、行政处分（在向有关机关提出对被不起诉人给予行政处罚、行政处分时，应与不起诉决定书一并送有关主管机关）。人民检察院接到控告、举报或者发现行政执法机关不移送涉嫌犯罪案件的，应当向行政执法机关提出检察意见，要求其按照管辖规定向公安机关或者人民检察院移送涉嫌犯罪案件，被控告人、被举报人行为未构成犯罪，但需要追究党纪、政纪、违法责任的，移送有管辖权的主管机关，或向其他有关单位提出其他检察意见时使用。

二、本文书文号"　检　意〔　　〕号"应由提出检察意见的具体业务部门分别填写。

三、本文书一式二份，一份送达有关机关，一份附卷。

16. 检察建议书（纠正普遍性倾向性违法问题和社会治理检察建议用）

××××人民检察院
检察建议书
（纠正普遍性倾向性违法问题和社会治理检察建议用）

××检建〔20××〕×号

一、写明主送单位的全称

二、案件或者问题的来源

写明本院在办理案件或者履行法律监督职责中发现该单位存在的问题以及需要提出检察建议的有关情况。

三、依法认定的案件事实或者经调查核实的事实及其证据

写明依法认定的案件事实或者经过调查核实后查清的事实及证据。对事实的叙述要求客观、准确、概括性强，要归纳成几条反映问题实质的事实要件，然后加以叙述。

四、存在的违法情形或者应当消除的隐患

阐明该单位存在的违法情形或者隐患，包括刑事诉讼活动或者执行活动中存在的普遍性、倾向性违法问题或者其他重大隐患；制度不健全、不落实；存在管理监督漏洞；民间纠纷问题突出；不依法及时履行职责；需要给予有关人员行政处罚、政务处分、行业惩戒或者追究司法责任等问题。

五、建议的具体内容及所依据的法律、法规和有关文件等的规定

写明建议的具体内容及依据。意见的内容应当具体明确，切实可行，要与以上列举的问题紧密联系。检察建议引用依据有两种情况，一种情况是检察机关提出建议的行为所依据的有关规定，另一种情况是该单位存在的问题不符合哪项法律规定和有关规章制度的规定。

六、被建议单位提出异议的期限

告知被建议单位可以提出异议及提出异议的期限。

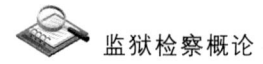

七、被建议单位书面回复落实情况的期限

八、其他需要说明的事项

20××年×月×日
（院印）

制作说明

一、本文书依据《人民检察院刑事诉讼规则》第五百五十一条、第五百五十二条、第六百二十四条、《人民检察院检察建议工作规定》第三条、第九条、第十一条的规定制作。为经检察长批准，人民检察院针对执法、司法机关在刑事诉讼活动或者执行活动中存在的普遍性、倾向性违法问题或者其他重大隐患，以及有关单位社会治理工作中存在的问题提出检察建议时使用。

二、人民检察院可以直接向本院所办理案件的涉案单位、本级有关主管机关以及其他有关单位提出检察建议。

需要向涉案单位以外的上级有关主管机关提出检察建议的，应当层报被建议单位的同级人民检察院决定并提出检察建议，或者由办理案件的人民检察院制作检察建议书后，报被建议单位的同级人民检察院审核并转送被建议单位。

需要向下级有关单位提出检察建议的，应当指令对应的下级人民检察院提出检察建议。

需要向异地有关单位提出检察建议的，应当征求被建议单位所在地同级人民检察院意见。被建议单位所在地同级人民检察院提出不同意见，办理案件的人民检察院坚持认为应当提出检察建议的，层报共同的上级人民检察院决定。

三、本文书一式三份，一份附卷，一份发送被建议单位，一份报送上一级人民检察院备案，并可根据抄送对象增加印制份数。

四、本文书加盖人民检察院印章。

后 记

监狱检察是人民检察院的一项传统业务，随着中国特色社会主义检察制度的完善而不断发展。特别是近年来《刑事诉讼法》《人民检察院组织法》《人民检察院刑事诉讼规则》的修改以及《人民检察院监狱巡回检察规定》《人民检察院监狱检察工作目录》的制定出台，监狱检察在内涵、范围和监督方式等诸多方面发生了重大变化。为了更好地开展监狱检察工作，加强检察队伍专业化建设，小黑河地区人民检察院结合本院司法实践，组织检察人员编写了这本《监狱检察概论》，对监狱检察业务工作进行了全面系统的梳理和研究，以期改变业务工作大多依靠以老带新式的口传身教的状况，促进监狱检察工作人员业务能力的提升。

本书的编写采取由检察长牵头，研究确定写作框架和章节，再挑选20名受过法学教育或者专业技术人员且有实践经验的同志，组成写作班子，分章撰写的方式进行。在写作过程中，边编写边讲授，以"检察官教检察官"的形式，利用每周五的时间，由各章的起草者向全院干警讲授相关内容并组织交流研讨。通过一年多的努力，本书内容全部写作并讲授完毕，全院干警也由此受到了一次监狱检察业务的全面系统培训。本书的内容为应知应会的监狱检察基础知识，具有三个特点：一是内容全面。本书内容包括监狱检察概述、监狱检察职能和程序、监狱检察的组织结构和管理等，全面阐述了监狱检察的基本内容。二是结构合理。本书将监狱检察的职能和程序分两编论述，突出了监狱检察程序的重要性和监狱检察的司法特性，也符合最高人民检察院提出的实现监狱检察由办事模式向办案模式转变的要求。此外，本书还将监狱检察的组织机构、管理等内容单独成编，这是其他类似书籍少有的。三是实用性强。参与本书编写的人员都是监狱检察工作一线的检察人员，编写的内容具有很强的针对性和可操作性。

本书分为五编：第一编监狱检察总论，主要内容为监狱检察的历史沿革、基本原则、监督方式、其他国家的监督制度等；第二编监狱检察的职能，主要内容为监禁刑执行检察，刑罚变更执行检察，罪犯死亡检察，监管场所事故检察，查办职务犯罪案件，办理罪犯又犯罪案件，办理控告、举报和申诉案件，死刑执行检察，罪犯权利的保护等；第三编监狱检察的程序，主要内容为行使上述各项监狱检察职能的程序；第四编监狱检察的组织机构，主要内容为监狱检察的部门设置、派出机构、办案组织等；第五编监狱检察管理制度，主要内容为监狱检察管理方式、案件管理、监狱检察管理的科学化和信息化。

小黑河地区人民检察院党组高度重视本书的编写工作，专门成立了编写领导小组，党组书记、检察长王传红任组长、主编，党组副书记、副检察长王红霞，副检察长刘和义，政治部主任张明才，党组成员帖经明任副组长，负责组织编章写作任务的落实。通过研究与写作、讲授与研讨等形式，完成了初稿。在此基础上，王传红检察长指定王永刚、安安、王伟、王耀廷等同志对初稿分章节进行了修改，形成了第二稿。根据王传红检察长提出的修改意见，指定王永刚同志对重点章节再次进行了斟酌与研究，并进行了全面修改，形成了第三稿。最后，由王传红检察长审核并最终定稿。在繁忙工作之余，同志们挤时间写作，付出了很多辛苦和努力，令人钦佩。

具体编写分工如下：

全书由王传红审核定稿，王永刚、安安、王伟、王耀廷等同志协助。

李洋：第一编第一章

安安：第一编第二章、第三章、第四章

苗琪静：第二编第一章、第二章第一节至第四节

王耀廷：第二编第二章第五节至第七节，第三编第一章、第二章

任静：第二编第三章

王鹏：第三编第三章

康璇：第二编第四章、第三编第四章

王迎光：第二编第五章、第三编第五章

杨勇：第二编第六章

赵江：第三编第六章

后 记

王伟：第二章第七节、第三章第七节

魏有姣：第二章第八节、第三章第八节

韩希国：第二章第九节、第三章第九节

乔永峰：第二章第十节

张明大、曹赫娜：第四节

刘相秋：第五章第一节、第二节、第三节

王永刚：第五章第四节

邹鹏：第五章第五节

在本书的编写过程中，借鉴了内蒙古自治区人民检察院专业书籍编著组、呼伦贝尔检察院等，以及诸北检察院的大力支持，本书的编辑和出版，还得到中国检察出版社的大力帮助，在此谨表真心的感谢。

由于水平有限，书中难免有疏漏之处，恳请不吝赐教承蒙勘之处，望请读者批评指正。

编 者

2020年7月1日于呼伦贝尔铁道兵